闽南师范大学学术著作出版专项经费资助

大唐盛世的理论建构

——《贞观政要》思想原论

蔡阿聪　著

全国百佳图书出版单位
时代出版传媒股份有限公司
黄山书社

图书在版编目（CIP）数据

大唐盛世的理论建构：《贞观政要》思想原论 / 蔡阿聪著 . — 合肥：黄山书社，2019.12

ISBN 978-7-5461-8776-1

Ⅰ . ①大… Ⅱ . ①蔡… Ⅲ . ①典章制度—中国—唐代②《贞观政要》—研究 Ⅳ . ① D691.5

中国版本图书馆 CIP 数据核字 (2019) 第 292622 号

DATANG SHENGSHI DE LILUN JIANGOU

大唐盛世的理论建构 蔡阿聪 著

责任编辑 石 松
装帧设计 牛倪鋰
出版发行 时代出版传媒股份有限公司（http://www.press-mart.com）
黄山书社（http://www.hspress.cn）
地址邮编 安徽省合肥市蜀山区翡翠路 1118 号出版传媒广场 7 层 邮编：230071
印 制 合肥锐达印务有限责任公司
版 次 2019 年 12 月第 1 版
印 次 2019 年 12 月第 1 次印刷
开 本 700mm × 1000mm 1/16
字 数 250 千
印 张 15.25
书 号 ISBN 978-7-5461-8776-1
定 价 32.00 元

服务热线 0551-63533706

销售热线 0551-63533761

官方直营书店（http://hsss.tmall.com）

自　序

《贞观政要》被后代很多帝王奉为政治教科书和致治手册，同时也被誉为管理学教科书。本书是在我的博士后出站报告基础上，修改完成的。由于主客观的原因，这个过程颇为漫长。但有一个好处：使我的思考更趋于成熟和理性。做为一种美好的理想和道德，无论是个人的还是时代的，政治的还是宗教的，其最终的目的是要使人获得自由，而不是一种束缚和抑制。所以，政治社会学奠基人、法国著名思想家夏尔·阿列克西·德·托克维尔认为，当一个民族还缺乏宗教所熏陶出来的自我驾驭能力的时候，这个民族就还没有为自由的到来做好充分准备。英国著名政治哲学家约翰·爱默里克·爱德华·达尔伯格－阿克顿则说："对良知的尊重与敬畏是所有公民自由的萌芽，……"我相信，吴兢对于盛唐治国思想理论的构建，也是为了此一目的，是他基于对人性天然的利己性、脆弱性和有限性的一种深刻认识和超越。只是他并没有真正认识到，中国古代的君主专制制度，很大程度上正是基于人性的这些天然特点而建立起来的，因此，想要在此一制度之下，改变、克服人性天然的这些特点，使之趋于完善，本身就是一种悖论；无论此种改变和完善本身，对于一个国家也好，个人也好，都有着极大的利益和好处，关乎家国的盛衰存亡，但最终也都难逃失败和崩溃的宿命。因为,从一个国家的层面来说,不负责任的权力必定是出于不受制约的权力;而这一点,又是中国古代专制体制的权力本质,特别是此一体制乃源于并建立于宗法伦理政治化的基础上,则尤为如此。

读者必须忍耐比较多的引文例证。幸亏史官的文笔较为质朴和简明,而作者的评论也包括了原意的解读。

需要说明的是,“贞观”是唐太宗统治时期的年号,自贞观元年(627 年)正月至贞观二十三年(649 年)十二月,共计 23 年。文中因涉及贞观时期的引文较多,仅在首次出现时括注公历年,余后不再一一标注。

蔡阿聪

二〇一九年十二月

目　录

导　言

吴兢生于唐高宗总章三年(670)。汴州浚仪(今河南开封)人。他的一生经历了唐高宗、武则天、唐中宗、唐睿宗、唐玄宗六个朝代。吴兢"少厉志,贯知经史,方直寡谐比,惟与魏元忠、朱敬则游"①。魏、朱乃一代直臣。魏元忠深沉有谋略,朱敬则"倜傥重节义,早以辞学知名"②。唐长安中,二人者当道,荐兢才堪论撰,诏直史馆,修国史。后为右补阙,累迁卫尉少卿,兼修文馆学士。复修史,于是摭太宗朝政事之要,合四十篇,上唐玄宗,名曰《贞观政要》。开元中,为太子左庶子。又尝私撰《唐书》、《唐春秋》。中宗朝,还与刘知己等撰《则天实录》。开元初,又与刘知己撰《睿宗实录》二十卷,重修《则天实录》三十卷,《中宗实录》二十卷。开元十七年,吴兢"坐书事不当,贬荆州司马,以史草自随"③。此时,中书令萧嵩监修国史,奏取吴兢所撰国史,得六十五卷。后吴兢累迁诸州刺史加银青光禄大夫,又迁相州长史,封襄垣县子。天宝初年,入为恒王傅。此时,吴兢已七十余岁了,"虽年老衰偻甚,意犹愿还史职"④,因李林甫为相,"嫌其衰,不用"⑤。唐玄宗天宝八载,以八十岁高龄逝世。

可见,对历史典籍的编撰,蕴含着吴兢一生的心血,倾注了他一生的精力。

---

① 欧阳修、宋祁等撰《新唐书》,中华书局 1975 年 2 月第 1 版,第 4525 页。

② 刘昫等撰《旧唐书》,中华书局 1975 年 5 月第 1 版,第 2912 页。

③ 欧阳修、宋祁等撰《新唐书》,中华书局 1975 年 2 月第 1 版,第 4529 页。

④ 欧阳修、宋祁等撰《新唐书》,中华书局 1975 年 2 月第 1 版,第 4529 页。

⑤ 欧阳修、宋祁等撰《新唐书》,中华书局 1975 年 2 月第 1 版,第 4529 页。

虽然此类著作流传下来的只有《贞观政要》，但由此可见其思想中，贯穿着史家的以史为鉴，辨得失，知兴亡，居安思危，慎始如终的中国史官文化的忧患意识，也使他对历史的撰述和史论更具有现实针对性和对未来的预知性。

据史载，吴兢居官多忠谏，直笔无讳，有古良史之风，被称为当今董狐。如谏玄宗在东封泰山的途中驰射为乐。封禅礼毕，回到东都洛阳，吴兢又就“分吏部为十铨”之事，批评玄宗：“陛下曲受谗言，不信有司，非居上临人推诚感物之道。”[①]次年六月，吴兢又以恺切忠悃之情，批评玄宗“庶政之阙”，希望玄宗“愿斥屏群小，不为慢游，出不御之女，减不急之马，明选举，慎刑罚，杜侥幸，存至公，虽有旱风之变，不足累圣德矣”[②]。在当时一片盛世歌功颂德的声浪中，显示他敢言直谏的勇气和清醒。因此也可以理解，在《贞观政要》中，吴兢如此强调纳谏与进谏的重要性，大为肯定和歌颂以魏徵为代表的直谏之臣对于“贞观之治”的重要性。吴兢也正是以此来要求玄宗，又以此来要求自己的。所以，他在开元初期，“虑帝（玄宗）果而不及精”，乃上疏说：“太宗皇帝好悦至言，时有魏徵、王珪、虞世南、李大亮、岑文本、刘洎、马周、褚遂良、杜正伦、高季辅，咸以切谏，引居要职。……当是时，有上书益于政者，皆黏寝殿之壁，坐望卧观，虽狂瞽逆意，终不以为忤。”[③]其《〈贞观政要〉序》亦云：“有唐良相曰侍中安阳公、中书令河东公，以时逢圣明，位居宰辅，寅亮帝道，弼谐王政，恐一物之乖所，虑四维之不张，每克己励精，缅怀故实，未尝有乏。太宗时政化，良足可观，振古而来，未之有也。至于垂代立教之美，典谟谏奏之词，可以宏阐大猷，增崇至道者，爰命不才，备加甄录，体制大略，咸发成规。于是缀集所闻，参详旧史，撮其指要，举其宏纲，词兼质文，义在惩劝，人伦之纪备矣，军国之政存焉。凡一帙一十卷，合四十篇，名曰《贞观政要》。庶乎有国有家者克遵前轨，择善而从，则可久之业益彰矣，可大之功尤著矣，岂必祖述尧、舜，宪章文、

---

① 司马光等编著，胡三省音注，“标点《资治通鉴》小组”校点《资治通鉴》，中华书局1956年6月第1版，第6769页。

② 欧阳修、宋祁等撰《新唐书》，中华书局1975年2月第1版，第4528页。

③ 欧阳修、宋祁等撰《新唐书》，中华书局1975年2月第1版，第4527页。

武而已哉！其篇目次第列之于左。”[①]《〈贞观政要〉序》正是作于开元十七年(725)，每事切谏的吴兢，不为玄宗所信之时。过了不久，吴兢将《贞观政要》呈献给唐玄宗，上表说：“臣愚比尝见朝野士庶有论及国家政教者，咸云若陛下之圣明，克遵太宗之故事，则不假远求上古之术，必致太宗之业。”又指出：“昔殷汤不如尧、舜，伊尹耻之；陛下傥不修祖业，微臣亦耻之”[②]。这里，吴兢喊出了“朝野士庶”急切希望唐玄宗“依贞观故事”的呼声，同时也批评玄宗不如太宗，表达对唐玄宗不能慎始如终的不满，希望玄宗能从随表奉进的《贞观政要》中，择善而从，原遵前轨，以致太宗之业。可惜玄宗并未听从，导致开元后期至天宝时期的乱政，最后安史乱起，给整个民族带来深重的灾难，大唐帝国从此一蹶不振。

谏官制是中国君主专制体制的有机组成部分，由于以集权为中心的至高无上权力的控制，此一制度所发挥的作用是极其有限的。君王对谏言既可采纳，亦可拒绝；而处于整个专制制度系统之中的谏官或臣子们的上言因缺乏制度性的力量保证，对此也大无可奈何！他们或俯仰取容、明哲保身，或干脆沦为王朝的一种粉饰，增加其虚伪性和欺骗性，亦即沦为帮凶的作用。从历代对秉笔直书的史官和敢于谏诤的直臣的称赞中，也可以从反面感受到这一点。他们难得，所以才收获那么多的颂赞！吴兢最后的坎坷遭遇也正是历代敢言直书的史官们共同的宿命。

其实“依贞观故事”曾是当时的一股时代潮流和“朝野士庶”的呼声。武周统治结束后，重新恢复正统的李唐王朝应该奉行什么样的治国方略呢？有识之士鉴于武后统治时期的高压和恐怖政治，以及政变频仍、祸变再三，直接祸害到官员们的切身利益和人身安全，一般百姓更是深受其害，提出恢复失掉了的贞观之治的传统。早在神龙元年(705)，中宗复位，国号也恢复为“唐”，便提出“时既改易，制尽依贞观、永徽故事”[③]。可是由于韦后之党专权，要“行

---

① 董诰等编《全唐文》，上海古籍出版社 1990 年 12 月第 1 版，第 1338 页。

② 董诰等编《全唐文》，上海古籍出版社 1990 年 12 月第 1 版，第 1337 页。

③ 刘昫等撰《旧唐书》，中华书局 1975 年 5 月第 1 版，第 2149 页。

则天故事"[1]，昏庸懦弱的唐中宗却出尔反尔，使制书不能实行。韦后之党被灭后，唐睿宗即位，"改中宗之政，依贞观故事，有志者莫不想望太平"[2]，并在君臣的努力下，达到了"翕然以为复有贞观、永徽之风"的程度。可好景仅维持了半年多。由于太平公主的干扰，良臣被贬，政治局面又如中宗之世紊乱。即便如此，也仍有忠直之士表达对"太平"局面的想望："依太宗之理国，则百官以理，百姓无忧，故太山之安立可致矣；依中宗之理国，则万人以怨，百事不宁，故累卵之危立可致矣"[3]。许道勋、赵克尧在《唐玄宗传》中说："很清楚，'依贞观故事'要有一个先决条件，那就是政局稳定与皇权巩固。在中宗、睿宗时期，祸变再三，动乱不已，根本谈不到治理好国家。"[4]唐玄宗即位后，通过一系列救弊补偏即所谓救时的政策措施，诸如听姚崇之劝，不用功臣，让其外刺并优容款待，特别对宰相的频繁变更、再三置换，使其既不能专权自恃，威胁皇权，又可以优渥安全，避免武后、中宗朝的忧惧惶怖、朝不保夕的命运，这又从另一方面维护了政权的稳定；又如让诸王外刺，又鼓吹孝敬友悌，同保富贵长龄；整顿控制禁军，防止兵变，而更为重要的是，某种程度上恢复了贞观时期强调制度治国、藏富于民的传统，等等。经过君臣一番励精图治，随着政局的稳定和皇权的巩固，"依贞观故事"才初步得以实行。这既是时代的呼声，以防止"祸变再三"的历史重演，也是振兴唐朝，实现盛世的需要，同时也是"贞观之治"的魅力之所致。唐玄宗也在开元初期虚心寻求治道，任贤用能，制求和容纳直谏，抑制奢靡，致使"贞观之风，一朝复振"。可是不久，到了开元中期，玄宗开始好大喜功，德消政易。作为一位有历史责任感的有识之士，既熟知前朝往事，又富有历史的忧患意识，于是，及时对玄宗提出警诫，并提供可资依行的治国理念和方略，这便是吴兢编著并奉献《贞观政要》的本心，也是一位严谨而充满理想主义色彩的历史学家顺应历史和时代呼声的具体表现。

---

① 刘昫等撰《旧唐书》，中华书局 1975 年 5 月第 1 版，第 2172 页。

② 刘餗撰、程毅中点校《隋唐嘉话》，中华书局 1979 年 10 月第 1 版，第 47 页。

③ 刘昫等撰《旧唐书》，中华书局 1975 年 5 月第 1 版，第 3159 页。

④ 许道勋、赵克尧著《唐玄宗传》，人民出版社 1993 年 1 月第 1 版，第 110 页。

作为一位有历史责任感和时代忧患意识的并具有对未来预见性的史官，吴兢秉承古良史之风，直笔无讳。如张说为宰相时，自恃权势，要吴兢修改《则天实录》中涉及不利于张说的史事，吴兢说："若徇公请，则此史不为直笔，何以取信于后！"[①]坚决予以抵制。在《贞观政要》中，直笔无讳的精神也得到很好的体现。一代治世的治国思想和具体方略，得失成败之由，兴亡治乱之道，皆可以成为后世垂鉴的典范。更为难得的是，一部《贞观政要》在史官的理性精神之外，可以触摸到吴兢激情澎湃、自信豪迈的理想主义和浪漫主义的色彩。这与盛唐理想主义和浪漫主义的时代精神相一致。

---

① 司马光等编著，胡三省音注，"标点《资治通鉴》小组"校点《资治通鉴》，中华书局1956年6月第1版，第6748页。

第一章 《贞观政要》的忧患意识

“忧患”一词，最早见于《周易·系辞下》，其曰：“《易》之兴也，其于中古乎？作《易》者，其有忧患乎？”①中华民族的忧患意识源远流长，它的产生可以追溯到殷周之际的社会变革时代。殷亡周兴引起了当时统治者和知识分子对家国兴亡治乱的历史经验教训的总结，对长治久安的探求，逐步形成了“忧患意识”。也有人认为先民的忧患意识与繁衍生息于黄河流域有关。黄河之水既灌溉滋育，亦泛漫为害，使中华民族无形中形成了居安思危、治不忘乱、安不忘危、夕惕若厉、临深履薄的文化传统，有人称之为集体无意识。这一“忧患意识”始终贯穿于中国历史以及后代的人文精神之中，成为中华民族精神的精髓。从思想内涵上说，忧患意识是一种理性清醒的危机意识，一种富有远见的宏大的历史意识，融合着深切的社会历史责任感和昂扬奋进的时代精神。

居安思危，顾名思义就是成功之时、安全之时时刻想着警惕着失败的可能以及创业之艰难和危难之时刻，只有如此，才能长久守成，并时刻把危险和失败之因素及时从行政事业中和人生中剔除出去，并从中不断总结经验，以走向更多的成功，俗话说的从胜利走向胜利，即所谓安不忘危。存不忘亡，治不忘乱，才能身安国保，长治久安。“因为‘祸兮福之所倚，福兮祸之所伏’，因此，成功也许就是危险的一种信号，因为社会繁荣稳定，统治者从上到下就容易志得意满，走向骄傲放纵。

① 黄寿祺、张善文撰《周易译注》，上海古籍出版社2004年7月新1版，第550页。

因此，于成功之时，居安稳之境时，务必保持一种‘如履薄冰、如临深渊’的危机感和恐惧感。《吕氏春秋·慎大》说：‘贤主愈大愈惧，愈强愈恐。凡大者，小邻国也；强者，胜其敌也。胜其敌则多怨，小邻国则多患，多患多怨，国虽强大，恶得不惧？恶得不恐？故贤主于安思危，于达思穷，于得思丧’。”[①]这既是对历史兴亡经验教训的总结，也是对人性中心理缺陷的体认，所谓“靡不有初，鲜克有终”。

《贞观政要》是中国古代君主专制社会的一部政治教科书。正像作为有历史责任感和忧患意识的史官一样，吴兢在《贞观政要》中，把历史感和忧患意识投射到唐太宗和他周围的一批文武大臣们的身上。“贞观之治”的治国思想和具体措施，正是建立在这一历史的忧患意识的基础上的。

北宋著名的治唐史专家范祖禹在《唐鉴》中指出：“夫贤君不世出，自周武、成、康，历八百余年而后有汉，汉历八百余年而后有太宗，其所成就如此，岂不难得哉！”[②]汉唐之优劣暂置不论，“文景之治”与“贞观之治”的确是中国古代社会中少有的“太平盛世”和黄金时代，在两个“盛世”之前，中国历史都处于几个世纪漫长的动荡之中。相较于漫长的乱世，“文景之治”和“贞观之治”可谓是昙花一现的历史瞬间。中国历史上短暂的治世局面，是以长久的乱世作为前提和代价的。这一代价和前提，在“贞观之治”上的体现，便是贞观君臣们以惕焉兢惧、临深履薄的思想和心态，借鉴历史，总结知治、致治的经验教训。这是一种深沉的历史忧患意识的具体体现。不仅如此，隋末丧乱之深，超越了以往的任何时代。秦末、西汉末年和东汉末年，农民起义和军阀势力混战的广泛性以及破坏的严重性，都比不上隋朝末年的情况。唐太宗曾跟魏徵议论过这个问题。他认为：“古来虽复时遭丧乱，未有如隋日者。”[③]张玄素也向唐太宗说过：“臣观自古以来，未有如隋室丧乱之甚。”[④]在隋之前，中国历史又经历了长期丧乱。三百六十九年的魏晋南北朝，仅有西晋拥有三十七年短暂

① 肖群忠著《君德论——〈贞观政要〉研究》，甘肃人民出版社 1995 年 9 月第 1 版，第 73 页。

② 范祖禹撰《唐鉴》，上海古籍出版社 1981 年 10 月第 1 版，第 86 页。

③ 魏徵著，王方庆集《魏郑公谏录》（丛书集成初编），中华书局 1985 年新 1 版，第 32 页。

④ 刘昫等撰《旧唐书》，中华书局 1975 年 5 月第 1 版，第 2639 页。

和平统一的局面。五胡十六国时期民族之间大杀戮埋下了民族之间深重的仇恨;南朝统治阶级内部空前的相互倾轧,都给这个民族造成了极大的心灵创伤,也埋下了政权和社会动荡不安的种子。所以,天下甫定,这就使得贞观君臣的忧患意识,显得尤为沉重,对兴亡之道的探究,对太平盛世的渴望和执着,也显得比任何时代都更为强烈。“贞观之治”更像是一朵于丧乱的污泥中开放出来的美丽之花。记得恩格斯说过这么一句话:“没有哪一次巨大的历史灾难不是以巨大的历史的进步为补偿的。”①这便是历史的辩证法。

第一节 以古为镜

《贞观政要》的忧患意识,首先表现在以史为鉴上。我们的文化称之为“史官文化”,其实就是一种实践理性精神在历史上和政治上的体现,修史借鉴前朝的兴亡盛衰的经验往往是一个新朝建立的一个首要任务。这其中体现的也就是一种忧患意识。唐太宗有句名言:“以古为镜,可以知兴替。”②唐太宗被认为是我国历史上最重视以史为治的封建帝王之一。他喜欢议史、读书,并从中总结知治、致治的经验。《贞观政要·崇儒学》篇云:“太宗初践阼,即于正殿之左,置弘文馆,精选天下文儒,令以本官兼署学士,给以五品珍膳,更日宿直,以听朝之隙引入内殿,讨论坟典,商略政事,或至夜分乃罢。”③《贞观政要·尊敬师傅》篇云:“贞观六年④,诏曰:‘朕比寻讨经史,明王圣帝,曷尝无师傅哉?前所进令遂不睹三师之位,意将未可。何以然?黄帝学大颠,颛顼学录图,尧学尹寿,舜学务成昭,禹学西王国,汤学威子伯,文王学子期,武王学虢

① 马逸诺等译校《马克思恩格斯与俄国政治活动家通信集》,人民出版社 1987 年 8 月第 1 版,第 674 页。

② 刘昫等撰《旧唐书》,中华书局 1975 年 5 月第 1 版,第 2561 页。

③ 吴兢著,裴汝诚、王义耀、郭子建、顾宏义译注《〈贞观政要〉译注》,上海古籍出版社 2007 年 2 月第 1 版,第 211 页。

④ “贞观”是唐太宗统治时期的年号,自贞观元年(627)正月至贞观二十三年(649)十二月,共计 23 年。贞观六年,乃公元 632 年,后文不再一一注出。

叔。前代圣王，未遭此师，则功业不著乎天下，名誉不传乎载籍。况朕接百王之末，智不同圣人，其无师傅，安可以临兆民者哉？《诗》不云乎：'不愆不忘，率由旧章。'夫不学，则不明古道，而能政致太平者，未之有也！可即著令，置三师之位。"[①]明古道而政致太平，这是历史忧患意识在现实政治上的典型体现，也是以史为治的根本目的。唐太宗读史成癖。他理政之暇，或共大臣"共观经史"[②]，或单独"披览忘倦，每达宵分"[③]。王船山说："读史者鉴之，可以知治，可以知德，可以知学矣。"[④]并称赞贞观君臣"引古证今"，"酌古鉴今，斯可见之良法与！"魏徵也称赞太宗"览古今之事，察安危之机"[⑤]。唐太宗自己也说："朕每观前代史书，彰善瘅恶，足为将来规诫。"[⑥]总之，历史上帝王的嘉言懿行，昏暴丧乱，兴亡之运，都成为唐太宗致治诫惧之镜。

吴兢的《贞观政要》则用大量的篇幅，记载了贞观君臣对历代亡国之因的探究，表现了他们对亡国君臣懔然兢惧的思想和心态。太宗常从秦皇、汉武的穷极兵戈、崇侈宫室中悟出"人君简静"的治国务本之策。如贞观十一年，特进魏徵上疏曰："……然隋氏以富强而丧败，动之也；我以贫穷而安宁，静之也。静之则安，动之则乱，人皆知之，非隐而难见也，非微而难察也。然鲜蹈平易之涂，多遵覆车之辙，何哉？在于安不思危，治不念乱，存不虑亡之所致也。……夫鉴形之美恶，必就于止水；鉴国之安危，必取于亡国。故《诗》曰：'殷鉴不远，在夏后之世。'又曰：'伐柯伐柯，其则不远。'臣愿当今之动静，必思隋氏以为殷鉴，则存亡治乱，可得而知。若能思其所以危，则安矣；思其所以乱，则

---

① 吴兢著，裴汝诚、王义耀、郭子建、顾宏义译注《〈贞观政要〉译注》，上海古籍出版社2007年2月第1版，第105页。

② 刘昫等撰《旧唐书》，中华书局1975年5月第1版，第2566页。

③ 吴兢著，裴汝诚、王义耀、郭子建、顾宏义译注《〈贞观政要〉译注》，上海古籍出版社2007年2月第1版，第8页。

④ 王夫之著，舒士彦点校《读通鉴论》，中华书局1975年7月第1版，第595页。

⑤ 吴兢著，裴汝诚、王义耀、郭子建、顾宏义译注《〈贞观政要〉译注》，上海古籍出版社2007年2月第1版，第290页。

⑥ 吴兢著，裴汝诚、王义耀、郭子建、顾宏义译注《〈贞观政要〉译注》，上海古籍出版社2007年2月第1版，第218页。

治矣;思其所以亡,则存矣。……夫守之则易,取之实难。既能得其所以难,岂不能保其所以易?其或保之不固,则骄奢淫泆动之也。慎终如始,可不勉欤!《易》曰:'君子安不忘危,存不忘亡,治不忘乱,是以身安而国家可保也。'诚哉斯言,不可以不深察也。"[①]以扰民和守静来总结隋富强而亡,今贫穷而安宁的原因,而如此简单的道理为什么会做不到呢?原因又在于"安不思危,治不念乱,存不虑亡"之所致。唐统一之后,又经过贞观君臣的励精图治,到了贞观时期结束,出现史称"贞观之治"的盛世,但整个社会的生产力和经济的恢复发展尚达不到隋朝极盛时期的水平。可是,一被后代史官称为盛世,一则以短乱之朝为人所诟病,这是为什么?魏徵在这里做出了自己的解释。魏徵进一步告诫唐太宗,把亡隋作为反面教材,一一比对,"若能思其所以危,则安矣;思其所以乱,则治矣;思其所以亡,则存矣",以隋之覆亡的诸种原因引出致治的反面教训,最后又归之于"慎始如终"的忧患间识。贞观十一年,唐太宗的"贞观之治"已不如贞观初,魏徵便以"昔在有隋,统一寰宇,甲兵强锐,三十余年,风行万里,威动殊俗,一旦举而弃之,尽为他人之有"[②]的历史教训,再次进谏唐太宗。唐太宗也"深嘉而纳用"[③]。唐太宗不仅以历史为镜,也以国史为鉴。正如他把谏臣魏徵称作自己的一面镜子一样,他把当代国史,尤其是涉及自己事迹记载的历史,也当成一而镜子,"亦欲以为鉴诫,使得自修改耳"[④],并对六月四日诛兄杀弟之事的记载"语多微文"[⑤]不满,强调必须秉笔直书,显示了一位政治家磊落的胸怀。关于这一点,历史学家有不同的解释。如黄永年

---

① 吴兢著,裴汝诚、王义耀、郭子建、顾宏义译注《〈贞观政要〉译注》,上海古籍出版社 2007 年 2 月第 1 版,第 242 – 244 页。

② 吴兢著,裴汝诚、王义耀、郭子建、顾宏义译注《〈贞观政要〉译注》,上海古籍出版社 2007 年 2 月第 1 版,第 3 – 4 页。

③ 吴兢著,裴汝诚、王义耀、郭子建、顾宏义译注《〈贞观政要〉译注》,上海古籍出版社 2007 年 2 月第 1 版,第 244 页。

④ 吴兢著,裴汝诚、王义耀、郭子建、顾宏义译注《〈贞观政要〉译注》,上海古籍出版社 2007 年 2 月第 1 版,第 219 页。

⑤ 吴兢著,裴汝诚、王义耀、郭子建、顾宏义译注《〈贞观政要〉译注》,上海古籍出版社 2007 年 2 月第 1 版,第 219 页。

在《六至九世纪中国政治史》中认为，唐太宗想看史官的起居注和国史的原因是“生怕对武德九年六月四日玄武门之变袭杀太子建成、齐王元吉的记载有问题。看了果然认为不合适，就定了个调子，把事情说成是和西周时周公诛戮管叔、蔡叔，春秋时鲁国季友鸩杀叔牙一般，都是为了‘安社稷利万民’而不得已除掉作恶的兄弟”[①]。

总之，贞观君臣从前代的兴亡治乱、是非善恶中，得出了致治的正反两面的经验教训，同时，在功业既大，贞观之政卓有成效之后，他们也会以历史告诫自己，“惕焉震惧”[②]，戒骄戒逸。“贞观之治”几乎所有治国思想和方略措施，都是以史为鉴，建立在深沉的历史的忧患意识之中的，即所谓“千王治乱之踪，百代安危之迹，兴亡衰乱之数，得失成败之机”[③]、“包吞心府之中，循环目围之内”[④]而外化为贞观之治具体的治国理念和具体措施。

第二节　创业与守成

吴兢这一深重的忧患意识，还表现为贞观君臣们对创业与守成难易的认真探讨，以便已创业成功的贞观君臣们能以历史为惧诫，居安思危，慎终追远。《贞观政要·君道》篇载：“贞观十年，太宗谓侍臣曰：‘帝王之业，草创与守成孰难?’尚书左仆射房玄龄对曰：‘天地草昧，群雄竞起，攻破乃降，战胜乃克。由此言之，草创为难。’魏徵对曰：‘帝王之起，必承衰乱。覆彼昏狡，百姓乐推，四海归命，天授人与，乃不为难。然既得之后，志趣骄逸，百姓欲静而徭役不休，百姓凋残而侈务不息，国之衰弊，恒由此起。以斯而言，守成则难。’太宗曰：‘玄龄昔从我定天下，备尝艰

---

① 黄永年著《六至九世纪中国政治史》，世纪出版集团 2004 年 7 月第 1 版，第 114 页。

② 吴兢著，裴汝诚、王义耀、郭子建、顾宏义译注《〈贞观政要〉译注》，上海古籍出版社 2007 年 2 月第 1 版，第 288 页。

③ 吴兢著，裴汝诚、王义耀、郭子建、顾宏义译注《〈贞观政要〉译注》，上海古籍出版社 2007 年 2 月第 1 版，第 269 页。

④ 吴兢著，裴汝诚、王义耀、郭子建、顾宏义译注《〈贞观政要〉译注》，上海古籍出版社 2007 年 2 月第 1 版，第 269 页。

苦,出万死而遇一生,所以见草创之难也。魏徵与我安天下,虑生骄逸之端,必践危亡之地,所以见守成之难也。今草创之难,既已往矣,守成之难者,当思与公等慎之。'"[①]同卷又载:"贞观十五年,太宗谓侍臣曰:'守天下难易?侍中魏徵对曰:'甚难。'太宗曰:'任贤能、受谏诤,即可,何谓为难?'徵曰:'观自古帝王,在于忧危之间则任贤受谏,及至安乐,必怀宽怠,言事者惟令兢惧,日陵月替,以至危亡。圣人所以居安思危,正为此也。安而能惧,岂不为难?'"[②]其实,创业与守成各有其难。创业时"备尝艰苦,出万死而遇一生",虽然正如魏徵所言,创业时"帝王之起,必承衰乱。覆彼昏狡,百姓乐推,四海归命,天授人与,乃不为难",但这只是问题的一方面。推翻旧政,建立新朝,除了对付天怒人怨的腐朽旧政权之外,还得对付群雄逐鹿的局面,战胜乘乱纷起的各种割据势力。唐太宗、房玄龄包括魏徵当然都明白这一点。然而魏徵似乎更理解唐太宗提出问题的本意和需要。因为贯穿着创业与守成难易问题的关键不是要给这一问题一个明确的答案,而是其中所渗透着的深沉的历史忧患意识,也就是对历史的一种惕焉震惧的心理。而这种忧患意识和兢惧心理的着眼点便在于现实政治的层面上。正是这种把忧患意识和兢惧心理移植到坚实的现实政治的基础上,魏徵才特别强调"守成之难",使太宗君臣们能戒骄戒躁,谦虚谨慎,继续努力,慎始如终。因为,创业成功的最终目的不只是要推翻旧朝,平定分裂势力,更是要避免自己也变成腐朽王朝,成为被推翻的对象。一句话,就是要建立太平治世,既为苍生之故更为自己的统治地位。正如太宗谓侍臣说:"平定天下,朕虽有其事,守之失图,功业亦复难保。秦始皇初亦平六国,据有四海,及末年不能善守,实可为诫。公等宜念公忘私,则荣名高位,可以克终其美。魏徵对曰:'臣闻之,战胜易,守胜难。陛下深思远虑,安不忘危,功业既彰,德教复洽,恒以此为政,宗社无由倾败矣。"[③]他们的忧患意识,根本上是为了荣名高位

---

① 吴兢著,裴汝诚、王义耀、郭子建、顾宏义译注《〈贞观政要〉译注》,上海古籍出版社2007年2月第1版,第3页。

② 吴兢著,裴汝诚、王义耀、郭子建、顾宏义译注《〈贞观政要〉译注》,上海古籍出版社2007年2月第1版,第9页。

③ 吴兢著,裴汝诚、王义耀、郭子建、顾宏义译注《〈贞观政要〉译注》,上海古籍出版社2007年2月第1版,第301页。

“可以克终其美”，只是他们认识到，个人利益与国家利益息息相关，同时也与百姓利益息息相关。

也正是从这点出发，贞观君臣的历史的忧患意识又重点表现在居安思危，慎始如终的意识上。贞观十五年，魏徵对唐太宗说：“观自古帝王，在于忧危之间则任贤受谏，及至安乐，必怀宽怠，言事者惟令兢惧，日陵月替，以至危亡。”①指出了人类的心理缺陷以及这一缺陷通过人治制度所产生的巨大危害。安乐则宽怠，忧危则任贤受谏，这也是魏徵认为守成比草创更为不易的原因，也是他对人性的一种深刻认识。同时，也是他对历史兴亡教训的一种总结。魏徵紧接着说：“圣人所以居安思危，正为此也。安而能惧，岂不为难？”②明确提出“居安思危”、“安而能惧”对这一人类心理和人治制度双重缺陷的补救作用以及对国家兴盛长治久安的重要性。贞观六年，唐太宗强调侍臣传达旨意和民意必须忠正，要他们“莫以天下无事，四海安宁，便不存意”天下之事。并说：“可爱非君？可畏非民？天子者，有道则人推而为主，无道则人弃而不用，诚可畏也。”魏徵对曰：“自古失国之主，皆为居安忘危，处治忘乱，所以不能长久。今陛下富有四海，内外清晏，能留心治道，常临深履薄，国家历数，自然灵长。”③魏徵从亡国之君的惨痛教训和以水与舟来比喻君王与民众的关系进一步强调君王不可“居安忘危，处治忘乱”。君臣上下，都笼罩着“临深履薄”的忧患心态。又如贞观十一年，因大雨，谷水溢，酿成水灾，“毁宫寺十九，所漂七百余家”，唐太宗要文武百官各上封事，“极言得失”，中书侍郎岑文本上封事曰：“臣闻开拨乱之业，其功既难；守已成之基，其道不易。故居安思危，所以定其业也；有始有卒，所以崇其基也。……今之百姓，……常加含养，则日就滋息；暂有征役，则随日凋耗。凋耗既甚，则人不聊生；人不聊生，则怨气充塞；怨气充塞，

① 吴兢著，裴汝诚、王义耀、郭子建、顾宏义译注《〈贞观政要〉译注》，上海古籍出版社2007年2月第1版，第9页。

② 吴兢著，裴汝诚、王义耀、郭子建、顾宏义译注《〈贞观政要〉译注》，上海古籍出版社2007年2月第1版，第9页。

③ 吴兢著，裴汝诚、王义耀、郭子建、顾宏义译注《〈贞观政要〉译注》，上海古籍出版社2007年2月第1版，第14页。

则离叛之心生矣。"[①]从一件并不大的河水泛滥成灾之事,引出古今长治久安之道,即"居安思危,所以定其业也;有始有卒,所以崇其基也"。在此之前的贞观年间,自然灾害不断,如贞观元年,关中饥荒;二年,天下蝗灾;三年,大水;六年,河南、北数州大水,加上频年霜旱,畿内户口,并就关外,携老负幼,来往众多,所以魏徵谏阻太宗封禅疏中说:"今自伊洛已东,暨乎海岱灌莽巨泽,茫茫千里,人烟断绝,鸡犬不闻,道路萧条,进退艰阻。"说明当时人口稀少,再加上隋末唐初,东突厥趁乱崛起,连年侵扰边地,杀掠吏民,成为初唐最大的威胁,如颉利可汗曾长驱直入,兵临渭水,唐太宗不得不签下白马之盟。所有的这一切,加上隋末大丧乱之后百姓伤痍未复,都成为贞观初君臣沉重的忧患意识产生的另一重要原因。总之,"居安思危"、"安不忘危"、"治不忘乱"、"慎始成终"、"思其始终"等话语,几乎遍布《贞观政要》一书,这些充满忧患意识的话语系统,是当时贞观君臣在讨论治道、实施治国理念中出现频率最高的词语之一。

第三节 杜渐与防萌

然而,又如何做到"安不忘危,治不忘乱","存必虑亡",慎始如终呢?除了一系列的制度建设和具体的措施符合民心,完善妥当之外,吴兢通过《贞观政要》中贞观君臣之口,提出了"防微杜渐"说。这也是深沉的历史忧患意识的一种具体表现。防微杜渐,防患于未然,因凡事于微渐、未然之时,容易改正和杜绝,危害也较小。如果等到积重难返,积习难改之时,则危害和后果也就严重了,甚至到了不可收拾、无可挽救的地步。正如堤坝之防水,未出现问题时,就必须开始预防溃堤,若有微小漏水,则必须立刻防堵,否则,其溃塌势必越来越严重,以至全线崩溃,所谓"千里之堤,溃于蚁穴"。《周易·象传》说:"君子以思患而豫防之"[②],"见险而能止,知矣哉。"[③]也是这个意思。

---

① 吴兢著,裴汝诚、王义耀、郭子建、顾宏义译注《〈贞观政要〉译注》,上海古籍出版社2007年2月第1版,第289页。

② 黄寿祺、张善文撰《周易译注》,上海古籍出版社2004年7月新1版,第481页。

③ 黄寿祺、张善文撰《周易译注》,上海古籍出版社2004年7月新1版,第298页。

如贞观十一年,侍御史马周上疏陈时政,其中云:"臣窃寻往代以来成败之事,但有黎庶怨叛,聚为盗贼,其国无不即灭,人主虽欲改悔,未有重能安全者。凡修政教,当修之于可修之时,若事变一起,而后悔之,则无益也。故人主每见前代之亡,则知其政教之所由丧,而皆不知其身之有失。是以殷纣笑夏桀之亡,而幽、厉亦笑殷纣之灭。隋帝大业之初,又笑周、齐之失国。然今之视炀帝,亦犹炀帝之视周、齐也。故京房谓汉元帝云:'臣恐后之视今,亦犹今之视古。此言不可不戒也。"[①]马周之所以上疏,如太宗所言,乃因"近令造小随身器物,不意百姓遂有嗟怨"[②]。马周提醒唐太宗,"凡修政教,当修之于可修之时,若事变一起,而后悔之,则无益也",当祸端已启,怨叛已成,而欲修明政治,罪己改过,则已不及矣!"其国无不即灭",而其内因便是未能防微杜渐,习以为然而导致的。又如贞观初,唐太宗对侍臣们说:"朕每防微杜渐,用绝谗构之端,犹恐心力所不至,或不能觉悟。"[③]魏徵引《礼》中的"戒慎乎其所不睹,恐惧乎其所不闻"[④]对之。因为他们知道,历史上多少忠臣孝子,以至威震故国的良将,有经国大才的贤相,被害于谗佞之徒,以至泣血衔冤,国家乱逆之源,亦因此大开,而谗构之端,亦因微渐而启。所以唐太宗要臣君同心,防杜谗佞之渐。贞观十三年,太子右庶子张玄素以承乾颇以游畋废学,上书谏之,其中云:"古人有言:'勿以小恶而不去,小善而不为。故知祸福之来,皆起于渐。殿下地居储弍,当须广树嘉猷。既有好畋之淫,何以主斯匕鬯?慎终如始,犹恐渐衰,始尚不慎,终将安保!"[⑤]贞观十五年,于志宁亦上书谏承乾,其中云:"不可轻微恶而不避,无容略小善而不为。

① 吴兢著,裴汝诚、王义耀、郭子建、顾宏义译注《〈贞观政要〉译注》,上海古籍出版社2007年2月第1版,第204页。

② 吴兢著,裴汝诚、王义耀、郭子建、顾宏义译注《〈贞观政要〉译注》,上海古籍出版社2007年2月第1版,第205页。

③ 吴兢著,裴汝诚、王义耀、郭子建、顾宏义译注《〈贞观政要〉译注》,上海古籍出版社2007年2月第1版,第194页。

④ 吴兢著,裴汝诚、王义耀、郭子建、顾宏义译注《〈贞观政要〉译注》,上海古籍出版社2007年2月第1版,第195页。

⑤ 吴兢著,裴汝诚、王义耀、郭子建、顾宏义译注《〈贞观政要〉译注》,上海古籍出版社2007年2月第1版,第131页。

理敦杜渐之方，须有防萌之术。屏退不肖，狎近贤良。如此，则善道日隆，德音自远。”[①]无论是张玄素还是于志宁，都强调了“杜渐”、“防萌”的重要性。这一意识充满在贞观君臣的治国思想之中，因为“祸福之来，皆起于渐”。一则凡事微萌之时，易于防杜，也利于实行；二是微萌之事，易于为人所忽略，习渐久之，不觉其害，一旦祸害已成，则悔之何及！

历史的责任感和忧患意识，在中国长达三个多世纪的动乱和隋末前所未有的丧乱之后，充彻于贞观君臣的思想之中。家国丧乱，宗庙丘墟，市朝霜露，历史一次次地重复着，而其丧乱之因，也大抵相同。历代破国丧家之君臣，也不难知晓，也大都知晓，但也不能避免之。原因何在？吴兢用马周贞观十一年上疏陈时政时的话说：“凡修政教，当修之于可修之时，若事变一起，而后悔之，则无益也。故人主每见前代之亡，则知其政教之所由丧，而皆不知其身之有失。”[②]凡修政教，或积德累善，必须及时。这就是“微”与“渐”的重要性。无论是防微杜渐或政教之修，是与非，善与恶，“渐”之不修不杜，则习而不觉，祸变一起则悔之何及！故“人主每见前代之亡，则知政教之所由丧，而皆不知其身之有失”，为何不知？乃不知“渐”与“微”对家国兴亡的重要性，最终累积变化而国家为之倾覆！方笑前朝失国，而己倾又为后代所笑！当然，吴兢也包括贞观君臣们，在面对历史惨痛教训的同时，他们不可能认识到这 历史悲剧的反复重演，归根到底在于君主专制制度所造成的，即社会相对多元的利益诉求与家国私有性的一元政治统治的不可调和的矛盾所造成的。

本章小节

历史的兴亡加上贞观之前数百年的社会动乱，特别是经过“自古以来，未有如隋室丧乱之甚”的动荡，使贞观君臣们产生了深沉的历史忧患意识。他

① 吴兢著，裴汝诚、王义耀、郭子建、顾宏义译注《〈贞观政要〉译注》，上海古籍出版社2007年2月第1版，第137页。

② 吴兢著，裴汝诚、王义耀、郭子建、顾宏义译注《〈贞观政要〉译注》，上海古籍出版社2007年2月第1版，第204页。

们重视以史为治，从中总结知治、致治的经验。他们探讨创业与守成难易的问题，以便已创业成功的他们能以历史为惧诫，防微杜渐，“安不忘危，治不忘乱”，“存必虑亡”，慎始如终。贞观之治的治国思想和理念，如君民一体说、君臣一体说、以柔抚边策、刑法宽简论等等，都是建立在这一沉重的历史忧患意识的基础之上的。

第二章 “君民一体”论

什么是国君(或称“君”“人君”等)? 荀子说:“能以使下谓之君。君者,善群也。”①“君者何也? 曰能群也。能群也者何也? 曰善生养人者也,善班治人者也,善显设人者也,善藩饰人者也。善生养人者人亲之,善班治人者人安之,善显设人者人乐之,善藩饰人者人荣之。四统者俱而天下归之,夫是之谓能群。”②按照荀子的说法,所谓君者就是“善养”“善群”“能群”的人,具体地说就是善于抚养人民,善于治理人民,善于任用人,还得善于修饰人民的服饰(以显示次序和等级)。荀子对国君的定义显示了封建等级制度的色彩,他把国家的源头追溯到国君身上,认为他是一个国家的组织者,是国家的最高权力拥有者和统治者,除此之外,其余人都是被用、受驱使为国君和国家服务的人。

对于国家与人民关系的认识,在先秦时代大致经过三个发展阶段:一、神是决定一切的,国君又是神在人间的代表,君权神授,民是神的从属品,从而也是国君的从属品;二、神民结合,由民情见神意,神依民情定存亡祸福;所以治民也应如此,方显与神(天道)合一,才是神的真正代表;三、政在得民,民心向

① 王先谦著《〈荀子〉集解》,影印本《诸子集成》第二册,上海书店 1986 年 7 月第 1 版,第 105 页。

② 王先谦著《〈荀子〉集解》,影印本《诸子集成》第二册,上海书店 1986 年 7 月第 1 版,第 156 页。

背决定着政治兴败[1]。中国历史上殷代的统治者有初步的重民思想。盘庚提出"重我民""罔不唯民之承""视民利用迁"[2]。但是殷王普遍认为,只有隆重虔诚事神,就能得到保佑,确保国家的政权安定。所以,当殷纣王面临覆灭之时,他还若无其事地说:"呜呼!我生不有命在天!"[3]可是,强大的殷商王朝最后还是灭亡了,且亡于小邦周之手。所以,周朝的统治者开始定位神与人民的关系,也就是开始重新定位国君与人民的关系。如周公虽然仍承认上帝具有无上的权威,但上帝的旨意同时也通过民意来体现。《尚书·康诰》说:"天畏棐忱,民情大可见。"[4]《尚书·大诰》说:"弗造哲,迪民康,矧曰其有能格知天命?"[5]强调通过民情知晓上帝的威严和旨意。《泰誓》逸文则说:"民之所欲,天必从之。"[6]《尚书·康诰》又说:"惟命不于常。"[7]意谓上帝的旨意不是固定不变的,谁有道,谁得百姓支持,上帝就把大命给他。周公从殷商灭亡的历史教训中总结出尊天、敬德、保民三位一体的政治结论。西周灭亡,东周后,王室衰微,到春秋战国时期,对君民的关系又有了新的变化,一些政治家和思想家更加深刻地认识到民心向背决定着家国兴衰存亡。如鲁藏文仲总结蓼、六两国灭亡教训时说:"德之不建,民之无援,衰哉!"[8]《左传·昭公二十三》说:"民弃其上,不亡何待?"[9]《左传·庄公三十二年》又说:"国将兴,听于民;将亡,听于神。"[10]《国语·楚语下》说:"夫民心之愠也,若防大川焉,溃而所犯必

① 肖群忠著《君德论——〈贞观政要〉研究》,甘肃人民出版社 1995 年 9 月第 1 版,第 177 页。

② 李民、王健撰《尚书译注》,上海古籍出版社 2004 年 7 月新 1 版,第 157 页。

③ 李民、王健撰《尚书译注》,上海古籍出版社 2004 年 7 月新 1 版,第 184 页。

④ 李民、王健撰《尚书译注》,上海古籍出版社 2004 年 7 月新 1 版,第 260 页。

⑤ 李民、王健撰《尚书译注》,上海古籍出版社 2004 年 7 月新 1 版,第 243 页。

⑥ 李民、王健撰《尚书译注》,上海古籍出版社 2004 年 7 月新 1 版,第 195 页。

⑦ 李民、王健撰《尚书译注》,上海古籍出版社 2004 年 7 月新 1 版,第 267 页。

⑧ 杨伯峻前言、蒋冀骋标点《左传》,岳麓书社 1988 年 12 月第 1 版,第 98 页。

⑨ 杨伯峻前言、蒋冀骋标点《左传》,岳麓书社 1988 年 12 月第 1 版,第 342 页。

⑩ 杨伯峻前言、蒋冀骋标点《左传》,岳麓书社 1988 年 12 月第 1 版,第 44 页。

大矣。”[①]而生活于春秋战国时期的思想家们，则基本上与此一为政在得民，民心向背决定着家国未来的政治思想基本相同。虽然，他们的思想理论有所不同，但在重视民心民意为政治之基础这一点上却是出奇地一致。如孔子认为具备“五美”才可以从政，而“五美”之首便是“因民之所利而利之”[②]。子贡问孔子：“如有博施于民，而能济众，何如？可谓仁乎？”孔子答曰：“何事于仁！必也圣乎！尧、舜其犹病诸！”[③]孟子则干脆说：“民为贵，社稷次之，君为轻。”[④]又说：“暴其民，甚则身弑国亡，不甚则身危国削。”[⑤]荀子说：“用国者，得百姓之力者富，得百姓之死者彊，得百姓之誉者荣。三得者具，而天下归之，三得者亡，而天下去之。”[⑥]法家的代表人物管仲说：“人主之所以令则行，禁则止者，必令于民之所好，而禁于民之所恶也。”[⑦]又说：“民不足，令乃辱；民苦殃，令不行。”[⑧]法令虽然严峻，但若与民心民意相背，也将在现实中失去它应有的效用。鼓吹“兼相爱，交相利”的墨子则认为重民利是君主首要任务，并视之为圣事。他说：“民生为甚欲，死为甚憎，所欲不得，而所憎屡至，自古及今，未有尝能有以此王天下、正诸侯者也。”[⑨]他认为天子的主要品质是“必务

---

① 左丘明撰《国语》，上海书店 1987 年 1 月第 1 版，第 208 页。

② 刘宝楠著《〈论语〉正义》，影印本《诸子集成》第一册，上海书店 1986 年 7 月第 1 版，第 417 页。

③ 刘宝楠著《〈论语〉正义》，影印本《诸子集成》第一册，上海书店 1986 年 7 月第 1 版，第 133 页。

④ 焦循著《〈孟子〉正义》，影印本《诸子集成》第一册，上海书店 1986 年 7 月第 1 版，第 573 页。

⑤ 焦循著《〈孟子〉正义》，影印本《诸子集成》第一册，上海书店 1986 年 7 月第 1 版，第 289 页。

⑥ 王先谦著《〈荀子〉集解》，影印本《诸子集成》第二册，上海书店 1986 年 7 月第 1 版，第 146 – 147 页。

⑦ 戴望著《〈管子〉校正》，影印本《诸子集成》第五册，上海书店 1986 年 7 月第 1 版，第 325 页。

⑧ 戴望著《〈管子〉校正》，影印本《诸子集成》第五册，上海书店 1986 年 7 月第 1 版，第 33 页。

⑨ 孙诒让著《〈墨子〉间诂》，影印本《诸子集成》第四册，上海书店 1986 年 7 月第 1 版，第 38 页。

求兴天下之利，除天下之害。”[①]《吕氏春秋·顺民》中说：“先王先顺民心，故功名成。”[②]“凡举事必先审民心，然后可举。”[③]又在《务本》篇说：“宗庙之本在于民。”[④]反复强调民心民意乃为政之本。《老子》说：“圣人无常心，以百姓心为心。”[⑤]又说：“生之畜之，生而不有，为而不恃，长而不宰，是谓元德。”[⑥]又说：“我无为而民自化；我好静而民自正；我无事而民自富；我无欲而民自朴。”[⑦]老子认为，最好的君民关系，让百姓自化、自正、自富、自朴，才是最高的政治境界。

以上所述可以看出，君与民之关系从较早的君主乃天命之所在，君主是上帝在人间的代表和象征，他们是民众的救星，抚育者和保护者，是天经地义的圣人，发展为天意与民心并重，君主必须尊天、敬德、得民三位一体，最后发展成从春秋开始的“抚民”“亲民”“恤民”“安民”“惠民”“利民”的政治思想和主张，以民心、民意之向背决定政治、政权之兴衰成败；而老子思想则主张两不关涉，互不隶属，以尽天性，充分发展个性的自由和创造性的君臣关系。

随着历史的进程和经验教训的不断积累，中国古代政治及其思想越来越向民本化的方向发展，其中的合理性和进步性是不言而喻的。刘泽华把这种较为合理性的民本政治思想和君民关系细分为五类：一、立君为民说；二、君主

---

① 孙诒让著《〈墨子〉间诂》，影印本《诸子集成》第四册，上海书店 1986 年 7 月第 1 版，第 71 页。

② 高诱注《吕氏春秋》，影印本《诸子集成》第六册，上海书店 1986 年 7 月第 1 版，第 86 页。

③ 高诱注《吕氏春秋》，影印本《诸子集成》第六册，上海书店 1986 年 7 月第 1 版，第 88 页。

④ 高诱注《吕氏春秋》，影印本《诸子集成》第六册，上海书店 1986 年 7 月第 1 版，第 133 页。

⑤ 王弼注《老子道德经》，影印本《诸子集成》第三册，上海书店 1986 年 7 月第 1 版，第 30 页。

⑥ 王弼注《老子道德经》，影印本《诸子集成》第三册，上海书店 1986 年 7 月第 1 版，第 6 页。

⑦ 王弼注《老子道德经》，影印本《诸子集成》第三册，上海书店 1986 年 7 月第 1 版，第 35 页。

利民说；三、民养君说；四、得民为君说；五、民弃君说和民水君舟说[1]。总之，民心民利为第一，其余的一切都是建立在这一基础之上的。当然，中国古代特别是儒家的“民本”论，其立足点仍然是为了维护和巩固君权皇权专制统治的目的，“其重视民众的力量，注意民众的生计，关心民众的哀乐，归根结底是出于民众为统治剥削对象的考虑，意识到不能以过度压迫驱使这个被统治的对象走向反面，失去控制，成为封建王朝的掘墓人”[2]。这一“民本”论与近代意义上的“民主”本质上是不同的，原因在于这是替民做主而不是由民做主，主动权和决定权仍然掌握在统治者手中，是由统治者特别是君王的道德自觉决定的。即使像孟子激进地提出“民贵君轻”，也是为了维护封建专制体制，区别只在于“驱而之善”“民之从之也轻”[3]而已。另外，由于民本思想的最终目的仍是为了维护中国古代统治阶级的利益和政权稳定，民本只是作为一种手段而存在。因此，当中国古代专制统治者的利益和政权稳定与百姓的权益产生矛盾冲突时，专制统治者自然会牺牲百姓的权益。而历史和现实中，统治者与被统治者的利益的矛盾和冲突往往多于大于同一之时或者根本没有绝对的相同之时。因此，“民本”很容易成为一句空谈。还有一点更为隐秘的目的，那就是民本思想的提倡和实施使百姓对统治者产生美好的期待和希望，增加了被统治者对统治者的向心力和依附作用。更为严重的是，中国古代专制集权者会以“民本”为借口，以“民本”之名行独裁专制之实，把侵害百姓的权益说成是为了维护百姓的利益，以国家的利益损害百姓的利益，而中国古代专制政治的不透明性又给这种损害留下了极大的自由空间。其中的原因也很简单，因为专制国家的设立，其目的不是为了百姓，而是为了以君王为首的利益集团。这是最为本质之处。

---

① 刘泽华著《中国传统政治思想反思》，三联书店 1987 年 10 月第 1 版，第 106 - 114 页。

② 纪宝成主编《中国古代治国要论》，中国人民大学出版社 2006 年 4 月第 1 版，第 56 页。

③ 焦循著《〈孟子〉正义》，影印本《诸子集成》第一册，上海书店，1986 年 7 月第 1 版，第 57 页。

但无论如何，中国古代社会的民本思想，仍然是专制制度体制下较为文明和先进的思想。在维护中国古代专制统治的前提下，极大限度地照顾和维护了百姓的利益，从而极大地化解了统治者与被统治者之间的矛盾和利益冲突，为中国传统社会的繁荣和稳定做出了历史局限下的最大贡献。中国历代王朝的统治也证明什么时候民本思想实践得最好，政治、经济、军事和社会民生等方面也都达到了最好的程度，整个国家国力也最为强大。因此，对民本思想负面本质的认识，不能抹杀其在中国历史上所起到的极大的积极作用。

由几百年延续而来的社会动荡，使贞观君臣在沉重的历史忧患意识中，对中国古代社会各个阶层之间的相互关系，特别是处于最高层的君主与最底层的百姓之间的互相依存、互相依赖的关系，有了比以前的统治者和思想家们更为深切，也更为沉痛的体认。特别是他们当中，多数亲历时代动乱，体会创业和生民艰难，对社会各阶层之间，同生共亡、互为一体的关系，有了更直观也更直接的体会和教训。他们认识到，在社会共同体中，任何一个阶层和环节出现问题或使其难以生存，则将直接导致引起整个社会的问题，以致造成社会动荡、家国倾覆！因此，如何达到太平盛世和长治久安，其治国的思想和理论便不得不从“君民一体”、“民足君足”、“民水君舟”等的体认开始。

第一节　“君民水舟”论

《尚书·洪范》中八政始食，奠定了中国古代足民的治国基本思想。治国以足民为要，几乎成为各派思想家和政治家们的共识。《论语·颜渊》中云：“子贡问政。子曰：‘足食，足兵，民信之矣。’”①孔子又说：“百姓足，君孰与不足？百姓不足，君孰与足？”②孟子则说：“不违农时，谷不可胜食也；数罟不入洿池，鱼鳖不可胜食也；斧斤以时入山林，材木不可胜用也。谷与鱼鳖不可胜

① 刘宝楠著《〈论语〉正义》，影印本《诸子集成》第一册，上海书店 1986 年 7 月第 1 版，第 266 页。

② 刘宝楠著《〈论语〉正义》，影印本《诸子集成》第一册，上海书店 1986 年 7 月第 1 版，第 268 页。

食,材木不可胜用,是使民养生丧死无憾也。养生丧死无憾,王道之始也。”[1]又说:“是故明君制民之产,必使仰足以事父母,俯足以畜妻子,乐岁终身饱,凶年免于死亡;然后驱而之善,故民之从之也轻。”[2]孟子又说:“王如施仁于民:省刑罚,薄税敛,深耕易耨,壮者以暇日修其孝弟忠信,入以事其父兄,出以事其长上;可使制梃,以挞秦、楚之坚甲利兵矣。”[3]一句话,足民,是一切的基础,也是治国的中心点和出发点。荀子说:“君者舟也;庶人者水也。水则载舟,水则覆舟。”[4]也是这个意思。

贞观君臣们,更是以活生生的历史经验为教训,深刻地认识并提出“君足民足”“民水君舟”的思想。如《贞观政要·君道》篇说:“贞观初,太宗谓侍臣曰:‘为君之道,必须先存百姓,若损百姓以奉其身,犹割股以啖腹,腹饱而身毙。’”[5]现实中先存百姓与否,则另当别论。君民股腹一体,却是沉痛之言,也是对“君民一体”的体认。贞观六年,唐太宗谓侍臣曰:“看古之帝王,有兴有衰,犹朝之有暮。……可爱非君?可畏非民?天子者,有道则人推而为主,无道则人弃而不用,诚可畏也。”魏徵对曰:“自古失国之主,皆为居安忘危,处治忘乱,所以不能长久。……臣又闻古语云:‘君,舟也;人,水也。水能载舟,亦能覆舟。’陛下以为可畏,诚如圣旨。”[6]“可爱非君?可畏非民”则是唐太宗“看古之帝王,有兴有衰”的历史结论。魏徵则进一步强调,希望唐太宗即使

① 焦循著《〈孟子〉正义》,影印本《诸子集成》第一册,上海书店1986年7月第1版,第32-33页。

② 焦循著《〈孟子〉正义》,影印本《诸子集成》第一册,上海书店1986年7月第1版,第57页。

③ 焦循著《〈孟子〉正义》,影印本《诸子集成》第一册,上海书店1986年7月第1版,第40页。

④ 王先谦著《〈荀子〉集解》,影印本《诸子集成》第二册,上海书店1986年7月第1版,第97页。

⑤ 吴兢著,裴汝诚、王义耀、郭子建、顾宏义译注《〈贞观政要〉译注》,上海古籍出版社2007年2月第1版,第1页。

⑥ 吴兢著,裴汝诚、王义耀、郭子建、顾宏义译注《〈贞观政要〉译注》,上海古籍出版社2007年2月第1版,第14页。

今天“富有四海，内外清晏”，亦当“留心治道，常临深履薄”，方能做到“国家历数，自然灵长”[①]，因为古语云：“君，舟也；人，水也。水能载舟，亦能覆舟。”“君民水舟关系说”反映了封建社会早期一些有识之士的民本思想。春秋时代齐国政治家管仲说过，“政之所兴，在顺民心；政之所废，在逆民心”[②]。孔子对君民关系也有类似的“鱼水关系”的说法：“鱼失水则死，水失鱼犹为水也。”[③]荀子说：“天之生民，非为君也。天之立君，以为民也。”[④]君民关系是水与舟的关系，民众的拥戴与支持是国家安定，君位合理性的基础，“马骇舆，则君子不安舆；庶人骇政，则君子不安位。……《传》曰：‘君者舟也；庶人者水也，水则载舟，水则覆舟。’此之谓也”[⑤]。总之，他们都认为，民心向背，民众的拥戴与支持与否，是君位合理性和政权稳定与否的先决条件。贞观十八年，太宗谓侍臣曰：“古有胎教世子，朕则不暇。但近自建立太子，遇物必有诲谕。……见其乘舟，又谓曰：‘汝知舟乎？’对曰：‘不知。’曰：‘舟所以比人君，水所以比黎庶，水能载舟，亦能覆舟。尔方为人主，可不畏惧？’”[⑥]可见，唐太宗与魏徵等对这一民本传统是有深刻体会的。可以说，中国历代的治乱兴亡，正是“股腹一体说”与“君民舟水说”的正反例证。贞观君臣对这一思想的重视正是强烈的历史忧患意识的一种表现。然而，他们多以反面的教训，见证和强调这一思想。如贞观二年，太宗谓黄门侍郎王珪曰：“隋开皇十四年大旱，人多饥乏。是时仓库盈溢，竟不许赈给，乃令百姓逐粮。隋文不怜百姓而惜仓库，

---

① 吴兢著，裴汝诚、王义耀、郭子建、顾宏义译注《〈贞观政要〉译注》，上海古籍出版社 2007 年 2 月第 1 版，第 14 页。

② 戴望著《〈管子〉校正》，影印本《诸子集成》第五册，上海书店 1986 年 7 月第 1 版，第 2 页。

③ 尸佼著，汪继培辑《尸子》（丛书集成初编），中华书局 1991 年第 1 版，第 43 页。

④ 王先谦著《〈荀子〉集解》，影印本《诸子集成》第二册，上海书店 1986 年 7 月第 1 版，第 332 页。

⑤ 王先谦著《〈荀子〉集解》，影印本《诸子集成》第二册，上海书店 1986 年 7 月第 1 版，第 97 页。

⑥ 吴兢著，裴汝诚、王义耀、郭子建、顾宏义译注《〈贞观政要〉译注》，上海古籍出版社 2007 年 2 月第 1 版，第 112 - 113 页。

比至末年,计天下储积,得供五六十年。炀帝恃此富饶,所以奢华无道,遂致灭亡。炀帝失国,亦此之由。凡理国者,务积于人,不在盈其仓库。古人云:'百姓不足,君孰与足。'但使仓库可备凶年,此外何烦储蓄!后嗣若贤,自能保其天下;如其不肖,多积仓库,徒益其奢侈,危亡之本也。"[①]"百姓不足,君孰与足",这对孔子而言或许更多的是一种政治理想和理论,但对贞观君臣而言,则是惨痛的历史教训。贞观十一年,特进魏徵上疏曰:"臣观自古受图膺运,继体守文,控御英雄,南面临下,皆欲配厚德于天地,齐高明于日月,本支百世,传祚无穷。然而克终者鲜,败亡相继,其故何哉?所以求之,失其道也。殷鉴不远,可得而言。昔在有隋,统一寰宇,甲兵强锐,三十余年,风行万里,威动殊俗。一旦举而弃之,尽为他人之有。彼炀帝岂恶天下之治安,不欲社稷之长久,故行桀虐,以就灭亡哉?恃其富强,不虞后患。驱天下以从欲,罄万物而自奉,采域中之子女,求远方之奇异。宫苑是饰,台榭是崇,徭役无时,干戈不戢。外示严重,内多险忌,谗邪者必受其福,忠正者莫保其生。上下相蒙,君臣道隔,民不堪命,率土分崩。遂以四海之尊,殒于匹夫之手,子孙殄绝,为天下笑,可不痛哉!"[②]贞观九年,太宗谓魏徵曰:"顷读周、齐史,末代亡国之主,为恶多相类也。齐主深好奢侈,所有府库,用之略尽,乃至关市无不税敛。朕常谓此犹如馋人自食其肉,肉尽必死。人君赋敛不已,百姓既弊,其君亦亡,齐主即是也。"[③]贞观十一年,特进魏徵上疏曰:"……且我之所代,实在有隋,隋氏乱亡之源,圣明之所照临。以隋氏之府藏譬今日之资储,以隋氏之甲兵况当今之士马,以隋氏之户口校今时之百姓,度长比大,曾何等级?然隋氏以富强而丧败,动之也;我以贫穷而安宁,静之也。静之则安,动之则乱,人皆知之,非隐而难见也,非微而难察也。……知存亡之所在,节嗜欲以从人,省游畋之娱,息靡丽

---

① 吴兢著,裴汝诚、王义耀、郭子建、顾宏义译注《〈贞观政要〉译注》,上海古籍出版社 2007 年 2 月第 1 版,第 252 - 253 页。

② 吴兢著,裴汝诚、王义耀、郭子建、顾宏义译注《〈贞观政要〉译注》,上海古籍出版社 2007 年 2 月第 1 版,第 3 - 4 页。

③ 吴兢著,裴汝诚、王义耀、郭子建、顾宏义译注《〈贞观政要〉译注》,上海古籍出版社 2007 年 2 月第 1 版,第 254 页。

之作，罢不急之务，慎偏听之怒。近忠厚，远便佞，杜悦耳之邪说，甘苦口之忠言。去易进之人，贱难得之货，采尧、舜之诽谤，追禹、汤之罪己，惜十家之产，顺百姓之心。近取诸身，恕以待物，思劳谦以受益，不自满以招损。有动则庶类以和，出言而千里斯应，超上德于前载，树风声于后昆。此圣哲之宏观，而帝王之大业，能事斯毕，在乎慎守而已。"①贞观二十二年，军旅亟动，宫室互兴，百姓颇有劳弊。充容徐氏上疏谏，其中云："昔秦皇并吞六国，反速危祸之基；晋武奄有三方，翻成覆败之业。岂非矜功恃大，弃德轻邦，图利忘害，肆情纵欲？遂使悠悠六合，虽广不救其亡，嗷嗷黎庶，因弊以成其祸。是知地广非常安之术，人劳乃易乱之源。愿陛下布泽流人，矜弊恤乏，减行役之烦，增雨露之惠。"②"驱天下以从欲，罄万物而自奉"，"静之则安，动之则乱"，"矜功恃大，弃德轻邦，图利忘害，肆情纵欲"，这些都是"君臣一体"论和"君舟民水"说的反证，正如唐太宗说的，"朕常谓此犹如馋人自食其肉，肉尽必死。人君赋敛不已，百姓既弊，其君亦亡"③。把国君与民众完全对立起来，没有认识到互相依存的关系，只顾满足自己的荣利之欲，"驱天下以从欲，罄万物而自奉"，结果犹"割股以啖腹，腹饱而身毙"，如"馋人自食其肉，肉尽必死"，家国丧乱败亡，国君遭戮受辱，自然不可避免！历史反复地展示着这一幕幕悲剧。然而，正如上文所言，贞观君臣们虽然认识到"君臣一体""君舟民水"之关系，"赋敛不已，百姓既弊"，必然导致"其君亦亡"，犹如"割股以啖腹，腹饱而身毙"，但实际的情况是，统治者与被统治者永远有不同的立场和利益，他们之间的矛盾和冲突才是主要矛盾，也就是百姓利益多元化与政治统治一元化的不可调和的矛盾才是最为根本的矛盾，而互相依存互相统一的一面是次要矛盾。这种矛盾关系决定了如果没有相应的制度保证和制衡，割股啖腹，百姓凋敝和王朝

① 吴兢著，裴汝诚、王义耀、郭子建、顾宏义译注《〈贞观政要〉译注》，上海古籍出版社 2007 年 2 月第 1 版，第 242－243 页。

② 吴兢著，裴汝诚、王义耀、郭子建、顾宏义译注《〈贞观政要〉译注》，上海古籍出版社 2007 年 2 月第 1 版，第 268 页。

③ 吴兢著，裴汝诚、王义耀、郭子建、顾宏义译注《〈贞观政要〉译注》，上海古籍出版社 2007 年 2 月第 1 版，第 254 页。

灭亡的历史循环不可能真正地改变。中国历代王朝的更替,或者说无朝不亡的历史就是最好的证明。贞观君臣的君民一体论对历史的贡献乃在于他们最大限度地看到了君民一体,一荣俱荣、一损俱损的关系。从理论上也较为接近一个国家社会成员利益共存的客观实际。从长远看,这种共存利益无疑是最主要的。看到这一点,无疑会使统治者对百姓的利益做出相应的让步,从而让社会获得更为和谐的发展。贞观之治的形成与君臣的这一理性的认识息息相关。

有意思的是,唐太宗还为自己臣子们算了一笔账,他认为臣子贪财受贿和国君恣情放逸是一种得不偿失的愚蠢行为。如贞观初,唐太宗谓侍臣曰:“人有明珠,莫不贵重,若以弹雀,岂非可惜?况人之性命甚于明珠,见金钱财帛不惧刑网,径即受纳,乃是不惜性命。明珠是身外之物,尚不可弹雀,何况性命之重,乃以博财物耶?群臣若能备尽忠直,益国利人,则官爵立至。皆不能以此道求荣,遂妄受财物,赃贿既露,其身亦殒,实为可笑。帝王亦然,恣情放逸,劳役无度,信任群小,疏远忠正,有一于此,岂不灭亡?隋炀帝奢侈自贤,身死匹夫之手,亦为可笑。”①贞观二年,太宗谓侍臣曰:“朕尝谓贪人不解爱财也,至如内外官五品以上,禄秩优厚,一年所得,其数自多。若受人财贿,不过数万,一朝彰露,禄秩削夺,此岂是解爱财物?规小得而大失者也。昔公仪休性嗜鱼,而不受人鱼,其鱼长存。且为主贪,必丧其国;为臣贪,必亡其身。《诗》云:‘大风有隧,贪人败类。’固非谬言也。昔秦惠王欲伐蜀,不知其径,乃刻五石牛,置金其后。蜀人见之,以为牛能便金,蜀王使五丁力士拖牛入蜀,道成,秦师随而伐之,蜀国遂亡。汉大司农田延年赃贿三千万,事觉自死。如此之流,何可胜记!朕今以蜀王为元龟,卿等亦须以延年为覆辙也。”②唐太宗说的是大白话,然引人惕惧。人之性命声名,确实比金钱财帛贵重,作为臣子,若能

① 吴兢著,裴汝诚、王义耀、郭子建、顾宏义译注《〈贞观政要〉译注》,上海古籍出版社2007年2月第1版,第207页。

② 吴兢著,裴汝诚、王义耀、郭子建、顾宏义译注《〈贞观政要〉译注》,上海古籍出版社2007年2月第1版,第207-208页。

备尽忠直,益国利人,则官爵立至,何至于以性命之重,以博财物呢?国君亦然,若保有家国,何愁缺乏财物声名,若恣情放逸于一时,奢侈自贤,损害民众则等同于害己,最后家国覆灭,身死匹夫之手,不仅一切皆化乌有,尚余千古恶名,所以,权衡忖度,则利弊得失立现。何况以一己之贪欲,致家国百姓之灾难,此岂是明珠弹雀之所能比拟!所以唐太宗告诫侍臣说:"朕今以蜀王为元龟,卿等亦须以延年为覆辙也。"唐太宗显然是站在长远的利益和家国整体利益的高度上,来反观短暂或一时的利益以及私己的利益,其中的利害得失,便显而易见了。可见,贞观君臣的治国理念,并无太多的理论色彩,显得非常实际,主要是从现实的触动和利益出发,以救弊图存,避免历史覆辙的重演。

正是基于这种对历史既感性又理性的认识,贞观君臣的治国理念中,体现出深刻而又浓厚的道德意识和人本意识。

开元前期,"依贞观故事"的唐玄宗也励精图治。他赞赏"隋氏纵欲而亡,太宗抑欲而昌"的观点,抑情损欲,刻俭厉节,抵制浮竞,甚至焚毁珠玉锦绣,罢遣宫女,使社会风气出现了返朴还淳的现象,以致贞观之风,一朝复振。但到开元中期则开始德消政易,奢侈放逸,粉饰盛时,越走越远,直至安史之乱起,帝国崩溃。可见,吴兢以上的记载,其极具针对性的。

第二节　以百姓之心为心

"君民一体论"的另一端,就是以百姓之心为心。儒家学说的核心是"仁"。"仁"既是个体人格最高的境界,同时也是一个国君实行仁政的基础,也是政治伦理最高的境界。其内涵包括礼、爱人、孝悌、忠恕等,也包括敬、智、勇、恭、宽、信、敏、惠等,即"仁"乃一个人全德之名[①]。儒家的仁政德治就是统治者把这一完善的人格施之政治的方略和具体的措施之中。《论语·颜

① 肖群忠著《君德论——〈贞观政要〉研究》,甘肃人民出版社 1995 年 9 月第 1 版,第 36 页。

渊》说:"樊迟问仁,子曰:'爱人。'"[①]基于人类之同情心、恻隐心而推己及人,所谓"己欲立而立人,己欲达而达人"。《论语·卫灵公》说:"子贡问:'有一言而可以终身行之者乎?'子曰:'其恕乎!己所不欲,勿施于人。'"[②]而表现在一个国君身上,自然导出了仁政德治的政治。如《论语·雍也》说:"子贡曰:'如有博施于民而能济众,何如?可谓仁乎?'子曰:'何事于仁!必也圣乎!尧、舜其犹病诸!'"[③]孟子说:"人皆有不忍人之心。先王有不忍人之心,斯有不忍人之政矣。以不忍人之心,行不忍人之政,治天下可运之掌上。"[④]又说:"老吾老,以及人之老,幼吾幼,以及人之幼,天下可运于掌。《诗》云:'刑于寡妻,至于兄弟,以御于家邦。'言举斯心加诸彼而已。故推恩足以保四海,不推恩无以保妻子。古之人所以大过人者,无他焉,善推其所为而已矣。"[⑤]并提出国君应与民同利,与民同乐同心,以不忍人之心推而广之,方能得到百姓真正的拥护。

在《贞观政要》中,贞观君臣们对此的认识则更为深刻。以百姓心为心,慈爱万民的民本思想也体现得最为突显。因为这是"臣民一体"论的另一端。如贞观八年,太宗谓侍臣曰:"隋时百姓纵有财物,岂得保此?自朕有天下以来,存心抚养,无有所科差,人人皆得营生,守其资财,即朕所赐。向使朕科唤不已,虽数资赏赐,亦不如不得。"魏徵对曰:"尧、舜在上,百姓亦云'耕田而食,凿井而饮',含哺鼓腹,而云'帝何力'于其间矣。今陛下如此含养,百姓可谓日用而不知。"又奏称:"晋文公出田,逐兽于砀,入大泽,迷不知所出,其中

---

① 刘宝楠著《〈论语〉正义》,影印本《诸子集成》第一册,上海书店 1986 年 7 月第 1 版,第 278 页。

② 刘宝楠著《〈论语〉正义》,影印本《诸子集成》第一册,上海书店 1986 年 7 月第 1 版,第 343 页。

③ 刘宝楠著《〈论语〉正义》,影印本《诸子集成》第一册,上海书店 1986 年 7 月第 1 版,第 133 页。

④ 焦循著《〈孟子〉正义》,影印本《诸子集成》第一册,上海书店 1986 年 7 月第 1 版,第 138 页。

⑤ 焦循著《〈孟子〉正义》,影印本《诸子集成》第一册,上海书店 1986 年 7 月第 1 版,第 51 - 52 页。

有渔者,文公谓曰:‘我,若君也,道将安出？我且厚赐若。’渔者曰:‘臣愿有献。’文公曰:‘出泽而受之。’于是送出泽。文公曰:‘今子之所欲教寡人者,何也？愿受之。’渔者曰:‘鸿鹄保河海,厌而徙之小泽,则有矰丸之忧。鼋鼍保深渊,厌而出之浅渚,必有钓射之忧。今君出兽砀,入至此,何行之太远也？’文公曰:‘善哉!’谓从者记渔者名。渔者曰:‘君何以名？君尊天事地,敬社稷,保四国,慈爱万民,薄赋敛,轻租税,臣亦与焉。君不尊天,不事地,不敬社稷,不固四海,外失礼于诸侯,内逆民心,一国流亡,渔者虽有厚赐,不得保也。’遂辞不受。”太宗曰:“卿言是也。”①让百姓“耕田而食,凿井而饮”,含哺鼓腹而不知帝力,这可是人治政治制度下的老百姓最高的生活愿望,也是儒道两家所推崇的修明政治的典范,国君与百姓之间,各安其职,各守其界,互不干扰,互不侵夺,各尽其责,也不以对方为自己的恩赐者,心安理得,各尽自然之性。但实际上,何等不容易！所以在儒道两家的治国理想中,此一情形只能托之于历史传说人物的尧舜身上。即使如此,这其中也存在着归功于尧舜帝力的倾向。所以,唐太宗开头说如今百姓“人人皆得营生,守其资财,即朕所赐”,说得也是实话。但所谓慈爱万民,主动权和决定权仍在国君手里,实行与不实行的自由选择空间非常之大,而并非制度设计使然,不得不尔。当然,这是我们站在今天的立场上来看待中国古代君主专制社会里的“爱民”说的。若从历史的角度看,贞观君臣们能深刻地认识到这一点,并以之为治国之要论,也已经是站在中国古代社会历史的峯巅上,显得难能可贵了。也正因为如此,吴兢在《贞观政要》中,讨论最多也大肆加以渲染的正是贞观君臣治国论中的这一方面。如贞观二年,“隋通事舍人郑仁基女年十六七,容色绝姝,当时莫及。文德皇后访求得之,请备嫔御。太宗乃聘为充华。诏书已出,策使未发。魏徵闻其已许嫁陆氏,乃遽进而言曰:‘陛下为人父母,抚爱百姓,当忧其所忧,乐其所乐。自古有道之主,以百姓之心为心,故君处台榭,则欲民有栋宇

① 吴兢著,裴汝诚、王义耀、郭子建、顾宏义译注《〈贞观政要〉译注》,上海古籍出版社2007年2月第1版,第17页。

之安；食膏粱，则欲民无饥寒之患；顾嫔御，则欲民有室家之欢。此人主之常道也。’”[①]贞观十四年，特进魏徵上疏引《礼》云：“民以君为心，君以民为体，心庄则体舒，心肃则容敬。”[②]贞观五年，太子右庶子李百药作《赞道赋》以讽太子承乾“闲宴之后，嬉戏过度”，其词曰：“下臣侧闻先圣之格言，尝览载籍之遗则。伊天地之玄造，洎皇王之建国。曰人纪与人纲，资立言与立德。履之则率性成道，违之则罔念作忒。望兴废如从钧，视吉凶如纠缪。至乃受图膺箓，握镜君临。因万物之思化，以百姓而为心。体大仪之潜运，阅往古于来今。尽为善于乙夜，惜勤劳于寸阴。故能释层冰于瀚海，变寒谷于蹛林。总人灵以胥悦，极穹壤而怀音。”[③]贞观元年，太宗谓侍臣曰：“自古帝王凡有兴造，必须贵顺物情。昔大禹凿九山，通九江，用人力极广，而无怨讟者，物情所欲，而众所共有故也。秦始皇营建宫室，而人多谤议者，为徇其私欲，不与众共故也。朕今欲造一殿，材木已具，远想秦皇之事，遂不复作也。古人云：‘不作无益害有益。’‘不见可欲，使民心不乱。’固知见可欲，其心必乱矣。至如雕镂器物，珠玉服玩，若恣其骄奢，则危亡之期可立待也。自王公已下，第宅、车服、婚嫁、丧葬，准品秩不合服用者，宜一切禁断。由是二十年间，风俗简朴，衣无锦绣，财帛富饶，无饥寒之弊。”[④]贞观四年，太宗谓侍臣曰：“崇饰宫宇，游赏池台，帝王之所欲，百姓之所不欲。帝王所欲者放逸，百姓所不欲者劳弊。孔子云：‘有一言可以终身行之者，其恕乎！己所不欲，勿施于人。’劳弊之事，诚不可施于百姓。朕尊为帝王，富有四海，每事由己，诚能自节，若百姓不欲，必能顺其情也。”魏徵曰：“陛下本怜百姓，每节己以顺人。臣闻：‘以欲从人者昌，以人乐

---

① 吴兢著，裴汝诚、王义耀、郭子建、顾宏义译注《〈贞观政要〉译注》，上海古籍出版社2007年2月第1版，第53页。

② 吴兢著，裴汝诚、王义耀、郭子建、顾宏义译注《〈贞观政要〉译注》，上海古籍出版社2007年2月第1版，第68页。

③ 吴兢著，裴汝诚、王义耀、郭子建、顾宏义译注《〈贞观政要〉译注》，上海古籍出版社2007年2月第1版，第120页。

④ 吴兢著，裴汝诚、王义耀、郭子建、顾宏义译注《〈贞观政要〉译注》，上海古籍出版社2007年2月第1版，第178页。

己者亡。'隋炀帝志在无厌，惟好奢侈，所司每有供奉营造，小不称意，则有峻罚严刑。上之所好，下必有甚，竞为无限，遂至灭亡，此非书籍所传，亦陛下目所亲见。为其无道，故天命陛下代之。陛下若以为足，今日不啻足矣。若以为不足，更万倍过此亦不足。"太宗曰："公所奏对甚善！非公，朕安得闻此言？"①贞观十三年，魏徵恐太宗不能克终俭约，近岁颇好奢纵，上疏谏之。其中论及贞观之初唐太宗之治国理念和措施："陛下贞观之初，无为无欲，清净之化，远被遐荒。……昔子贡问理人于孔子，孔子曰：'懔乎若朽索之驭六马。'子贡曰：'何其畏哉？'子曰：'不以道导之，则吾仇也，若何其无畏？'故《书》曰：'民惟邦本，本固邦宁。'为人上者奈何不敬？陛下贞观之始，视人如伤，恤其勤劳，爱民犹子，每存简约，无所营为。"②"以百姓之心为心"、"忧其所忧，乐其所乐"、"此人主之常道也"；"民以君为心，君以民为体，心庄则体舒，心肃则容敬"；"因万物之思化，以百姓而为心"；"自古帝王凡有兴造，必须贵顺物情"，"不见可欲，使民心不乱"，等等。这是贞观君臣们具有忧患意识这一时代特色的民本思想。因为他们深刻地认识到，君民一体，同处于一个互相依赖、对立统一的社会系统中，维持这一社会系统的和谐性，正是维护帝王统治地位的前提和基础，也是帝王统治地位合理性之所在。因此，"以百姓之心为心"，"忧其所忧，乐其所乐"，便是再简单平常不过的道理了。同时，私欲无限，永远无法得到真正满足之时；而中国古代中央集权的专制制度又给帝王们提供了至高无上的权力，因此，专制帝王既可以利用无上的权力建造一个和谐的社会体系，以稳固自己的统治基础，也可通过它来尽量满足自己难以餍足的私欲，破坏这一社会系统的和谐性，以致动摇自己的统治根基，最后导致家国倾覆，身受辱戮。贞观君臣们正是从反复出现的惨痛历史教训中，深切地体会到这一"人主之常道"的。而这一简单平常的治国理念却是如此难以实行，以致

① 吴兢著，裴汝诚、王义耀、郭子建、顾宏义译注《〈贞观政要〉译注》，上海古籍出版社 2007 年 2 月第 1 版，第 179 页。

② 吴兢著，裴汝诚、王义耀、郭子建、顾宏义译注《〈贞观政要〉译注》，上海古籍出版社 2007 年 2 月第 1 版，第 294 – 295 页。

千古以来破国丧家者前仆后继，后之视今亦犹今之视昔，从而也一而再再而三地证明，具有浓厚人治色彩的中国古代中央集权专制制度，违背了人类之常性。

“以百姓之心为心”，“忧其所忧，乐其所乐”，“此人主之常道也”，贞观君臣不仅从思想上和理论上是如此认识的，也注重在行政和实际行动上做到这一点。如“贞观初，太宗谓侍臣曰：‘妇人幽闭深宫，情实可愍。隋氏末年，求采无已，至于离宫别馆，非幸御之所，多聚宫人。此皆竭人财力，朕所不取。且洒扫之余，更何所用？今将出之，任求伉俪，非独以省费，兼以息人，亦各得遂其情性。’于是后宫及掖庭前后所出三千余人。”①贞观二年，关中旱，大饥。太宗谓侍臣曰：“水旱不调，皆为人君失德。朕德之不修，天当责朕，百姓何罪，而多遭困穷！闻有鬻男女者，朕甚愍焉。”乃遣御史大夫杜淹巡检，出御府金宝赎之，还其父母②。贞观十九年，“太宗征高丽，次定州，有兵士到者，帝御州城北门楼抚慰之。有从卒一人病，不能进，诏至床前，问其所苦，仍敕州县医疗之，是以将士莫不欣然愿从。及大军回次柳城，诏集前后阵亡人骸骨，设太牢致祭，亲临，哭之尽哀，军人无不洒泣。兵士观祭者，归家以言，其父母曰：‘吾儿之丧，天子哭之，死无所恨。’太宗征辽东，攻白岩城，右卫大将军李思摩，为流矢所中，帝亲为吮血，将士莫不感励。”③同年，高丽王高藏及莫离支盖苏文遣使献二美女，太宗谓其使曰：“朕悯此女离其父母兄弟于本国，若受其色而伤其心，我不取也。”④并却还之本国。又，贞观中，“林邑国贡白鹦鹉，性辩慧，

① 吴兢著，裴汝诚、王义耀、郭子建、顾宏义译注《〈贞观政要〉译注》，上海古籍出版社2007年2月第1版，第186页。

② 吴兢著，裴汝诚、王义耀、郭子建、顾宏义译注《〈贞观政要〉译注》，上海古籍出版社2007年2月第1版，第186页。

③ 吴兢著，裴汝诚、王义耀、郭子建、顾宏义译注《〈贞观政要〉译注》，上海古籍出版社2007年2月第1版，第187页。

④ 吴兢著，裴汝诚、王义耀、郭子建、顾宏义译注《〈贞观政要〉译注》，上海古籍出版社2007年2月第1版，第251页。

尤善应答,屡有苦寒之言。太宗愍之,付其使,令还出于林薮”[①]。出宫女“任求伉俪,非独以省费,兼以息人,亦各得遂其情性”;出御府金宝赎人,还其父母;诏生病的士兵至床前,亲加慰问,并亲为战亡者祭礼,哭之尽哀,使得“军人无不洒泣”;却还高丽王所献之美女,因怜悯此女离其父母兄弟于本国而伤心等等,都是实行仁政思想,以百姓之心为心的具体表现。无论是作为一个人,还是作为一个国君,“泛爱众”,有“不忍人之心”,或者用今天的话说,做一个有爱心的人,都是作为一个人之所以为人的起码道德原则。

唐太宗作为一个皇帝,流露出仁爱之心,自然值得肯定和称赞。但对于一个皇帝而言,如果能把这一“不忍人之心”推而广之,制定相应的制度和政策措施,用刚性的制度形成“不忍人之政”,这才是一个国君更应该做的大事,也才是国家和百姓真正之大事!因此,制度化的仁政才是一个国家的根本。而仁政德治的制度化,并非像孟子所说的那么容易,只是推广不忍人之心而已,它必定从制度这一刚性的层面监督和抑制国君至高无上的权力开始,使专制制度的权力运行纳入某种可预期的运行轨道之中;而正是制度的这种可预见性,因而会给百姓带来信心、希望和自由。但是,另一方面,它势必会给专制制度下的君王自由和特权带来一定的限制,权力的自由和与特权相关的利益,也会随之受到一定的影响。而这恰是一个维护一家一姓王朝之统治和利益为最终目的的专制政权最不愿意接受的,也是最做不到的。虽然,这跟人类历史自近代以来主权在民的潮流还相差甚巨,但刚性的制度改革和监督与任性的专制特权始终是不可能也最不愿意结合在一起的。因为这严重影响到统治者的根本利益。

也正是如此,历代专制君王所常使用的方法,就是以特例化的恩赏和有限的人性之爱代替带有普遍意义的制度建设和制订。因为这样做,既可以笼络人心,显示恩泽,也可以加强王权的控制力,更为重要的是,可以避免制度对自己特权的消弭和掣肘。

---

① 吴兢著,裴汝诚、王义耀、郭子建、顾宏义译注《〈贞观政要〉译注》,上海古籍出版社 2007 年 2 月第 1 版,第 249 页。

第三节 清净无为之政

与“君民一体”“君民水舟”论和“以百姓之心为心”的治国思想相关,《贞观政要》极其推崇唐太宗贞观初年实行的“无为无欲,清净自化”的政策。

安人静俗,与民休息,视民如伤,这是中国古代平定天下之后的统治者惯常采用的施政方针。老子说:“是以圣人处无为之事,行不言之教,万物作焉而不辞。生而不有,为而不恃,功成而弗居,夫唯弗居,是以不去。”[①]又说:“太上下知有之;其次亲而誉之;其次畏之;其次侮之。信不足,焉有不信焉。悠兮其贵言,功成事遂,百姓皆谓我自然。”[②]《老子》一书的作者认为万物皆源于道,而道的本质便是自然无为,政治的最高境界便是与自然合一,即所谓的“人法地,地法天,天法道,道法自然”[③],只有这样才能做到“无为而无不为”[④]。在《老子》一书的作者看来,“无”乃万物本原和本性,“有”即万物生于“无”,一切有形的存在都是暂时的,所谓“天地尚不能长久”,何况人类社会的一切呢?而只有与道合一,与自然合一,才能获得道和自然的永恒性和无所不能的能量。在具体的措施上就是要“去甚去奢去泰”[⑤]。虽然《老子》一书与儒家思想不同,但与儒家相一致之处,便是提出薄税、轻刑、慎兵、节俭。《老子》一书并没有论证为什么“有”生于“无”,“无”也只是一个假借之名,指代产生万物的那个“存在”,既然万物皆有“名”,也有实,那就只好以“无”名之。

---

① 王弼注《老子道德经》,影印本《诸子集成》第三册,上海书店 1986 年 7 月第 1 版,第 2 页。

② 王弼注《老子道德经》,影印本《诸子集成》第三册,上海书店 1986 年 7 月第 1 版,第 9 – 10 页。

③ 王弼注《老子道德经》,影印本《诸子集成》第三册,上海书店 1986 年 7 月第 1 版,第 14 页。

④ 王弼注《老子道德经》,影印本《诸子集成》第三册,上海书店 1986 年 7 月第 1 版,第 21 页。

⑤ 王弼注《老子道德经》,影印本《诸子集成》第三册,上海书店 1986 年 7 月第 1 版,第 17 页。

《老子》一书认为只有与化育万物的“无”合一，才能获得最大的能量和最好的效果，也才是一个人和一种政治最高的境界。《庄子》一书更是清静无为政治的鼓吹者。它认为人与万物一样，皆产生于自然，因此，人与人之间，人与万物之间应该是平等的。《庄子·人间世》中说：“与天为徒者，知天子之与己，皆天之所子。”[①]指出“天子”“己”皆为“天之所子”，反对以权势欺人，以富贵骄人。因此，庄子主张政治与自然合一，而自然是“无为而无不为”。君主不好权位，以应自然之选，“君子不得已而临莅天下，莫若无为”[②]。庄子又说：“明王之治：功盖天下而似不自己，化贷万物而民弗恃；有莫举名，使物自喜；立乎不测，而游于无有者也。”[③]又提出顺民情民心，“形莫若缘，情莫若率。缘则不离，率则不劳”[④]，“君为政焉勿卤莽，治民焉勿灭裂，昔予为禾，耕而卤莽之，则其实亦卤莽而报予；芸而灭裂之，其实亦灭裂而报予。予来年变齐，深其耕而熟耰之，其禾蘩以滋，予终年厌飧”[⑤]，种庄稼要顺其性，治民也是如此。与此相关，庄子劝说统治者要“无欲而天下足，无为而万物化，渊静而百姓定”[⑥]，“无欲”并非说毫无欲望，而是指不要有过度过奢的欲求。《庄子·列御寇》篇又以卖浆者薄利多销为例，劝说君王轻徭薄赋，才能达到长治久安的目的。刘向也说：“洞然无为而天下自和，憺然无欲而民自朴。”[⑦]实行清静无为之治，顺

① 王先谦著《〈庄子〉集解》，影印本《诸子集成》第三册，上海书店 1986 年 7 月第 1 版，第 22 页。

② 王先谦著《〈庄子〉集解》，影印本《诸子集成》第三册，上海书店 1986 年 7 月第 1 版，第 63 页。

③ 王先谦著《〈庄子〉集解》，影印本《诸子集成》第三册，上海书店 1986 年 7 月第 1 版，第 49 页。

④ 王先谦著《〈庄子〉集解》，影印本《诸子集成》第三册，上海书店 1986 年 7 月第 1 版，第 126 页。

⑤ 王先谦著《〈庄子〉集解》，影印本《诸子集成》第三册，上海书店 1986 年 7 月第 1 版，第 171 页。

⑥ 王先谦著《〈庄子〉集解》，影印本《诸子集成》第三册，上海书店 1986 年 7 月第 1 版，第 69 页。

⑦ 高诱注《〈淮南子〉注》，影印本《诸子集成》第七册，上海书店 1986 年 7 月第 1 版，第 117 页。

乎民性，自然而成，可说是中国古代治国思想中一种极高的境界，只是各家理解各有不同而已。道家的无为之治是一种无知无欲、纯任自然而化、功成而弗居的政治，理想化的色彩很浓。儒家的无为之治则侧重于教化百姓、臣子各守其职、各安其位、各尽其责、互不侵扰的和谐社会秩序和安民惠民的政治措施，一切皆有章可循，具有较大的现实意义。贞观之治也提倡无为之治，它则主要表现为具体措施，如任贤使能，节欲戒奢，戒骄崇俭，视民如伤和轻徭薄赋等，带有明显的大乱之后的时代色彩。

唐初的统治者们一开始便认识到抚民以静的重要性。如唐高祖李渊提出了“安人静俗”的方针①。强调：“新附之民，特蠲徭赋，欲其休息，更无烦扰，使获安静，自修产业。”②但由于武德年间的频繁统一战争和统治阶级内部激烈争夺皇位的斗争，使抚民以静的方针也无暇得到应有的贯彻③。

唐太宗即位之初，即提出“我新即位，为国者要在安静”④、“国家未安，百姓未富，且当静以抚之”⑤。赵克尧、许道勋在《唐太宗传》中指出：“唐太宗所谓‘安静’，最初主要是指不进行对外战争，使百姓减少兵役的负担。”⑥《贞观政要·政体》云：“贞观八年，太宗谓侍臣曰：‘隋时百姓纵有财物，岂得保此？自朕有天下以来，存心抚养，无有所科差，人人皆得营生，守其资财，即朕所赐。向使朕科唤不已，虽数资赏赐，亦不如不得。’”同篇又载：贞观九年，太宗谓侍臣曰：“往昔初平京师，宫中美女珍玩，无院不满。炀帝意犹不足，征求无已，兼东西征讨，穷兵黩武，百姓不堪，遂致亡灭。此皆朕所目见。故夙夜孜孜，惟欲清净，使天下无事，遂得徭役不兴，年谷丰稔，百姓安乐。夫治国犹如栽树，

① 董诰等编《全唐文》，上海古籍出版社1990年12月第1版，第3页。

② 董诰等编《全唐文》，上海古籍出版社1990年12月第1版，第8页。

③ 赵克尧、许道勋著《唐太宗传》，人民出版社1984年10月第1版，第99页。

④ 欧阳修、宋祁撰《新唐书》，中华书局出版1975年2月第1版，第6033页。

⑤ 司马光编著，胡三省音注，“标点《资治通鉴》小组”校点《资治通鉴》，中华书局1956年6月第1版，第6020页。

⑥ 赵克尧、许道勋著《唐太宗传》，人民出版社1984年10月第1版，第100页。

本根不摇,则枝叶茂荣。君能清净,百姓何得不安乐乎?"[①]君王"存心抚养,无有所科差,人人皆得营生,守其资材",使"百姓可谓日用而不知",更为具体的阐述便是"君尊天事地,敬社稷,保四国,慈爱万民,薄赋敛,轻租税"[②],"故夙夜孜孜,唯欲清净,使天下无事。遂使徭役不兴,年谷丰稔,百姓安乐"。可见,贞观之初,唐太宗"无为无欲,清净之化,远被遐荒"[③]以及治国在于"人君简静乃可致耳"[④]的思想和方针,其实都很具体。它与儒家的"保民而王""制民之产""使民以时""轻徭薄赋""民足君足"仁政德治的思想一脉相承。

另一方面,在抚民以静的施政方针中,也体现唐太宗"以农为本"的经济思想。由于地理气候条件的关系,以自给自足的小农经济为基础的"农本"思想自古就是中国的立国之本。《国语》中云:"王事唯农是务,无有求利于其官,以干农功。三时务农而一时讲武,故征则有威,守则有财。"[⑤]墨子也说:"凡五谷者,民之所仰也,君之所以为养也。故民无仰,则君无养;民无食,则不可事。故食不可不务也,地不可不力也,用不可不节也。"[⑥]孟子也说:"夫仁政必自经界始。经界不正,井地不钧,谷禄不平,是故暴君污吏,必慢其经界。经界既正,分田制禄,可坐而定也。"[⑦]又说:"死徙无出乡,乡田同井,出入相

---

① 吴兢著,裴汝诚、王义耀、郭子建、顾宏义译注《〈贞观政要〉译注》,上海古籍出版社2007年2月第1版,第17-18页。

② 吴兢著,裴汝诚、王义耀、郭子建、顾宏义译注《〈贞观政要〉译注》,上海古籍出版社2007年2月第1版,第17页。

③ 吴兢著,裴汝诚、王义耀、郭子建、顾宏义译注《〈贞观政要〉译注》,上海古籍出版社2007年2月第1版,第294页。

④ 吴兢著,裴汝诚、王义耀、郭子建、顾宏义译注《〈贞观政要〉译注》,上海古籍出版社2007年2月第1版,第231页。

⑤ 左丘明撰《国语》,上海书店1987年1月第1版,第7页。

⑥ 孙诒让著《〈墨子〉间诂》,影印本《诸子集成》第四册,上海书店1986年7月第1版,第14页。

⑦ 焦循著《〈孟子〉正义》,影印本《诸子集成》第一册,上海书店1986年7月第1版,第205-206页。

友,守望相助,疾病相扶持,则百姓亲睦”[①]等等。可见,“农业”不仅是经济上的立国之本,同时也是礼仪之邦的教化之本。贞观君臣们虽然没有对“农本”思想本身加以阐述和发挥,仿佛这是一个人所知的常识。他们侧重于从静民、安养的角度来认识“农本”的治国思想。如《贞观政要·务农》云:“凡事皆须务本。国以人为本,人以衣食为本,凡营衣食,以不失时为本。”[②]同篇又云:“国以民为本,人以食为命,若禾黍不登,则兆庶非国家所有。既属丰稔若斯,朕为亿兆人父母,唯欲躬务俭约,必不辄为奢侈。”[③]所以,人离不开衣食。吾辈祖先生活在以广阔冲积平原为主的土地上,加上发展农业所需技术含量不高,符合古代社会生产力的发展水平,营衣食主要就是发展农业经济,而发展农业经济就必须“不夺农时”“使民以时”,这是再简单不过的道理了。贞观二年,唐太宗在慰劳刺吏时说:“日昃忘食,未明求衣,晓夜孜孜,惟以安养为虑。”[④]贞观三年四月,在《赐孝义高年粟帛诏》中说:“自登九五,不许横役一人,惟冀遐迩休息,得相存养。”[⑤]尽管有溢美之词,但仍可见唐太宗静为农本的治国思想,使受到隋末暴敛徭役无度践踏的农本思想,得到恢复和维护。此外,唐太宗还多次用养病为喻,强调与民休息的作用。他说:“治国与养病无异也。病人觉愈,弥须将护,若有触犯,必至殒命。”[⑥]贞观六年正月,魏徵也说:“今有人十年长患,疗治且愈,皮骨仅存,便欲使负米一石,日行百里,必不可得,隋氏之乱,非止十年,陛下之良医,除其疾苦,虽已乂安,未甚充实。”[⑦]意

① 焦循《〈孟子〉正义》,影印本《诸子集成》第一册,上海书店 1986 年 7 月第 1 版,第 211 - 212 页。

② 吴兢著,裴汝诚、王义耀、郭子建、顾宏义译注《〈贞观政要〉译注》第 231 页。

③ 吴兢著,裴汝诚、王义耀、郭子建、顾宏义译注《〈贞观政要〉译注》,上海古籍出版社 2007 年 2 月第 1 版,第 232 页。

④ 刘昫等撰《旧唐书》,中华书局 1975 年 5 月第 1 版,第 4783 页。

⑤ 宋敏求编,洪丕谟、张伯元、沈敖大点校《唐大诏令集》,学林出版社 1992 年 10 月第 1 版,第 416 页。

⑥ 吴兢著,裴汝诚、王义耀、郭子建、顾宏义译注《〈贞观政要〉译注》,上海古籍出版社 2007 年 2 月第 1 版,第 13 页。

⑦ 王溥撰《唐会要》,中华书局 1955 年 6 月第 1 版,第 81 页。

思一样。把休养生息思想提高到治国根本，乃是经历隋末大乱的唐王朝一种历史性选择，也是唐太宗静为农本、清静无为的治国思想的重要体现。

吴兢在《贞观政要》中，对这一点的强调尤为重要。无为之政，一方面是抚民以静，休养生息，另一方面是君王节欲戒奢，崇尚节俭。《贞观政要·君道》记载：贞观十一年，特进魏徵上疏，在论及隋炀帝"驱天下以从欲，罄万物而自奉"，导致强隋一朝土崩瓦解之后说："若能鉴彼之所以失，念我之所以得，日慎一日，虽休勿休，焚鹿台之宝衣，毁阿房之广殿，惧危亡于峻宇，思安处于卑宫，则神化潜通，无为而治，德之上也。若成功不毁，即仍其旧，除其不急，损之又损。杂茅茨于桂栋，参玉砌以土阶，悦以使人，不竭其力，常念居之者逸，作之者劳，亿兆悦以子来，群生仰而遂性，德之次也。若惟圣罔念，不慎厥终，忘缔构之艰难，谓天命之可恃，忽采椽之恭俭，追雕墙之靡丽，因其基以广之，增其旧而饰之，触类而长，不知止足，人不见德，而劳役是闻，斯为下矣。譬之负薪救火，扬汤止沸，以暴易乱，与乱同道，莫可测也，后嗣何观！夫事无可观则人怨，人怨则神怒，神怒则灾害必生，灾害既生，则祸乱必作，祸乱既作，而能以身名全者鲜矣。顺天革命之后，将隆七百之祚，贻厥子孙，传之万叶，难得易失，可不念哉！"①是月，徵又上疏，其中云："君人者，诚能见可欲则思知足以自戒，将有作则思知止以安人，念高危则思谦冲而自牧，惧满溢则思江海下百川，乐盘游则思三驱以为度，忧懈怠则思慎始而敬终。"②魏徵从正反两面论述无为而治，与民休息，戒奢以俭，德处其厚对于国家兴亡的重要意义，希望君人者"见可欲则思知足以自戒，将有作则思知止以安人"。又如《贞观政要·规谏太子》篇载：贞观十四年，太子詹事于志宁，以太子承乾广造宫室，奢侈过度，耽好声乐，上书谏曰："臣闻克俭节用，实弘道之源；崇侈恣情，乃败德之本。是以凌云概日，戎人于是致讥；峻宇雕墙，《夏书》以之作诫。昔赵盾匡

① 吴兢著，裴汝诚、王义耀、郭子建、顾宏义译注《〈贞观政要〉译注》，上海古籍出版社2007年2月第1版，第4－5页。

② 吴兢著，裴汝诚、王义耀、郭子建、顾宏义译注《〈贞观政要〉译注》，上海古籍出版社2007年2月第1版，第7页。

晋,吕望师周,或劝之以节财,或谏之以厚敛。莫不尽忠以佐国,竭诚以奉君,欲使茂实播于无穷,英声被乎物听。咸著简策,用为美谈。”[①]贞观十五年,承乾以务农之时,召驾士等役,不许分番,人怀怨苦。志宁上疏谏曰:“……近闻仆寺、司驭、驾士、兽医,始自春初,迄兹夏晚,常居内役,不放分番。或家有尊亲,阙于温凊;或室有幼弱,绝于抚养。春既废其耕垦,夏又妨其播殖。事乖存育,恐致怨嗟。”[②]在提倡“克俭节用,实宏道之源;崇侈恣情,乃败德之本”的修身政治的同时,又流露出对下层人民的关怀。又《贞观政要·辩兴亡》云:“贞观九年,太宗谓魏徵曰:‘顷读周、齐史,末代亡国之主,为恶多相类也。齐主深好奢侈,所有府库,用之略尽,乃至关市无不税敛。朕常谓此犹如馋人自食其肉,肉尽必死。人君赋敛不已,百姓既弊,其君亦亡,齐主即是也。”[③]由隋炀帝奢华无道,遂至灭亡,得出“凡理国者,务积于人,不在盈其仓库”、“百姓不足,君孰与足”的历史教训和结论;由齐后主的“深好奢侈,所有府库,用之略尽,乃至关市无不税敛”得出人君赋敛不正,百姓既弊,其君亦亡的历史教训和结论。他们认为,君王,群臣,黎庶乃是一个利益共同体,虽然允许某种程度上的矛盾冲突和苦乐不均,但大体上是利益一致的,损害了一方,也就意味着损害了另一方。可见统治者的戒骄崇俭,抚民以静,其无为而治的治国方针是建立在坚实的现实理性的基础上,而最终目的也是为了维护自己的统治。

静农养民、无为而治的另一个特点便是弘俭约、薄赋敛。如《贞观政要·纳谏》篇云:“贞观四年,诏发卒修洛阳之乾元殿以备巡狩。给事中张玄素上书谏曰:‘陛下智周万物,囊括四海。令之所行,何往不应?志之所欲,何事不从?微臣窃思秦始皇之为君也,藉周室之余,因六国之盛,将贻之万叶,及其子而亡,谅由逞嗜奔欲,逆天害人者也。是知天下不可以力胜,神祇不可以亲恃。

① 吴兢著,裴汝诚、王义耀、郭子建、顾宏义译注《〈贞观政要〉译注》,上海古籍出版社 2007 年 2 月第 1 版,第 134－135 页。

② 吴兢著,裴汝诚、王义耀、郭子建、顾宏义译注《〈贞观政要〉译注》,上海古籍出版社 2007 年 2 月第 1 版,第 136－137 页。

③ 吴兢著,裴汝诚、王义耀、郭子建、顾宏义译注《〈贞观政要〉译注》,上海古籍出版社 2007 年 2 月第 1 版,第 254 页。

惟当弘俭约,薄赋敛,慎终始,可以永固。方今承百王之末,属凋弊之余,必欲节之以礼制,陛下宜以身为先。'"[①]虽然君王"令之所行,何往不应?志之所欲,何事不从",这是君主专制制度的特点,是属于体制内所允许的。奈何"逞嗜奔欲,逆天害人",则会导致家国丧乱,由此导出"惟当弘俭约,薄赋敛,慎终始,可以永固"的历史教训和结论。这是历史。然而现实又是如何呢?张玄素说:"方今承百王之末,属凋弊之余,必欲节之以礼制,陛下宜以身为先。"唐太宗必须防止"劳役过度,怨讟将起",不可"营未幸之都,而夺疲人之力"。唐太宗听从张玄素的谏诤,并对张大加褒扬。《贞观政要·纳谏》记载:"贞观三年,李大亮为凉州都督,尝有台使至州境,见有名鹰,讽大亮献之。大亮密表曰:'陛下久绝畋猎,而使者求鹰。若是陛下之意,深乖昔旨;如其自擅,便是使非其人。'"[②]太宗下书加以褒美。《贞观政要·奢纵》篇载:"贞观十一年,侍御史马周上疏陈时政曰:'臣历睹前代,自夏、殷、周及汉氏之有天下,传祚相继,多者八百余年,少者犹四五百年,皆为积德累业,恩结于人心。岂无僻王,赖前哲以免尔!自魏、晋以还,降及周、隋,多者不过五六十年,少者才二三十年而亡,良由创业之君不务广恩化,当时仅能自守,后无遗德可思。故传嗣之主政教少衰,一夫大呼而天下土崩矣。今陛下虽以大功定天下,而积德日浅,固当崇禹、汤、文、武之道,广施德化,使恩有余地,为子孙立万代之基。岂欲但令政教无失,以持当年而已!且自古明王圣主虽因人设教,宽猛随时,而大要以节俭于身、恩加于人二者是务。故其下爱之如父母,仰之如日月,敬之如神明,畏之如雷霆,此其所以卜祚遐长而祸乱不作也。……昔唐尧茅茨土阶,夏禹恶衣菲食,如此之事,臣知不复可行于今。汉文帝惜百金之费,辍露台之役,集上书囊,以为殿帷,所幸夫人衣不曳地。至景帝以锦绣纂组妨害女工,特诏除之,所以百姓安乐。至孝武帝虽穷奢极侈,而承文、景遗德,故人心不

---

① 吴兢著,裴汝诚、王义耀、郭子建、顾宏义译注《〈贞观政要〉译注》,上海古籍出版社2007年2月第1版,第45页。

② 吴兢著,裴汝诚、王义耀、郭子建、顾宏义译注《〈贞观政要〉译注》,上海古籍出版社2007年2月第1版,第48页。

动。向使高祖之后，即有武帝，天下必不能全。此于时代差近，事迹可见。今京师及益州诸处营造供奉器物，并诸王妃主服饰，议者皆不以为俭。臣闻昧旦丕显，后世犹怠，作法于理，其弊犹乱。陛下少处民间，知百姓辛苦，前代成败，目所亲见，尚犹如此，而皇太子生长深宫，不更外事，即万岁之后，固圣虑所当忧也。臣窃寻往代以来成败之事，但有黎庶怨叛，聚为盗贼，其国无不即灭，人主虽欲改悔，未有重能安全者。凡修政教，当修之于可修之时，若事变一起，而后悔之，则无益也。故人主每见前代之亡，则知其政教之所由丧，而皆不知其身之有失。是以殷纣笑夏桀之亡，而幽、厉亦笑殷纣之灭。隋帝大业之初，又笑周、齐之失国。然今之视炀帝，亦犹炀帝之视周、齐也。故京房谓汉元帝云：'臣恐后之视今，亦犹今之视古。'此言不可不戒也。往者贞观之初，率土霜俭，一匹绢才得粟一斗，而天下帖然。百姓知陛下甚忧怜之，故人人自安，曾无谤讟。自五六年来，频岁丰稔，一匹绢得十余石粟，而百姓皆以陛下不忧怜之，咸有怨言，又今所营为者，颇多不急之务故也。自古以来，国之兴亡，不由蓄积多少，唯在百姓苦乐。且以近事验之，隋家贮洛口仓，而李密因之；东京积布帛，王世充据之；西京府库亦为国家之用，至今未尽。向使洛口、东都无粟帛，即世充、李密未必能聚大众。但贮积者固是国之常事，要当人有余力，而后收之。若人劳而强敛之，竟以资寇，积之无益也。然俭以息人，贞观之初，陛下已躬为之，故今行之不难也。为之一日，则天下知之，式歌且舞矣。若人既劳矣，而用之不息，傥中国被水旱之灾，边方有风尘之警，狂狡因之窃发，则有不可测之事，非徒圣躬旰食晏寝而已。若以陛下之圣明，诚欲励精为政，不烦远求上古之术，但及贞观之初，则天下幸甚。太宗曰：'近令造小随身器物，不意百姓遂有嗟怨，此则朕之过误。'乃命停之。”[①]虽然主张君主“应须以人从欲，不可以欲从人”的前提是君主“高居紫极”，即君主已取得了稳固的统治地位，但“以欲从人，不可以人从欲”的提出，体现出君主专治体制下所能够达到的仁政惠民的一个极限，而其“宁济苍生”的最终目的也是为巩固其“高居紫极”的

① 吴兢著，裴汝诚、王义耀、郭子建、顾宏义译注《〈贞观政要〉译注》，上海古籍出版社 2007 年 2 月第 1 版，第 202－205 页。

地位和统治。从凉州都督李大亮的密表中可以看出，唐太宗久绝田猎，不扰臣民之举正是人们所共知之举，以致台使至凉州境内见有名鹰，讽李大亮献之，大亮上书，重提唐太宗之“昔旨”，挑明献鹰并非“圣意”，使唐太宗“览用嘉叹，不能已已”。从边州官员的直言中可以看出唐太宗贞观初的弘俭约、不扰民已经形成了一种主导性的社会风气，其自律性之高连一件微小的事情也不含糊、不例外。侍御史马周之上疏陈时政，则显得尤为痛切。他认为自古明王之治，可概括为“节俭于身、恩加于人”两句话而已；而历朝历代国祚之长短兴衰，也取决于君王是否做到这两句话而已。若是，则民爱君如父母，“仰之如日月，敬之如神明，畏之如雷霆”；若否，则“黎庶怨叛”“其国无不即灭，人主虽欲改悔，未有重能安全者”。借古鉴今，马周希望唐太宗以“唐尧茅茨土阶，夏禹恶衣菲食”“汉文帝惜白金之费”为榜样，罢不急之务，俭以息人，节以安人。因为，自古以来，“国之兴亡，不由蓄积多少，惟在百姓苦乐”！马周之言，可谓言近意远，令人戒惧！这里有两点值得注意，强调前代君王厚结恩信于百姓，某种程度上可以预防继位者的不肖和他的奢靡乱政所带来的危亡，从而更强调平时恩泽百姓的重要性，否则，一旦横遭危厄，则王朝的倾覆自然不可避免；另一方面，只要君王与百姓同甘共苦，共度维艰，即使百姓依旧贫困，百姓也心甘乐意忍受，对君王无有怨望；但如果君王开始奢侈，即使经济发展了，百姓生活也比以前更为富足，百姓依旧会心怀怨望，也许这就是“不患寡而患不均”“与民同乐”的儒家思想的另一种论释。公平正义，始终是一个社会文明的基石，这比儒家主张的“足民”基础要求更为本质。但是，中国传统社会恰恰是等级专制社会，其社会制度本身恰恰是公平正义这一社会文明基础的反讽。

本章小结

贞观君臣们的“君民一体”论，是从延续几个世纪的社会动荡，特别是他们所亲历的隋末惊心动魄的改朝换代而来的，因此，与传统的民本论相比，带有更为迫切的抚时救弊的现实色彩。他们实行儒家重教化、轻徭薄赋、视民如伤等清静无为之政。“可爱非君？可畏非民？天子者，有道则人推而为主，无道则人弃而不用”,这“道”便是“民足君足”、“以百姓之心为心”、“节俭于身、恩加于人”,忧民所忧,乐民所乐,这“道”便是君民腹股心体互相依存、互为一体之关系。虽然,他们维护民众利益的根本目的是为了维护了自己的统治和“名爵”,但是能够从利益的同一性和共同性而不是矛盾性出发来认识和确立君民关系,显示出贞观君臣们同时也是吴兢的以历史的忧患意识为基础的现实理性精神。这也是其与中国古代政治思想中君民关系理论最大不同之处。

第三章 “君臣一体”论

在中国古代君主专制制度之下，君臣关系是一个对立统一体，双方既有矛盾冲突，又有共同利益。君臣关系的和谐与否，直接关系到国家安危、百姓祸福。吴兢在《贞观政要》中，极力强调君德与臣德，强调君臣的义均一体，同心同德，君臣共治。由于中国古代社会以自给自足的小农经济为基础，使社会形态容易带有古老的传统色彩，社会演变的进程较为缓慢。农业经济在古代社会科技较为落后的情况下易于生存，因为其所需要的科技含量不高，更多地依靠天然的气候条件和父祖辈们传下来的经验。这就容易把原先依靠氏族血缘关系建立起来的宗法制带入到国家的政治生活里。传统社会的家国一体化，实际上就是这种宗法制度下的伦理政治化。因此，道德、伦理在政治生活中始终起到了极为重要的作用。这种伦理与政治的合一始终带有强烈的人治色彩，使得法制性的构建变得比较缓慢和脆弱，儒家主张的“内圣外王”便是最高的道德境界与最理想政治的统一。由于政权的私有性质以及原始氏族宗法制度的根深蒂固，使得刚性的制度对权力的监督和制约始终未能有效地建立起来，或者即使有相关制度也没有起到应有的作用。也正因为如此，作为现有制度维护者的儒家思想，自然会把主要的希望寄托在统治者的道德修养上，特别是寄希望于作为最高统治者的国君身上，以为国君一人道德之好坏与否决定着一个国家的兴衰成败。如孔子说：“政者，正也。君为正，则百姓从政矣。

君之所为,百姓之所从也。君所不为,百姓何从?”[①]又说:“其身正,不令而行;其身不正,虽令不从。”[②]孟子也说:“君仁莫不仁,君义莫不义,君正莫不正,一正君而国定矣。”[③]荀子则说:“请问为国?曰:闻修身,未尝闻为国也。君者仪也,仪正而景正。君者槃也,槃圆而水圆。君者盂也,盂方而水方。君射则臣决。楚庄王好细腰,故朝有饿人。故曰:‘闻修身,未尝闻为国也。’君者,民之原也;原清则流清,原浊则流浊。”[④]对于家国一体化,政治伦理化,梁启超对此有精辟的概括:“家与国之联络关系甚圆滑,形成一种伦理的政治。《尚书·尧典》曰:‘克明俊德,以亲九族,九族既睦,平章百姓。’”“其立法精神何在?盖利用人类通性而善导之,故曰:‘人道,亲亲也,亲亲故尊祖,尊祖故敬宗,敬宗故收族。’(《大传》文)人莫不亲爱其父母,因父母而尊父母所出之祖先,因祖先而敬及代表祖先之宗子,卒乃以宗子之关系联络全族,似此大规模的家族组织,遂成为政治上主要元素,再加以宗教的气味,而效力益强。‘万物本乎天,人本乎祖’,尊祖观念与敬天观念相结合,推论之结果,可以认全人类为一大家族,故曰:‘明乎郊社之礼,禘尝之义,治国其如示诸掌乎。’(《中庸》文)吾侪若能对于宗法精神根本明了,则所谓‘天下之本在国,国之本在家’(《孟子》文),所谓‘欲治其国者先齐其家’(《大学》文),庶几乎可以索解矣。”[⑤]所谓“国之安危,系之一人”,我们可以从这里找到根源。但是,政治毕竟不同于伦理,有很多权力与利益的冲突是伦理所规范不了的,因此,政治在实际的操作中势必冲破伦理的束缚,甚至破坏和践踏伦理。肖群忠认为:“政治道德作为职业伦理决不同于宗法伦理,用宗法伦理侵吞政治伦理领域,就会造成政治

---

① 胡平生、张萌著《〈礼记〉译注》,中华书局 2017 年 11 月第 1 版,第 960 页。

② 刘宝楠著《〈论语〉正义》,影印本《诸子集成》第一册,上海书店 1986 年 7 月第 1 版,第 286 页。

③ 焦循著《〈孟子〉正义》,影印本《诸子集成》第一册,上海书店 1986 年 7 月第 1 版,第 309 页。

④ 王先谦著《〈荀子〉集解》,影印本《诸子集成》第二册,上海书店 1986 年 7 月第 1 版,第 154 页。

⑤ 梁启超著《先秦政治思想史》,中华书局 2016 年 6 月第 1 版第 53、56 页。

伦理的缺失,其结果是,一旦宗法伦理被抛弃,本来就无制约性体制的政治权力(政治道德化是非体制化和非法制化的)就会进入非道德化状态。”①这其中还有一个关捩之处容易被孔子和孟子们所忽视,氏族血缘的宗法伦理是以亲情为基础,所以,谈仁和礼,讲道德则相对比较容易,而政治则涉及一国之人甚至天下之人,谈仁和礼,讲道德则是要有代价和牺牲的。对于自家人比较好说,面对陌生人,对于天下之人,则是不易的。《圣经》主张爱人类、爱仇敌,是因为一个信徒悔改重生后拥有了上帝的生命,所以,上帝才对他们提出这一要求;面对一般人,儒家这种推而广之的爱,所谓“老吾老以及人之老,幼吾幼以及人之幼”,则不是一件容易做到的事情,带有明显的理想化的色彩;况且,由于天下本质上乃为以君王为代表的利益集团所私有,这种代价和牺牲往往更多地表现为一种政治手段,而非政治目的,因此,真正实施显得更为困难。这也就可以理解中国封建君主专制制度为什么会在一层温情脉脉的面纱之下,蕴含着那么多的血腥和残酷的历史事实。

第一节　国之安危,系于一人

国家是如何产生的?按照马克思的观点,国家是阶级矛盾不可调和的产物。它产生于生产和交易不断发展,社会进行分工,民族血缘宗法制瓦解之后。它具有两种功能和作用:一是避免阶级之间的冲突带来社会毁灭性的结果,因此,它具有调解社会矛盾,维护社会稳定的功能。二,它是一个阶级压迫另一个阶级的工具。国家在产生之后,便会异化为社会的一种具有独立意义的异己力量,为了维护自己的利益和统治地位,它成为了统治阶级进行控制和压迫被统治阶级的力量和工具。然而,国家是人类社会发展演变的产物,也是人类文明的产物。从直观上讲,一个国家,一个有组织和分工的群体,其工作效率和生活质量一般会比一个没有组织和分工的群体高效和良好;而且,其组

① 肖群忠著《君德论——〈贞观政要〉研究》,甘肃人民出版社 1995 年 9 月第 1 版,第 10 页。

织和分工的成分和合理性越高，其效果则会更好。这是很简单的道理。墨子说：“夫明乎天下之所以乱者，生于无政长，是故选天下之贤可者，立以为天子。天子立，以其力为未足，又选择天下之贤可者，置立之以为三公。天子三公既以立，以天下为博大，远国异土之民，是非利害之辩，不可一二而明知，故画分万国，立诸侯国君。诸侯国君既已立，以其力为未足，又选择其国之贤可者，置立之以为正长。”[①]荀子说：“人之生不能无群，群而无分则争，争则乱，乱则穷矣。故无分者，人之大害也；有分者，天下之本利也。而人君者，所以管分之枢要也。”[②]君王乃社会分工与组织之主宰，公平正义之主持者。这是中国传统观念中对君王的一种理想化的期待。但是，在中国传统的政治制度里，族群和社会的管理，其异化的程度较高，时间也最长。所谓异化，是说群体立一君长，乃为集体共同利益之故，而非为了君长的利益。可是后来，君长则成了群体利益的对立面，即从原来的以君主奉天下，变成了以天下奉君主。即使在较为开明的时期或朝代，即所谓的开明政治和盛世时期，也是以君王利益为主体，相对兼顾到群体或民众的利益的；而其是否顾及民众之利益，愿意与否，主动权还是掌握在统治者的手中，也就是依靠他们道德自觉与否，依靠他们是否认识到群体的利益与自己的利益有其共同性，或者说统一性，维护了群众或百姓的利益也是在某种程度上维护了自己的利益。即便如此开明的君主，能如此深刻地认识到这一点，其最终的目的也还是为了维护自己王朝的统治，维护自己的利益。在中国传统政治制度里，群众或老百姓利益的维护仅仅只是作为一种手段而非目的而存在着。这一制度的存在基础是传统经济基础中的小农经济社会。由于中国的农业经济特别是小农经济社会的自给自足性和封闭性，造成了民族性中最为基本的安土重迁式的对土地家园以及对于现状的易于满足，而相对有序、四季分明的农业经济状态造成了民族性格中对于家庭秩

①　孙诒让著《〈墨子〉间诂》，影印本《诸子集成》第四册，上海书店 1986 年 7 月第 1 版，第 44 页。

②　王先谦著《〈荀子〉集解》，影印本《诸子集成》第二册，上海书店 1986 年 7 月第 1 版，第 116 页。

序和社会关系的和谐的理性式维护和执着，这种维护和执着是出于生存本能和需要的。这其中当然也包括统治者为维护统治秩序，对百姓进行一系列的意识形态的教化。这就给社会的变革，包括经济形态和政治形态的变革带来了根本性的困难。缺乏变革进取精神，因循守旧，满足现状，由对土地的依赖所产生的对于建立在这一土地上的宗法制度和社会制度的依靠，使我们民族比较容易成为温顺的百姓，也最容易为了构建于自给自足的农业经济基础上的一系列群体的秩序和制度而扼杀个体，泯灭个性。另一方面，由于小农经济自给自足性质，使得民众之间，缺乏紧密的利益相关性，因此，在遇到统治者侵害利益时，也相对于地处于势单力薄的状态，很难组成利益相关的群体力量，从而对统治的侵夺形成较为有效的反制力量；也正是因为这一点，历史上统治阶级的无理侵夺也往往会变得特别肆无忌惮，而这又必然加深了整个社会的矛盾冲突。因此，此一制度的异化即以天下奉一人，而非以一人奉天下，也就成为势所必然的结果。而由于民众的自给自足的心理和为了维护秩序和关系的和谐所带来的忍让，往往使得这一异化现象总是往恶性循环的方向发展，最后导致了整个系统的崩溃。昏暴之君和黑暗政治的反复出现和民众的为了最后的一点生存权利而最终的忍无可忍，铤而走险，导致了一次次改朝换代的社会大动荡。在一次次的大动荡之中，当社会各阶级的力量，各集团的利益相互消耗殆尽，互相之间再也无力消灭对方，或者由于一方实力的强大而平定了动乱时，由妥协所带来的社会相对稳定便是另一个社会循环的开始，也就是一个新的朝代的重新建立及其逐渐衰亡的循环的开始。中国君主专制制度的这种破坏性循环，给整个社会的发展和文明带来了极大的阻碍，仿佛是盆景中的花木，永远只能在这一方土壤中生长、枯萎，再生长、再枯萎。

作为人治制度最大的受益者君主以及其所代表的统治阶级，在享受无上特权和利益的同时，出于维护特权和利益的需要，也在通过各种方式维护这一人治体制的存在和正常运行。而且，在这一制度中，其所享受的特权和利益越大，其责任也就越大，从各级管理者亦即各级官员不断地向上延伸，最后集中到国君一人身上。具有无上特权和利益的国君使其一人的行为好坏，一举一动，一言一行，往往决定着国家的兴亡，朝代的更替，民族的命运。这从历代的思想家、政治家和历史学家们对国君个人道德修养的极端重视——这一重视有时甚至超过了对国君治国才能的重视，也从中可以看出。他们根本没有想到，对于一个血肉之躯，具有自然私欲性的喜怒哀乐和七情六欲的人以及人性天然的局限性和脆弱性，赋予如此完美的道德理想的期待是多么的不现实和不合理，甚至是违背人性的，把决定国家民族的兴亡的大任维系于某个血肉之躯的道德自觉上，是多么的脆弱和荒谬！这种不合理性和荒谬性正是人治制度非正常化亦即异化的结果。但是，中国古代的思想家、政治家以及历史学家们极少认识到人治制度的不合理性，因而总是在肯定现有制度的基础上，尽力地来修补和完善它，好像船底已经破漏，所以船工必须努力地向外淘水，才使船只不至于立刻沉没。他们虽然可以阻止一时的沉没，但历史之船的向前航行几乎已经不可能。他们看似美丽和令人炫目的道德上的修补和完善，正好像蜘蛛身上斑斓鲜艳的色彩一样，更显示出其无比的毒性以及置人于死命地恐怖。当然，我们并不一般性地反对人格上的道德完善和政治上推行的仁政，只是当这一道德完善和仁政被用来修补和维系一个已经异化了的不合理的政治制度的时候，这一人性中的真美善才会带来邪恶的结果。

吴兢也毫不例外地不能超越他的时代。他只能在承认和肯定现有制度的基础上和前提下，较为理性地认识到这一制度运行中的关键之处，并提出相应的补救方式。虽然这些方式无法超出传统政治思想的范畴，但吴兢使它变得更为显豁，更为深入人心从而也更容易为人所理解和接受。

这一人治制度运行过程中的首要关捩之处便是“国之安危，系于一人”说。

在中国古代的人治制度中，君王拥有至高无上的特权和地位，即所谓“普天之下，莫非王土，率土之滨，莫非王臣”。这种仿佛无条件的私人拥有，使君王在享受无上特权的同时，也对国家的安危负有无上的责任。同时，由于集权制度所具有的特点，具有至高无上的国君稍有疏忽和缺失，则必造成平民百姓巨大的利益损失，甚至带来家破人亡的惨烈结果。这也就是时代的一粒微尘，有时落在个人身上就像一座大山的意思。这或许是老子“治大国若烹小鲜”的原意。所以,吴兢在《贞观政要》中,反复强调君王的一言一行,喜怒哀乐无不关系到社稷安危,百姓祸福,为君者必须谨慎兢惧。这使我们在感受到吴兢忠诚和焦虑的同时,也感受到人治制度的无比脆弱性。首先,吴兢强调,社稷安危,国家治乱,在乎国君。他在《贞观政要·政体》篇载:“贞观五年,太宗谓侍臣曰:‘……今天下安危,系之于朕。故日慎一日,虽休勿休,……’”[①]《贞观政要·谦让》篇载:“贞观二年,太宗谓侍臣曰:‘……朕每思出一言,行一事,必上畏皇天,下惧群臣。天高听卑,何得不畏?群公卿士,皆见瞻仰,何得不惧?以此思之,但知常谦常惧,犹恐不称天心及百姓意也。’”[②]《贞观政要·慎终》篇载:“贞观十三年,魏徵恐太宗不能克终俭约,近岁颇好奢纵,上疏谏曰:‘……社稷安危,国家治乱,在于一人而已。’”[③]由于自上而下的人治专制体制,使国君在拥有至高无上的特权同时,也负有无以复加的责任,这本为自然之事,问题在于这一无以复加的国家责任,是与至高无上的特权结合在一起的,从而使得国君在履行职责的时候,有着极大的自由选择的空间,即他可以尽忠尽责,也可以荒怠逸纵,而由于人性固有的生理和心理的弱点和缺陷,好逸恶劳,容易以自我为中心本为人之本性的缺点之一,虽负有家国兴亡之大任和责任,但只要国君拥有极大的自由自主选择权,个体本性中的私欲性势必乘此至高无上的特权所给予的自由空间,不由自主或沛然决然地表现出来。所以唐太宗所谓的“天下安危,系之于朕。故日慎一日,虽休勿休”,既是对社稷安危,国家治乱的重大职责的体认,更是对自身人性弱点和缺点的深刻认识。因为若按人之本性缺点而行,安逸荒怠,骄傲自恃,加上为利益权势所驱的臣下近侍们的影响甚至支配,负有国家兴亡之责的君主势必给国家和百姓带来

① 吴兢著,裴汝诚、王义耀、郭子建、顾宏义译注《〈贞观政要〉译注》,上海古籍出版社2007年2月第1版,第13页。

② 吴兢著,裴汝诚、王义耀、郭子建、顾宏义译注《〈贞观政要〉译注》,上海古籍出版社2007年2月第1版,第183页。

③ 吴兢著,裴汝诚、王义耀、郭子建、顾宏义译注《〈贞观政要〉译注》,上海古籍出版社2007年2月第1版,第293、300页。

灾难和祸害。所以,君主的谨慎兢惧,同时更是对人本性软弱的一种体认和戒惧。正如贞观五年,唐太宗对房玄龄等说的,“自古帝王多任情喜怒,喜则滥赏无功,怒则滥杀无罪。是以天下丧乱,莫不由此。朕今夙夜未尝不以此为心,……”[①]又如太宗在《贞观政要·君道》篇中说:“……朕每思伤其身者不在外物,皆由嗜欲以成其祸。若耽嗜滋味,玩悦声色,所欲既多,所损亦大,既妨政事,又扰生民。且复出一非理之言,万姓为之解体,怨讟既作,离叛亦兴。朕每思此,不敢纵逸。”[②]其实不只是帝王多任情喜怒,一般人亦然。这是人固有的本性。只是帝王的“喜则滥赏无功,怒则滥杀无罪”会造成天下丧乱而已。至于“耽嗜滋味,玩悦声色”,亦常人本性之所同,“所欲既多”都会伤人伤己,只是帝王所损至大而已,即所谓“既妨政事,又扰生民”,以致百姓解体,离叛亦兴。于此对人性缺陷的认识和兢惧是与帝王的身份以及所担负的家国责任紧密联系在一起的,也是与中国古代君主专制体制的特点联系在一起的。

正因为如此,吴兢在《贞观政要》中反复强调君王的一言一行,喜怒哀乐,关系国家兴亡,百姓祸福。如贞观六年,唐太宗对魏徵说:“朕今行一事,则为天下所观;出一言,则为天下所听。用得正人,为善者皆劝,误用恶人,不善者竞进。赏当其劳,无功者自退,罚当其罪,为恶者戒惧。故知赏罚不可轻行,用人弥须慎择。”[③]又如《贞观政要·慎言语》篇中载:“贞观二年,太宗谓侍臣曰:‘朕每日坐朝,欲出一言,即思此一言于百姓有利益否,所以不敢多言。’给事中兼知起居事杜正伦进曰:‘君举必书,言存左史。臣职当兼修起居注,不敢不尽愚直。陛下若一言乖于道理,则千载累于圣德,非止当今损于百姓,愿

① 吴兢著,裴汝诚、王义耀、郭子建、顾宏义译注《〈贞观政要〉译注》,上海古籍出版社2007年2月第1版,第40页。

② 吴兢著,裴汝诚、王义耀、郭子建、顾宏义译注《〈贞观政要〉译注》,上海古籍出版社2007年2月第1版,第1页。

③ 吴兢著,裴汝诚、王义耀、郭子建、顾宏义译注《〈贞观政要〉译注》,上海古籍出版社2007年2月第1版,第79页。

陛下慎之。'太宗大悦,赐彩百段。"[1]"朕今行一事,则为天下所观;出一言,则为天下所听","陛下若一言乖于道理,则千载累于圣德,非止当今损于百姓",《贞观政要·规谏太子》中亦云:"善则率土沾其恩,恶则海内罹其祸"[2]等等,都显示出人治制度中君王一言一行维系着天下兴亡,百姓祸福。贞观君臣们有如此清醒的自我意识和自我警诫,既是对君主专制制度本质的一种认识,也体现了他们对历史和时代的责任感。同时,这一现象客观上也见出建立于血肉之躯的具有喜怒哀乐之性的人的道德自觉基础上的人治制度的无比软弱性和危险性。

另外,吴兢也特别强调国君一人的倾向和风尚,可以影响着一个国家一个时代,成为时代风尚的发源和规范。如《贞观政要·君臣鉴戒》中云:"君严其禁,臣或犯之,况上启其源,下必有甚,川壅而溃,其伤必多,欲使凡百黎元,何所措其手足!此则君开一源,下生百端之变,无不乱者也。"[3]《贞观政要·公平》中云:"欲必使乎致谏,在乎好之而已。故齐桓好服紫,而合境无异色;楚王好细腰,而后宫多饿死。夫以耳目之玩,人犹死而不违,况圣明之君求忠正之士,千里斯应,信不为难。"[4]《贞观政要·俭约》篇载:贞观四年,魏徵对唐太宗说:"臣闻'以欲从人者昌,以人乐己者亡。'隋炀帝志在无厌,惟好奢侈,所司每有供奉营造,小不称意,则有峻罚严刑。上之所好,下必有甚,竞为无限,遂至灭亡……"[5]《贞观政要·慎所好》篇载:"贞观二年,太宗谓侍臣曰:'古人云:'君犹器也,人犹水也,方圆在于器,不在于水。'故尧、舜率天下以仁,而

① 吴兢著,裴汝诚、王义耀、郭子建、顾宏义译注《〈贞观政要〉译注》,上海古籍出版社2007年2月第1版,第191页。

② 吴兢著,裴汝诚、王义耀、郭子建、顾宏义译注《〈贞观政要〉译注》,上海古籍出版社2007年2月第1版,第137页。

③ 吴兢著,裴汝诚、王义耀、郭子建、顾宏义译注《〈贞观政要〉译注》,上海古籍出版社2007年2月第1版,第71页。

④ 吴兢著,裴汝诚、王义耀、郭子建、顾宏义译注《〈贞观政要〉译注》,上海古籍出版社2007年2月第1版,第169页。

⑤ 吴兢著,裴汝诚、王义耀、郭子建、顾宏义译注《〈贞观政要〉译注》,上海古籍出版社2007年2月第1版,第179页。

人从之；桀、纣率天下以暴，而人从之。下之所行，皆从上之所好。至如梁武帝父子志尚浮华，惟好释氏、老氏之教，武帝末年，频幸同泰寺，亲讲佛经，百寮皆大冠高履，乘车扈从，终日谈论苦空，未尝以军国典章为意。及侯景率兵向阙，尚书郎已下，多不解乘马，狼狈步走，死者相继于道路。武帝及简文卒被侯景幽逼而死。孝元帝在于江陵，为万纽于谨所围，帝犹讲《老子》不辍，百寮皆戎服以听，俄而城陷，君臣俱被囚絷。庾信亦叹其如此，及作《哀江南赋》，乃云：‘宰衡以干戈为儿戏，缙绅以清谈为庙略。’此事亦足为鉴戒。朕今所好者，惟在尧、舜之道，周、孔之教，以为如鸟有翼，如鱼依水，失之必死，不可暂无耳。”[①]吴兢在这里，又向我们展现了君王的言行举止，价值观念对个人以至时代的示范榜样作用和重要影响，即所谓“上启其源，下必有甚”、“君开一源，下生百端之变”、“上之所好，下必有甚，竞为无限，遂至灭亡”、“君犹器也，人犹水也，方圆在于器，不在于水”、“下之所行，皆从上之所好”等等。因为自上而下的权力体系，使帝王直接掌握着行政决定权，甚至臣下的命运，虽然民意在一定的程度上可上通下达，但采纳与否的决定权也掌握在皇帝一人的手中，因此，各级官员最后听命的是皇帝而非民意，他们行政上和道德上的善恶得失，黜陟升迁，是由自上而下的评价体系所决定的，而非由他们直接管理的对象即民众所决定的。因此，一切听从于上级以至皇帝一人势必成为这一制度体系的最为本质的特点。这也就是“上启其源，下必有甚”、“上之所好，下必有甚”、“君犹器也，人犹水也，方圆在于器，不在于水”，家国系于一人，一人之所好恶可以影响家国命运的原因之所在。正如贞观十三年，魏徵恐太宗不能克终俭约，近岁颇好奢纵，上疏进谏。其中谈到自古帝王鲜能克终之因：“岂不以居万乘之尊，有四海之富，出言而莫己逆，所为而人必从，公道溺于私情，礼节亏于嗜欲故也？”[②]魏徵无意中触及要害，即君主专制制度是造成社稷安危，

① 吴兢著，裴汝诚、王义耀、郭子建、顾宏义译注《〈贞观政要〉译注》，上海古籍出版社2007年2月第1版，第188页。

② 吴兢著，裴汝诚、王义耀、郭子建、顾宏义译注《〈贞观政要〉译注》，上海古籍出版社2007年2月第1版，第294页。

家国兴亡,百姓祸福系于一身的最主要原因。只是魏徵并没有意识到这一制度的不合理性,他是在承认和肯定君主专制制度合理性的前提下,如何找到危及这一制度稳定性的根本原因,并尽最大可能性地维护它,完善它而已。也正因为如此,吴兢在《贞观政要》中,用了相当多的篇幅,强调了君德的问题。他与魏徵等人一样,在承认和肯定中国古代君主专制制度的合理性的同时,对它存在的危机及其原因有着极为清醒的认识,并极有针对性地对之进行维护和完善。对君德的重视和强调便是这一维护和完善的至为重要的一环。

第二节　君德论

在中国古代君主专制社会里,国君被视为代替上帝治理天下的人。政权的神权化是政权权威化的一种表现形式,是专制制度的一种产物。虽然,政权(实际上是皇权)的神权化也有利于对于独裁的制衡,但这种制衡作用主要是通过执政者的道德自觉形式来实现的,因此,具有很大的主观性、自由性和随意性,其积极方面的意义是极其有限的。皇权的神权化更多地充当了专制与独裁帮凶的角色,对民众充当君主专制制度下的顺民,起到了具体的制度措施所起不到的作用。随着战争与争权夺利的频繁与残酷,政权或皇权神权化的色彩逐渐褪色,失去了其神圣外衣和色彩。“民之所欲,天必从之”,民心即为神意,敬神表现为敬民的思想,从春秋时起,逐渐成为主流。但这一对民心民力重视的思想,主要是出于政治权力角力中对民心民力的敬畏和利用,所以本质上还是一种手段,而非一种目的,即并非把民众的利益视为政权的目的和核心,因为认识并实行仁政德治的主要是一些权力角逐者或自称代表民众者,而非民众本身,权力行使的主动权依旧掌握在统治者手中,他们可以实行也可以不实行或有条件地实行仁政德治的思想和措施,在这一过程中,民众并没有获得直接参与的权力,其权益主要靠统治者的道德自觉来维持的;而君主的道德自觉的程度,在某种程度上又取决于他们的经历与认识的程度。一般而言,在中国历史上,历经患难越深的君王,他们的道德自觉程度也会越高,体察民心民情,实行仁政德治的要求和动力也就越大,他们越会从君民一体的总体和长远利益出发，实行克己惠民政策和措施；反之，君王的道德自律也就越低，甚至走向独裁暴政，最后导致社会动荡，朝代灭亡。

因此，在整个历史上，大凡所谓的治世和盛世，总是与君王较高的道德自觉性和自律性紧密联系在一起的，与建立在道德自觉和自律基础上的仁政德治紧密联系在一起的。汉文帝是如此，唐太宗也是如此。以“仿太宗故事”为政治理想的唐玄宗，在开元前期也是如此；但从开元中后期开始，唐玄宗也落入了很多帝王（唐太宗也不例外）“靡不有初，鲜克有终”的既是历史必然亦可谓是历史宿命的结局之中。作为富于历史责任感和理性意识的历史学家吴兢，在意识到政治危机的历史关头，在他撰录以献唐玄宗的《贞观政要》中，对君德的不遗余力、不惜笔墨的强调，则必成为一种必然。从上一节“家国兴亡，系于一人”中我们就可以深切感受到。下面，我们则从几个方面分析吴兢在《贞观政要》中对君德的具体阐述。

首先是身治国治。齐家治国从诚心修身开始，这是中国政治史上的主流思想。《礼记·大学》云：“古之欲明明德于天下者，先治其国；欲治其国者，先齐其家；欲齐其家者，先修其身；欲修其身者，先正其心；欲正其心者，先诚其意；欲诚其意者，先致其知，致知在格物。物格而后知至，知至而后意诚，意诚而后心正，心正而后身修，身修而后家齐，家齐而后国治，国治而后天下平。自天子以至于庶人，壹是皆以修身为本，其本乱而末治者否矣。其所厚者薄，而其所薄者厚，未之有也！此谓知本，此谓知之至也。”[①]孔子云：“政者，正也。子帅以正，孰敢不正？”[②]又云：“其身正，不令而行。其身不正，虽令不从。”[③]他们都强调以身为法，身正法平的治国理念。吴兢在《贞观政要》中，也基本继承了这一思想，并多了历史学家忧患意识的迫切性，因为在他看来历史无数次地证明了这一思想的正确性。如他在《贞观政要·君道》篇云：“贞观初，太

① 胡平生、张萌著《〈礼记〉译注》，中华书局2017年11月第1版，第1162－1163页。

② 刘宝楠著《〈论语〉正义》，影印本《诸子集成》第一册，上海书店1986年7月第1版，第274页。

③ 刘宝楠著《〈论语〉正义》，影印本《诸子集成》第一册，上海书店1986年7月第1版，第286页。

宗谓侍臣曰：‘为君之道，必须先存百姓，……若安天下，必须先正其身，未有身正而影曲，上治而下乱者。”[①]谏议大夫魏徵对曰：“古者圣哲之主，皆亦近取诸身，故能远体诸物。昔楚聘詹何，问其治国之要，詹何对以修身之术。楚王又问治国何如？詹何曰：‘未闻身治而国乱者。’陛下所明，实同古义。”[②]《贞观政要·政体》篇又载：“贞观十六年，太宗谓侍臣曰：‘或君乱于上，臣治于下；或臣乱于下，君治于上。二者苟逢，何者为甚？’特进魏徵对曰：‘君心治，则照见下非。诛一劝百，谁敢不畏威尽力？若昏暴于上，忠谏不从，虽百里奚、伍子胥之在虞、吴，不救其祸，败亡亦继。’”[③]《贞观政要·诚信》篇载：贞观初，太宗谓封德彝曰：“流水清浊，在其源也。君者政源，人庶犹水，君自为诈，欲臣下行直，是犹源浊而望水清，理不可得。”[④]《贞观政要·慎所好》中云：贞观四年，太宗曰：“且君天下者，惟须正身修德而已，此外虚事，不足在怀。”[⑤]又《贞观政要·文史》篇载：贞观十一年，著作佐郎邓隆表请编次太宗文章为集。太宗谓曰：“凡人主惟在德行，何必要事文章耶？”[⑥]竟不许。帝王要做到“上称天心”，下不为百姓所怨，方是自古真正帝王之义，方是合格的君王，所谓代天理物，顺乎民心，天地人和谐，这是第一要义。落实到具体的的做法，则是“若安天下，必须先正其身”，因为“未有身正而影曲，上治而下乱者”。君心治则天下治。吴兢通过贞观君臣之口，说出了“流水清浊，在其源也。君者政源，

① 吴兢著，裴汝诚、王义耀、郭子建、顾宏义译注《〈贞观政要〉译注》，上海古籍出版社 2007 年 2 月第 1 版，第 1 页。

② 吴兢著，裴汝诚、王义耀、郭子建、顾宏义译注《〈贞观政要〉译注》，上海古籍出版社 2007 年 2 月第 1 版，第 1 页。

③ 吴兢著，裴汝诚、王义耀、郭子建、顾宏义译注《〈贞观政要〉译注》，上海古籍出版社 2007 年 2 月第 1 版，第 18 页。

④ 吴兢著，裴汝诚、王义耀、郭子建、顾宏义译注《〈贞观政要〉译注》，上海古籍出版社 2007 年 2 月第 1 版，第 172 页。

⑤ 吴兢著，裴汝诚、王义耀、郭子建、顾宏义译注《〈贞观政要〉译注》，上海古籍出版社 2007 年 2 月第 1 版，第 189 页。

⑥ 吴兢著，裴汝诚、王义耀、郭子建、顾宏义译注《〈贞观政要〉译注》，上海古籍出版社 2007 年 2 月第 1 版，第 217 页。

人庶犹水”,政治的清明与否,社会风俗的好坏,决定于君王是否身正心修。唐太宗甚至说,“君天下者,惟须正身修德而已,此外虚物,不足在怀”“凡人主惟在德行,何必要事文章耶”? 正身修德,是立身之要,行政之本。天下太平的德政礼治,都是帝王的正身修德外化的一种必然结果。这也是天下之治,在乎一人,系于一身的意思,与儒家的治国必先治心、心治则国治的思想是一致的。当然,若从人性天然的脆弱性和局限性而言,这其中存在着一种悖论,即“治心”“修身”“立德”等能够做到何种程度的问题,即使处于不断自我完善的过程中,但“国之安危,系于一身”所带来的危险性和危害性则时刻存在着。治国安民中存在着的利他性,势必与人天性中的利己性有着某种难以调和的矛盾之处。这也是儒家这一修身齐家治国平天下的思想中存在着的逻辑矛盾之处。

身修国治的具体做法便是积德累仁,它关系到国之兴亡,身之安危,国君应把积德累仁放到重要的地位。《贞观政要·君道》篇中载魏徵上疏曰:“臣闻求木之长者,必固其根本;欲流之远者,必浚其泉源;思国之安者,必积其德义。源不深而望流之远,根不固而求木之长,德不厚而思国之理,臣虽下愚,知其不可,而况于明哲乎!人君当神器之重,居域中之大,将崇极天之峻,永保无疆之休。不念居安思危,戒奢以俭,德不处其厚,情不胜其欲,斯亦伐根以求木茂,塞源而欲流长者也。”[①]《贞观政要·教戒太子诸王》篇中载:唐太宗命魏徵录古来帝王子弟成败之事,各为《自古诸侯王善恶录》,以赐诸王。其书序云:“……凡为藩为翰,有国有家者,其兴也必由于积善,其亡也皆在于积恶。故知善不积不足以成名,恶不积不足以灭身。然则祸福无门,吉凶由己,惟人所召,岂徒言哉!今录自古诸王行事得失,分其善恶各为一篇,名曰《诸王善恶录》,欲使见善思齐,足以扬名不朽;闻恶能改,庶得免乎大过。从善则有誉,改过则无咎。兴亡是系,可不勉欤?”太宗览而称善,谓诸王曰:“此宜置于座

① 吴兢著,裴汝诚、王义耀、郭子建、顾宏义译注《〈贞观政要〉译注》,上海古籍出版社2007年2月第1版,第6页。

右，用为立身之本。”[①]贞观十年，唐太宗告诫诸王曰：“我闻以德服物，信非虚说。比尝梦中见一人云虞舜，我不觉悚然敬异，岂不为仰其德也！向若梦见桀、纣，必应斫之。桀、纣虽是天子，今若相唤作桀、纣，人必大怒。颜回、闵子骞、郭林宗、黄叔度，虽是布衣，今若相称赞道类此四贤，必当大喜。故知人之立身，所贵者惟在德行，何必要论荣贵。汝等位列藩王，家食实封，更能克修德行，岂不具美也？”[②]魏徵以木长固本，流远浚源来比喻“思国之安者，必积其德”，以为“德不厚而思国之理，臣虽下愚，知其不可，而况于明哲乎”！唐太宗则以“积德、累仁、丰功、厚利”四者为为政之首，而魏徵则进一步以唐太宗以往的丰功厚利潜在地说明积德累仁与丰功厚利的必然联系，并希望唐太宗在积德与累仁上，继续“自强不息”[③]。而在《自古诸侯王善恶录》的序中，魏徵进一步指出“积善”与“积恶”乃为国家兴亡的根本原因，是兴亡之所系。唐太宗则指出其不只为为政之本，亦为立身之本。唐太宗以圣君入梦人亦敬，暴君则难逃梦中之戮；不仅如此，“桀、纣虽是天子，今若相唤作桀、纣，人必大怒”，而布衣贤人，则为人共所称道。故知人之立身，所贵者惟在德行，何必要论荣贵！真正把德行提高到无以复加的地步，超过了帝王之位，富贵之荣！唐太宗是否如此行之暂置不论，但作为历史学家的吴兢，从历史兴亡的角度，确实认为这是一条颠扑不灭的真理，是家国兴盛，天下太平的通衢大道。又如《贞观政要·规谏太子》篇中载：“贞观十三年，太子右庶子张玄素以承乾颇以游畋废学，上书谏曰：‘臣闻皇天无亲，惟德是辅。苟违天道，人神同弃。’”把“德”提高到天道的高度，并以“人神共弃”相告诫，欲其“勿以小恶而不去，小善而不为”，故知祸福之来，皆起于“渐”，欲其“广树嘉猷”，并云：“慎终如始，犹恐

---

① 吴兢著，裴汝诚、王义耀、郭子建、顾宏义译注《〈贞观政要〉译注》，上海古籍出版社2007年2月第1版，第113～115页。

② 吴兢著，裴汝诚、王义耀、郭子建、顾宏义译注《〈贞观政要〉译注》，上海古籍出版社2007年2月第1版，第116页。

③ 吴兢著，裴汝诚、王义耀、郭子建、顾宏义译注《〈贞观政要〉译注》，上海古籍出版社2007年2月第1版，第74页。

渐衰,始尚不慎,终将安保!”[①]同篇载:贞观十四年,张玄素告诫当时“好营造亭观,穷极奢侈,费用日广”的太子李承乾曰:“伏惟储君之寄,荷载殊重,如其积德不弘,何以嗣守成业?”[②]把“积德”与继承保守祖宗的基业紧密联系在一起,说明其中的同一性。贞观十五年,于志宁也上书谏李承乾欲其“上副至尊圣情,下允黎元本望,不可轻微恶而不避,无容略小善而不为。理敦杜渐之方,须有防萌之术。屏退不肖,狎近贤良。如此,则善道日隆,德音自远。”因为一国之太子乃是“地膺上嗣,位处储君。善则率土沾其恩,恶则海内罹其祸。”[③]总之,作为帝王之德,积德累仁是治国之要,立身之本。这与《左传》、《国语》中反复强调的义亦利也,义为利之本,义利同一说的思想是相似的。虽然,在看到“利”为“义”的其中内涵时,其所行的“义”也不纯粹,掺杂着主观的不良动机,那么此时的义行能否达到预期的“丰功”“厚利”的效果,也是值得怀疑的。

同时,作为一国之君,必须谦恭虚己,方能海纳百川,博采众长,众望所归,礼致太平。如《贞观政要·谦让》篇载:贞观三年,太宗问给事中孔颖达曰:“《论语》云:‘以能问于不能,以多问于寡,有若无,实若虚。’何谓也?”颖达对曰:“圣人设教,欲人谦光,己虽有能,不自矜大,仍就不能之人,求访能事。己之才艺虽多,犹病以为少,仍就寡少之人更求所益。己之虽有,其状若无,己之虽实,其容若虚。非惟匹庶,帝王之德,亦当如此。夫帝王内蕴神明,外须玄默,使深不可知。故《易》称‘以《蒙》养正,以《明夷》莅众’,若其位居尊极,炫耀聪明,以才陵人,饰非拒谏,则上下情隔,君臣道乖,自古灭亡,莫不由此

① 吴兢著,裴汝诚、王义耀、郭子建、顾宏义译注《〈贞观政要〉译注》,上海古籍出版社2007年2月第1版,第131页。

② 吴兢著,裴汝诚、王义耀、郭子建、顾宏义译注《〈贞观政要〉译注》,上海古籍出版社2007年2月第1版,第133页。

③ 吴兢著,裴汝诚、王义耀、郭子建、顾宏义译注《〈贞观政要〉译注》,上海古籍出版社2007年2月第1版,第137页。

也。”太宗曰：“《易》云：‘劳谦，君子有终，吉。’诚如卿言。”诏赐物二百段[①]。同篇又载：贞观二年，太宗谓侍臣曰：“人言作天子则得自尊崇，无所畏惧，朕则以为正合自守谦恭，常怀畏惧。昔舜诫禹曰：‘汝惟不矜，天下莫与汝争能；汝惟不伐，天下莫与汝争功。’又《易》曰：‘人道恶盈好谦。’凡为天子，若惟自尊崇，不守谦恭者，在身傥有不是之事，谁肯犯颜谏奏？朕每思出一言，行一事，必上畏皇天，下惧群臣。天高听卑，何得不畏？群公卿士，皆见瞻仰，何得不惧？以此思之，但知常谦常惧，犹恐不称天心及百姓意也。”魏徵曰：“古人云：‘靡不有初，鲜克有终。’愿陛下守此常谦常惧之道，日慎一日，则宗社永固，无倾覆矣。唐、虞所以太平，实用此法。”[②]《贞观政要·政体》篇中云：“贞观十九年，太宗谓侍臣曰：‘朕观古来帝王，骄矜而取败者，不可胜数。不能远述古昔，至如晋武平吴、隋文伐陈已后，心逾骄奢，自矜诸已，臣下不复敢言，政道因兹弛紊。朕自平定突厥、破高丽已后，兼并铁勒，席卷沙漠，以为州县，夷狄远服，声教益广。朕恐怀骄矜，恒自抑折，日旰而食，坐以待晨。每思臣下有谠言直谏，可以施于政教者，当拭目以师友待之。如此，庶几于时康道泰尔。’”[③]以帝王之尊，威权之盛，而能谦恭虚己，宽弘大度，实为不易，然也正因为国君威权之盛，所系之大，故亦当谦恭虚己，宽弘大度，方能天覆地载，治理天下。这是君德中所不可或缺者。谦受益，骄受损，“人道恶盈好谦”，这是人道当有之德，作为帝王，更须如此。因为这关系到家国的兴亡，百姓的安乐，所以唐太宗“自守谦恭，常怀畏惧”，“朕每思出一言，行一事，必上畏皇天，下惧群臣”，“常谦常惧，犹恐不称天心及百姓意”。他引用舜诫禹曰：“汝惟不矜，天下莫与汝争能；汝惟不伐，天下莫与汝争功”，反之，“若其位居尊极，炫耀聪明，以才凌人，饰非拒谏，则上下情隔，君臣道乖，自古灭亡，莫不由此也。”《贞

① 吴兢著，裴汝诚、王义耀、郭子建、顾宏义译注《〈贞观政要〉译注》，上海古籍出版社 2007 年 2 月第 1 版，第 184 页。

② 吴兢著，裴汝诚、王义耀、郭子建、顾宏义译注《〈贞观政要〉译注》，上海古籍出版社 2007 年 2 月第 1 版，第 183 页。

③ 吴兢著，裴汝诚、王义耀、郭子建、顾宏义译注《〈贞观政要〉译注》，上海古籍出版社 2007 年 2 月第 1 版，第 19 页。

观政要·谦让》篇中还特地列出了唐高祖李渊的堂兄弟，协助李渊平定天下，有大功而不居功自傲的河间王孝恭“性惟退让，无骄矜自伐之色”，又载特进江夏王道宗，尤以将略驰名，兼好学，敬慕贤士，动修礼让，都受到唐太宗的亲近敬重①。

另外，唐太宗在任用贤才方面，也表现了帝王恢宏的大度。中国自古就有帝王任用寇仇而成大事的美谈。唐太宗无疑是这方面做得最好的帝王之一。如魏徵、王珪、冯立等人，皆昔为寇，今为亲信（关于这一点，将在“精英政治”一章中加以论述，此不详论）。贞观之治的政治局面，也与唐太宗的宽弘容众密切相关；而之所以如此，也正是唐太宗具有“虚己外求，披迷内省”②的君德。

这里需要指出的是，唐太宗虚己容众的君德与他通达的忠义观有关。《贞观政要·求谏》篇中载：“太常卿韦挺尝上疏陈得失，太宗赐书曰：‘所上意见，极是谠言，辞理可观，甚以为慰。昔齐境之难，夷吾有射钩之罪，蒲城之役，勃鞮为斩袂之仇。而小白不以为疑，重耳待之若旧。岂非各吠非主，志在无二。卿之深诚，见于斯矣。若能克全此节，则永保令名。如其怠之，可不惜也。勉励终始，垂范将来，当使后之视今，亦犹今之视古，不亦美乎？朕比不闻其过，未睹其阙，赖竭忠恳，数进嘉言，用沃朕怀，一何可道！’”③《贞观政要·忠义》一篇，是为表彰历史上和隋末及唐初事变中“固守忠义，克终臣节。虽桀犬吠尧，有乖倒戈之志，疾风劲草，实表岁寒之心”④而编著的。唐太宗对忠臣义士不仅赞赏有加，有的还加以重用，不惜以“疾风知劲草，板荡识诚臣”⑤名

① 吴兢著，裴汝诚、王义耀、郭子建、顾宏义译注《〈贞观政要〉译注》，上海古籍出版社2007年2月第1版，第184页。

② 吴兢著，裴汝诚、王义耀、郭子建、顾宏义译注《〈贞观政要〉译注》，上海古籍出版社2007年2月第1版，第25页。

③ 吴兢著，裴汝诚、王义耀、郭子建、顾宏义译注《〈贞观政要〉译注》，上海古籍出版社2007年2月第1版，第41页。

④ 吴兢著，裴汝诚、王义耀、郭子建、顾宏义译注《〈贞观政要〉译注》，上海古籍出版社2007年2月第1版，第148页。

⑤ 吴兢著，裴汝诚、王义耀、郭子建、顾宏义译注《〈贞观政要〉译注》，上海古籍出版社2007年2月第1版，第147页。

之，虽然他们中克终臣节的是自己的君王，或是自己的敌人，显示出作为帝王宽怀容众的胸襟和通达的历史观。

此外，诚信德礼，公平正义，也是君德必备之一。国君乃天下政务之中枢和主宰，只有做到公平，维护正义，方能得到最大多数人的支持和拥护，政权才能稳固，国家才能昌盛。虽然中国古代君主专制制度已决定了真正意义上的公平正义是不存在的，但是，当这个制度已经确立，获得政权之后，为了维护这个制度，维持政权的正常运转和稳定，君王的诚信和公平乃是不可或缺的。

首先说到诚信德礼。人无信不立，这是中国文化的核心价值之一。“信”是指一种信实真诚，对自己、对他人的负责任的美德，是一种处理各种人际关系所应遵守的道德规范。正如孔子说：“人而无信，不知其可也。”[①]更为重要的是，“信”是一种政治伦理。孔子认为，使民众树立其对权力的“信”，对于政权的形象和政权的运转而言，是比“足兵”、“足食”还要重要的，因为“自古皆有死，民无信不立”[②]。荀子则进一步强调“信”对于国家强弱和内政外交的重要性：“政令信者强，政令不信者弱。”[③]“故用国者，义立而王，信立而霸，权谋立而亡，三者明主之所谨择也。……德虽未至也，义虽未济也，然而天下之理略奏矣，刑赏已诺信乎天下矣，臣下晓然皆知其可要也。政令已陈，虽睹利败，不欺其民；约结已定，虽睹利败，不欺其与。如是则兵劲城固，敌国畏之；国一綦明，与国信之。”[④]可见“信”可最大限度地激发起人们内在的潜能和斗志，从而超越外在一切利害关系，这对于治理国家而言，其重要性是不言而喻的。吴兢深知这一点，所以在《贞观政要》中，特立“诚信”一篇。如贞观初，“有人上

① 刘宝楠著《〈论语〉正义》，影印本《诸子集成》第一册，上海书店1986年7月第1版，第37页。

② 刘宝楠著《〈论语〉正义》，影印本《诸子集成》第一册，上海书店1986年7月第1版，第266页。

③ 王先谦著《〈荀子〉集解》，影印本《诸子集成》第二册，上海书店1986年7月第1版，第179页。

④ 王先谦著《〈荀子〉集解》，影印本《诸子集成》第二册，上海书店1986年7月第1版，第131、132－133页。

书请去佞臣者,太宗谓曰:‘朕之所任,皆以为贤,卿知佞者谁耶?’对曰:‘臣居草泽,不的知佞者,请陛下佯怒以试群臣,若能不畏雷霆,直言进谏,则是正人,顺情阿旨,则是佞人。’太宗谓封德彝曰:‘流水清浊,在其源也。君者政源,人庶犹水,君自为诈,欲臣下行直,是犹源浊而望水清,理不可得。朕常以魏武帝多诡诈,深鄙其为人,如此,岂可堪为教令?’谓上书人曰:‘朕欲使大信行于天下,不欲以诈道训俗,卿言虽善,朕所不取也。’”[①]又如贞观十年,魏徵上疏曰:“臣闻为国之基,必资于德礼,君之所保,惟在于诚信。诚信立则下无二心,德礼形则远人斯格。然则德礼诚信,国之大纲,在于君臣父子,不可斯须而废也。故孔子曰:‘君使臣以礼,臣事君以忠。’又曰:‘自古皆有死,民无信不立。’文子曰:‘同言而信,信在言前;同令而行,诚在令外。’然而言而不信,言无信也;令而不从,令无诚也。不信之言,无诚之令,为上则败德,为下则危身,虽在颠沛之中,君子之所不为也。自王道休明,十有余载,威加海外,万国来庭,仓廪日积,土地日广。然而道德未益厚,仁义未益博者,何哉?由乎待下之情,未尽于诚信,虽有善始之勤,未睹克终之美故也。……且君子小人,貌同心异,君子掩人之恶,扬人之善,临难无苟免,杀身以成仁。小人不耻不仁,不畏不义,唯利之所在,危人自安。夫苟在危人,则何所不至?……夫君能尽礼,臣得竭忠,必在于内外无私,上下相信。上不信,则无以使下,下不信,则无以事上,信之为道大矣。昔齐桓公问于管仲曰:‘吾欲使酒腐于爵,肉腐于俎,得无害霸乎?’管仲曰:‘此极非其善者,然亦无害于霸也。’桓公曰:‘如何而害霸乎?’管仲曰:‘不能知人,害霸也;知而不能任,害霸也;任而不能信,害霸也;既信而又使小人参之,害霸也。’晋中行穆伯攻鼓,经年而弗能下,馈间伦曰:‘鼓之啬夫,间伦知之。请无疲士大夫,而鼓可得。’穆伯不应,左右曰:‘不折一戟,不伤一卒,而鼓可得,君奚为不取?’穆伯曰:‘间伦之为人也,佞而不仁,若使间伦下之,吾可以不赏之乎?若赏之,是赏佞人也。佞人得志,是使晋国之士舍仁而为佞。虽得鼓,将何用之?’夫穆伯,列国之大夫,管仲,霸者之良佐,犹能

① 吴兢著,裴汝诚、王义耀、郭子建、顾宏义译注《〈贞观政要〉译注》,上海古籍出版社2007年2月第1版,第172页。

慎于信任、远避佞人也如此，况乎为四海之大君，应千龄之上圣，而可使巍巍至德之盛，将有所间乎？若欲令君子小人是非不杂，必怀之以德，待之以信，厉之以义，节之以礼，然后善善而恶恶，审罚而明赏。则小人绝其私佞，君子自强不息，无为之治，何远之有！"[①]又，贞观十七年，太宗谓侍臣曰："传称'去食存信'，孔子曰：'民无信不立。'昔项羽既入咸阳，已制天下，向能力行仁信，谁夺耶？"房玄龄对曰："仁、义、礼、智、信，谓之五常，废一不可。能勤行之，甚有裨益。殷纣狎侮五常，武王夺之，项氏以无仁信为汉高祖所夺，诚如圣旨。"[②]以上所引，作为君德的诚信德礼，可归纳如下几点：一、德礼诚信，乃治国之基，立人之本，对于君臣父子，不可斯须而废。魏徵引老子的弟子文子的话说："言而不信，言无信也；令而不从，令无诚也"，"诚信立则下无二心，德礼形则远人斯格"，反之，"不信之言，无诚之令，为上则败德，为下则危身，虽在颠沛之中，君子之所不为也"。二、诚信德礼，也是区分君子小人的利器。因为"君子小人，貌同心异，君子掩人之恶，扬人之善，临难无苟免，杀身以成仁。小人不耻不仁，不畏不义，唯利之所在，危人自安。夫苟在危人，则何所不至？"如果国君能尽礼，内外无私，则能使君子亲而小人远，正气盛而邪气衰。所以魏徵最后说："若欲令君子小人是非不杂，必怀之以德，待之以信，厉之以义，节之以礼。"三、君王不以诈道训俗，不以诡计使人。有人要太宗"佯怒以试群臣，若能不畏雷霆，直言进谏，则是正人，顺情阿旨，则是佞人"，太宗大是反感。他对封德彝曰："流水清浊，在其源也。君者政源，人庶犹水，君自为诈，欲臣下行直，是犹源浊而望水清，理不可得。"并深鄙魏武帝以诡诈之术治人，表示"朕欲使大信行于天下，不欲以诈道训俗"。有意思的是，魏徵引用了春秋时晋国六卿之一的中行氏穆伯功鼓，在经年未下的情况下，其左右官吏馈间伦向中行氏穆伯进言，想通过在鼓国为司空属官的老熟人进行内线策反，可以"不

① 吴兢著，裴汝诚、王义耀、郭子建、顾宏义译注《〈贞观政要〉译注》，上海古籍出版社2007年2月第1版，第172－173、174、175－176页。

② 吴兢著，裴汝诚、王义耀、郭子建、顾宏义译注《〈贞观政要〉译注》，上海古籍出版社2007年2月第1版，第177页。

折一戟,不伤一卒,而鼓可得",但中行氏穆伯坚决不同意,理由是"间伦之为人也,佞而不仁,若使间伦下之,吾可以不赏之乎?若赏之,是赏佞人也。佞人得志,是使晋国之士舍仁而为佞。虽得鼓,将何用之"?虽可攻城略地,但以佞人行诈得之,有害于诚信德礼,亦不为也。可见,慎于信任,远避佞人,对于君德的重要性。四、使人必以信。魏徵说:"夫君能尽礼,臣得竭忠,必在于内外无私,上下相信。上不信,则无以使下,下不信,则无以事上,信之为道大矣。"齐桓公问管仲"如何而害霸乎?"管仲曰:"不能知人,害霸也;知而不能任,害霸也;任而不能信,害霸也;既信而又使小人参之,害霸也";国之兴盛,在于得人,得人则在于知人,知人则在于善任,善任则在于善信,缺一环节而不可。

与此相关,吴兢进一步强调内外无私。公平正义是政治的生命。虽然国家在本质上是以君主为核心的利益集团所私有,但是,在具体的政治运作中,公平无私仍被看作是理想政治的标志。无论是古代的政治思想还是具有远见卓识的政治家,他们都清楚地认识到公平正义、内外无私对一个国家的繁荣昌盛和长治久安的重要性。尽管权力的运行机制是自上而下的,但是他们仍然极力主张内举不避亲,外举不避仇,君子当有海纳百川之胸襟,不论亲疏贵贱,不论资排辈,量能授官,举才德之人。如《墨子·尚贤》中说:"故古者圣王,甚尊尚贤,而任使能,不党父兄,不偏贵富,不嬖颜色。贤者举而上之,富而贵之,以为官长,不肖者抑而废之,贫而贱之,以为徒役。"[①]"故古者圣王之为政,列德而尚贤,虽在农与工肆之人,有能则举之。"[②]《荀子·王制》篇中也说:"贤能不待次而举,罢不能不待须而废。"[③]只有这样,才能"贤不肖不杂,是非不乱。贤不肖不杂则英杰至,是非不乱则国家治。"荀子又在《王制》篇中说:"王

---

① 孙诒让著《〈墨子〉间诂》,影印本《诸子集成》第四册,上海书店 1986 年 7 月第 1 版,第 29 页。

② 孙诒让著《〈墨子〉间诂》,影印本《诸子集成》第四册,上海书店 1986 年 7 月第 1 版,第 26 – 27 页。

③ 王先谦著《〈荀子〉集解》,影印本《诸子集成》第二册,上海书店 1986 年 7 月第 1 版,第 94 页。

者之论，无德不贵，不能不官，无功不赏，无罪不罚。朝无幸位，民无幸生。尚贤使能，而等位不遗，析愿禁悍，而刑罚不过。”①《荀子·君道》篇又说：“故明主有私人以金石珠玉，无私人以官职事业，是何也？曰：本不利于所私也。彼不能而主使之，则是主暗也；臣不能而诬能，则是臣诈也。主暗于上，臣诈于下，灭亡无日，俱害之道也。”②他们都清楚地认识到私人以财可以，但私人以官职则关系到国家的兴衰存亡。因为拥有权力越大，对国家百姓的作用和影响力也越大。即使讲权势阴谋的韩非子也主张“内举不避亲，外举不避仇。是在焉，从而举之，非在焉，从而罚之。”③祁黄羊荐仇家解狐来接替自己的职务，又举儿子祁午当军官，成为历史佳话。而殷高宗把从事版筑劳动的奴隶傅说用以为相，以中兴殷朝；周文王姬昌提拔重用当过屠夫的姜尚，辅佐武王灭商；齐桓公选用小商贩宁戚为客卿等等。虽然其中也含有传说的成分，但在不拘一格任用贤才理念上，却是作为一种标杆而载入史册之中，成为理想君王施政的标准之一。《淮南子·主术训》云：“使人主执正持平，如从绳准高下，则群臣以邪来者，犹以卵投石，以火投水。”④吴兢在《贞观政要·公平》中，对君道公平进行了深入的阐述。如太宗初即位，中书令房玄龄奏言：“秦府旧左右未得官者，并怨前宫及齐府左右处分之先己。”太宗曰：“古称至公者，盖谓平恕无私。丹朱、商均，子也，而尧、舜废之。管叔、蔡叔，兄弟也，而周公诛之。故知君人者，以天下为公，无私于物。昔诸葛孔明，小国之相，犹曰‘吾心如称，不能为人作轻重’，况我今理大国乎？”⑤同篇又载：贞观二年，太宗谓房玄

① 王先谦著《〈荀子〉集解》，影印本《诸子集成》第二册，上海书店 1986 年 7 月第 1 版，第 101 页。

② 王先谦著《〈荀子〉集解》，影印本《诸子集成》第二册，上海书店 1986 年 7 月第 1 版，第 160 页。

③ 王先谦集解《〈韩非子〉集解》，影印本《诸子集成》第五册，上海书店 1986 年 7 月第 1 版，第 310 页。

④ 高诱注《〈淮南子〉注》，影印本《诸子集成》第七册，上海书店 1986 年 7 月第 1 版，第 136 页。

⑤ 吴兢著，裴汝诚、王义耀、郭子建、顾宏义译注《〈贞观政要〉译注》，上海古籍出版社 2007 年 2 月第 1 版，第 154 页。

龄等曰：“朕比见隋代遗老，咸称高颎善为相者，遂观其本传，可谓公平正直，尤识治体，隋室安危，系其存没。炀帝无道，枉见诛夷，何尝不想见此人，废书钦叹！又，汉魏已来，诸葛亮为丞相，亦甚平直，尝表废廖立、李严于南中，立闻亮卒，泣曰：‘吾其左衽矣！’严闻亮卒，发病而死。故陈寿称：‘亮之为政，开诚心，布公道，尽忠益时者，虽仇必赏；犯法怠慢者，虽亲必罚。’卿等岂可不企慕及之？朕今每慕前代帝王之善者，卿等亦可慕宰相之贤者，若如是，则荣名高位，可以长守。”玄龄对曰：“臣闻理国要道，在于公平正直，故《尚书》云：‘无偏无党，王道荡荡。无党无偏，王道平平。’又孔子称‘举直错诸枉，则民服’。今圣虑所尚，诚足以极政教之源，尽至公之要，囊括区宇，化成天下。”太宗曰：“此直朕之所怀，岂有与卿等言之而不行也？”[①]唐太宗以为，公平要与宽恕和无私心联系在一起。宽恕则是对那些曾经得罪过自己甚至是自己政敌的人，他们各为其主，表现出人臣应有的忠诚。在一个朝代或政权更替之时，这一种人特别多。他们当中不乏忠贞贤能之士。因此，作为最后胜利者的君王就必须以宽恕通达的态度和胸襟，加以容纳和任用。其实这也是稳定政局收揽人心必不可缺的一环。中国历代大有作为的君王无一例外地都有着这种海纳百川的胸襟和气魄。唐太宗是这方面较为突出的一位。他亲信任用曾是自己政敌的人，为自己的帝业和贞观之治的形成起了重要的作用。公平除了宽恕之外，另一个重要的方面就是做到无私心。无私心则侧重针对自己阵营里面的人而言的。这些人长期跟随自己，忠心耿耿，有的功勋卓著。当自己成为天下之主后，从人之常情而言难免偏爱而委以重任；从政局的稳定而言，也有一定的客观合理性。因此，不管是从帝王的角度或者是作为一个人的角度，要做到毫无私心确实很难。唐太宗以历史上的圣君贤相的尧舜和周公为榜样，指出“故知君人者，以天下为公，无私于物”，并云：“昔诸葛孔明，小国之相，犹曰‘吾心如称，不能为人作轻重’，况我今理大国乎？”“以天下为公，无私于物”，这是君德的核心，是作为君王统御天下，代理万物所应有的气度、胸襟和智慧。

---

① 吴兢著，裴汝诚、王义耀、郭子建、顾宏义译注《〈贞观政要〉译注》，上海古籍出版社2007年2月第1版，第156页。

太宗以诸葛的“吾心如称，不能为人作轻重”的思想激励自己，以为治理小国的宰相尚且如此，何况一个泱泱大国之君？而之所以必须“天下为公，无私于物”，原因乃在于治理者的衣食乃是靠老百姓来供给的，百姓以他们的力量供奉给朝廷，帝王就必须以恩泽回报于他们，就是公平公正，无私于物，无论新旧，“尽忠益时者，虽仇必赏；犯法怠慢者，虽亲必罚”，选择贤才，治理天下，安抚万姓。所谓“无偏无党，王道荡荡。无党无偏，王道平平”、“朕与公等衣食出于百姓”，所以必须以天下为公，因为只有如此才是一种公平，是理所当然的。但作为专制帝王，有着传统浓厚的夺天下者享天下的思想，能够认识到这一点，并由此得出天下为公的政治理念，是极为难得的。虽然，从史实上看，这更多的是作为史官吴兢的一种政治理想而已。

唐太宗及其贞观君臣们在治国实践中，都较为积极主动地贯彻公平公正、内外无私的思想原则，特别是法律的制定和实施中更是如此。关于这一点，当在“余论”中加以论述。

由于“国之安危，系于一身”，所以对君德的要求就显得尤为严格和完美，显示某种理想化的期待。做为国君，他必须正身修德，积德累仁，谦恭虚己，恭慕贤士，宽怀容众，诚信德礼，公平正义，可谓仁、义、礼、智、信，无一不可缺。魏徵在贞观十一年上疏中对君德做了概括。他首先把隋炀帝富而失国作为反面教材。虽然自古帝王“皆欲配皇德于天地，齐高明于日月，本枝百世，传祚无穷；然而克终者鲜，败亡相继”，原因何在？在于失道。何者为道？他在同月中的上疏中说：“臣闻求木之长者，必固其根本；欲流之远者，必浚其泉源；思国之安者，必积其德义。源不深而望流之远，根不固而求木之长，德不厚而思国之理，臣虽下愚，知其不可，而况于明哲乎！”而什么是“积其德义”呢？魏徵接下去具体说：“君人者，诚能见可欲则思知足以自戒，将有作则思知止以安人，念高危则思谦冲而自牧，惧满溢则思江海下百川，乐盘游则思三驱以为度，忧懈怠则思慎始而敬终，虑壅蔽则思虚心以纳下，想谗邪则思正身以黜恶，恩所加则思无因喜以谬赏，罚所及则思无因怒而滥刑。总此十思，弘兹九德，简能而任之，择善而从之，则智者尽其谋，勇者竭其力，仁者播其惠，信者效其忠。文武争驰,君臣无事,可以尽豫游之乐,可以养松、乔之寿,鸣琴垂拱,不言而化。何必劳神苦思,代下司职,役聪明之耳目,亏无为之大道哉!”[①]积德行义是一切的根本。作为君王积德行义便是“十思九德”。“九德”即古代所称尚的九种品德,内容随文而异。《尚书·皋陶谟》云行有九德,“宽而栗,柔而立,愿而恭,乱而敬,扰而毅,直而温,简而廉,刚而塞,强而义”。[②]《逸周书·常训》云:“九德:忠、信、敬、刚、柔、和、固、贞、顺。”[③]“九德”虽略有出入,但它与“十思”一样,其中贯穿着的是“中道”的原则,即平和中正,不走极端。一种良好的品德,或者一种正常的人生欲望,在一定的度里是正面的,积极的,合理的,一旦跨越了一定的度,就会走向它的反面。作为一国之君,负有家国兴亡之大责,握有生杀予夺之大权,在中国传统制度的文化氛围里,又往往成为全国人民精神品质上的榜样。然而同时,他又是一个具有喜怒哀乐、七情六欲,有着利己性、脆弱性和局限性的生命个体,因此,平和中正,身修国治,既满足了个体生命正常的欲望和需要,又对国家社稷发挥了正面的积极的作用和影响,“总此十思,弘兹九德,简能而任之,择善而从之,则智者尽其谋,勇者竭其力,仁者播其惠,信者效其忠。文武争驰,君臣无事,可以尽豫游之乐,可以养松、乔之寿,鸣琴垂拱,不言而化。何必劳神苦思,代下司职,役聪明之耳目,亏无为之大道哉”!这正是魏徵同时也是吴兢理想的君德所带来的完美的效果和结果。其中揭示一条辩证的真理,作为一国之君,只有自觉地把自己限定在合适的度里,才能最大限度地享受人生的快乐,不管是治理国家的成就感,还是人生自然欲望的满足。因此,平和中正的中道原则,身修国治的政治伦理,是利己利民,最为完美的君德,也是君德最为完满的结果。然而,人性天然的缺点和个体生命本身的脆弱性,加上制度设计上皇权过于强大,这两者一相结合,势必使这一君德的要求过于理想化,而在实际的操作中,缺乏刚性的制度

---

① 吴兢著,裴汝诚、王义耀、郭子建、顾宏义译注《〈贞观政要〉译注》,上海古籍出版社 2007 年 2 月第 1 版,第 6、7 页。

② 李民、王健著《〈尚书〉译注》,上海古籍出版社 2004 年 7 月第 1 版,第 37 页。

③ 张元济、王云五编《〈逸周书〉校注》,台湾商务印书馆 2013 年 11 月第 2 版,第 6 页。

支撑和约束,又具有了极大的冒险性和危险性。也正因为如此,人类社会制度的进步,恰恰表现在对权力的制度性的监督和制衡上。而中国几千年的君主专制制度,虽经几多江山易主,但也都殊途同归,他们都避免不了灭亡的命运。这也从另一方面证明,贞观君臣们的政治理想和设计,无论多么美好和完善,也都避免不了与历代王朝相同的命运!

第三节 “君臣一体”论

在中国传统的观念中,君臣关系是具有多重性的。首先,是绝对的从属和主仆关系。臣对君只有绝对服从和所谓君欲臣死,臣不得不死;其次,臣对君有辅佐和补过的作用,若君无道,则可弃之甚至废之;再次,君臣相待以礼,礼制上虽然君尊臣卑,但相处中互相尊重对方的人格尊严。中国古代家国一体的政治伦理化体制,势必要求在维护上下等级关系的同时,也维护上下相待以礼的传统。儒家的礼更以维护封建专制制度为目的,但同时又是等级制度的润滑剂,给这一制度披上一层温情脉脉的面纱。孔子的治国要领“君君、臣臣、父父、子子”,本身就是一个双向的关系,如果君不君,臣也就可以不臣;父不像父,自然子也可以不子,就像一个天平一样,只要一方失去了平衡,另一方也必坠落。因此“君君、臣臣、父父、子子”乃是一个互相支撑的伦理关系。又因为中国古代君主专制国家在其本质上具有私人的性质,这就造成了一个内在的矛盾,君王既可以专制,也必须专制,但是,他又必须以礼待臣下,做一个符合期待的国君,国家才能长治久安。君臣关系必须在这一具有矛盾的空间里来处理。尽管国家本质上为私有,但是,要维护国家的正常运转,除了君王之外,还必须有臣子的辅佐,更必须有百姓创造的财物供给。因此,在国家私有制的大前提不变的情况下,君王所必须要解决的问题就是维护和保护君臣和君民的和谐关系。但无论如何和谐,都不能以越过天下或一国乃一家私有之底线,因此也无论如何和谐,也不能彻底解决君与臣、君与民之根本上的利益矛盾和冲突。以维护封建专制制度为己任的儒家思想,他们解决的办法是,在不改变制度性质的前提下,君主尽量礼贤下士、选贤任人;对百姓,则除了教化灌输伦理道德之外，就是轻徭薄赋，尽量减轻百姓的负担。在《贞观政要》中，吴兢主要是强调君待臣以礼，臣侍君以忠，君臣一体、同舟共济的君臣共治的观念，这主要是从历代兴亡中吸取的教训。

在君臣的关系上，吴兢在《贞观政要》中，用了大量的篇幅，阐述了君臣一体，休戚与共的关系。如《贞观政要·政体》篇中云：“贞观五年，太宗谓侍臣曰：‘……今天下安危，系之于朕。故日慎一日，虽休勿休，然耳目股肱寄于卿辈，既义均一体，宜协力同心，事有不安，可极言无隐。倘君臣相疑，不能备尽肝膈，实为国之大害也。’”[①]同篇又载：“贞观六年，太宗谓侍臣曰：‘看古之帝王，有兴有衰，犹朝之有暮。皆为蔽其耳目，不知时政得失，忠正者不言，邪谄者日进，既不见过，所以至于灭亡。朕既在九重，不能尽见天下事，故布之卿等，以为朕之耳目。’”[②]《贞观政要·直谏》篇载：贞观六年，魏徵对太宗说：“臣闻君臣同气，义均一体。”[③]《贞观政要·仁恻》篇又载：贞观七年，襄州都督张公谨卒。太宗闻而嗟悼，出次发哀。有司奏言：“准《阴阳书》云：‘日在辰，不可哭泣。’此亦流俗所忌。”太宗对曰：“君臣之义，同于父子，情发于中，安避辰日？”遂哭之甚哀[④]。

君臣“义均一体”，“君臣之义，同于父子”，在深沉的历史忧患意识中，贞观君臣们深刻地认识到，虽然君臣关系，是一个对立统一体，在利益上既有共同之处也有矛盾之处，但他们更认识和强调了“义均一体”的一面，而且仿佛也只强调了这一面。因为君臣同心，休戚与共，是国家安宁，天下太平的关键，君臣之间的小利益必须服从于这一大利益，也只有国家安定，天下太平，作为

① 吴兢著，裴汝诚、王义耀、郭子建、顾宏义译注《〈贞观政要〉译注》，上海古籍出版社2007年2月第1版，第13页。

② 吴兢著，裴汝诚、王义耀、郭子建、顾宏义译注《〈贞观政要〉译注》，上海古籍出版社2007年2月第1版，第14页。

③ 吴兢著，裴汝诚、王义耀、郭子建、顾宏义译注《〈贞观政要〉译注》，上海古籍出版社2007年2月第1版，第58页。

④ 吴兢著，裴汝诚、王义耀、郭子建、顾宏义译注《〈贞观政要〉译注》，上海古籍出版社2007年2月第1版，第187页。

统治者的君臣也才能真正地享有真正的大利益。因此,为了这一更大的利益,君臣之间无论哪一方做一些让步甚至牺牲,都是值得的。从国家兴亡的大局和大利益上考虑君臣之间的关系,是贞观君臣们的"君臣一体"论的立论基础。他们深知历史上但有君疑臣,则"下情不能上达,欲求尽忠极虑,何可得哉?但无识之人,务行谗毁,交乱君臣,祸乱国家","君臣父子之间悖谬若此,岂非难保之明验也",君臣疑贰,忠奸不分,本为同舟相济,"义均一体"者,反而变成了互相疑贰,为各自的利益互相猜忌杀夺者,家国焉有不危亡之理?历史兴亡的惨痛教训,使贞观群臣们深刻认识到"君臣同气,义均一体"的重要性,从而使得这一思想具有了不同于传统思想的现实性和迫切性。

有意思的是,贞观君臣们还常对君臣优劣对家国兴亡治乱的影响孰重孰轻的问题展开讨论。如《贞观政要・慎终》篇载:贞观五年,魏徵对太宗说:"自古已来,元首股肱,不能备具,或时君称圣,臣即不贤;或遇贤臣,即无圣主。今陛下明,所以致治,向若直有贤臣,而君不思化,亦无所益。天下今虽太平,臣等犹未以为喜,惟愿陛下居安思危,孜孜不怠耳!"①《贞观政要・求谏》篇云:"贞观元年,太宗谓侍臣曰:'正主任邪臣,不能致理;正臣事邪主,亦不能致理。惟君臣相遇,有同鱼水,则海内可安。朕虽不明,幸诸公数相匡救,冀凭直言鲠议,致天下太平。'"②《贞观政要・政体》篇载:贞观十六年,"太宗谓侍臣曰:'或君乱于上,臣治于下;或臣乱于下,君治于上。二者苟逢,何者为甚?'特进魏徵对曰:'君心治,则照见下非。诛一劝百,谁敢不畏威尽力?若昏暴于上,忠谏不从,虽百里奚、伍子胥之在虞、吴,不救其祸,败亡亦继。'太宗曰:'必如此,齐文宣昏暴,杨遵彦以正道扶之得治,何也?'徵曰:'遵彦弥缝暴主,救治苍生,才得免乱,亦甚危苦。与人主严明,臣下畏法,直言正谏,皆见

① 吴兢著,裴汝诚、王义耀、郭子建、顾宏义译注《〈贞观政要〉译注》,上海古籍出版社2007年2月第1版,第291页。

② 吴兢著,裴汝诚、王义耀、郭子建、顾宏义译注《〈贞观政要〉译注》,上海古籍出版社2007年2月第1版,第37页。

信用,不可同年而语也。’”①综上所论,可概括如下:一、对于“或君乱于上,臣治于下;或臣乱于下,君治于上。二者苟逢,何者为甚”的问题,特进魏徵的回答是“君乱于上为甚”。因为国君乃一国之中枢,治国之根本,“君心治,则照见下非。诛一劝百,谁敢不畏威尽力”?“与人主严明,臣下畏法,直言正谏,皆见信用”;而且,君心治则佞臣不敢为非,即使为非,其影响亦甚为有限;相反,“若昏暴于上,忠谏不从,虽百里奚、伍子胥之在虞、吴,不救其祸,败亡亦继”。这是中国古代君主专制制度中国君或人主拥有至高无上的权力和地位所决定的。更为重要的是,君心治,则正直贤良集,所以,“臣乱于下,君治于上”在某种意义上是一个假议题。对这一假议题的提出和忧患,正表明贞观君臣们对君臣一体,相互辅济,同忧共患的政治理念的执着。二、鉴史治今。历史证明,“自古以来,元首股肱,不能备具,或时君称圣,臣即不贤;或遇贤臣,即无圣主”,“正主任邪臣,不能致理;正臣事邪主,亦不能致理”,正是这一对历史教训的反思精神,加上君臣之间共同的利益大于互相之间利害冲突的理性认识,使贞观君臣们对“惟君臣相遇,有同鱼水,则海内可安”的认识,才具有更为现实的意义和力量。同时,从以上谈话可以看出,贞观君臣们以“圣主贤臣,千古一遇”自任,从而产生一种伟大的自豪感和崇高感。这种“圣主贤臣,千古一遇”的政治局面的出现,不是先验命定的,或是一种理想的期待,而是依靠现实中贞观君臣们“数相匡救”、“直言鲠议”、鱼水相依、互相信任、互相琢磨而成的。这也是贞观年间纳谏、直谏成风的一大原因。关于这一点,《贞观政要》亦有论述。如贞观七年,海内康宁,突厥臣服,唐太宗因谓群臣曰:“贞观初,人皆异论,云当今必不可行帝道、王道,惟魏徵劝我。既从其言,不过数载,遂得华夏安宁,远戎宾服。突厥自古以来,常为中国勍敌,今酋长并带刀宿卫,部落皆袭衣冠。使我遂至于此,皆魏徵之力也。”又顾谓徵曰:“玉虽有美质,在于石间,不值良工琢磨,与瓦砾不别。若遇良工,即为万代之宝。朕虽无美质,为公所切磋,劳公约朕以仁义,弘朕以道德,使朕功业至此,公亦

① 吴兢著,裴汝诚、王义耀、郭子建、顾宏义译注《〈贞观政要〉译注》,上海古籍出版社2007年2月第1版,第18页。

足为良工尔。”[①]又如《贞观政要·任贤》篇载：贞观七年，唐太宗对魏徵说：“朕拔卿于仇虏之中，任卿以枢要之职，见朕之非，未尝不谏。公独不见金之在矿，何足贵哉？良冶锻而为器，便为人所宝。朕方自比于金，以卿为良工。”[②]首先，唐太宗并非以自己职高权重，至高无上，就以为自己圣智过人，完美无疵。他认为治理好一个国家，非一人竭精殚虑所能承担，而须君臣同心协力，互相信任，同舟共济。他还以谦卑的态度，把自己比作石中之玉，“不值良工琢磨，与瓦砾不别”，自己是一个与常人一样，有着各种缺点甚至是性格缺陷的人，其人格之完美，道德之提升，治才之干练，决策之正确，则有赖群臣们的“如切如磋，如琢如磨”。他把忠直之臣比作良工，比作可以让人明得失的致治之镜，没有他们，作为帝王的自己只能与“瓦砾不别”，毫无价值和用处；没有他们，自己成了不明得失的昏庸无识之君。在中国历史上，对辅臣股肱作用重要性的认识无代无之，但把辅臣股肱的作用置于如此崇高的地位则是极为少见的。

无疑的，一种深刻的理性上或者感性上的认识，有助于调整君臣之间因主仆关系所带来的种种问题和矛盾，可在有限的空间里最大限度地发挥君臣相互辅佐的政治作用。但是，由于实际上君臣这种主仆地位从未根本性的变化，也不可能有这种改变，所以，贞观君臣们包括吴兢的这种理想化的君臣一体化的关系，更多的带有从反面的历史教训中得出的一种理想化的政治伦理。历史上那些上下相蒙、君臣疑贰所导致的王朝衰亡，是吴兢这一政治伦理的主要理论来源。从另一方面说，《贞观政要》通过唐太宗之口，把君臣一体看得如此重要，把辅臣股肱作用提高到如此崇高的地位，也恰恰是由于历史上臣子们在古代君主专制中地位卑下，甚至毫无人身安全保障的一种反证，一种反拨，如在刚刚过去的武周王朝，无论是吴兢还是唐玄宗，这种臣子们失去最起码安

① 吴兢著，裴汝诚、王义耀、郭子建、顾宏义译注《〈贞观政要〉译注》，上海古籍出版社2007年2月第1版，第16页。

② 吴兢著，裴汝诚、王义耀、郭子建、顾宏义译注《〈贞观政要〉译注》，上海古籍出版社2007年2月第1版，第24－25页。

全感的恐惧,是记忆犹新的。

正是与这一点紧密相关系,吴兢在《贞观政要》中,多次记载了唐太宗谦虚自抑,推功于臣的事迹。如《贞观政要·杜馋邪》篇载:“贞观中,太宗谓房玄龄、杜如晦曰:‘朕闻自古帝王上合天心,以致太平者,皆股肱之力。’”①《贞观政要·慎终》篇载:“贞观五年,太宗谓侍臣曰:‘自古帝王亦不能常化,假令内安,必有外扰。当今远夷率服,百谷丰稔,盗贼不作,内外宁静。此非朕一人之力,实由公等共相匡辅……’魏徵对曰:‘……今陛下明,所以致治,向若直有贤臣,而君不思化,亦无所益。天下今虽太平,臣等犹未以为喜,惟愿陛下居安思危,孜孜不怠耳!’”②《贞观政要·慎终》篇又载:“贞观九年,太宗谓公卿曰:‘朕端拱无为,四夷咸服,岂朕一人之所致,实赖诸公之力耳!当思善始令终,永固鸿业,子子孙孙,递相辅翼。使丰功厚利施于来叶,令数百年后读我国史,鸿勋茂业粲然可观,岂惟称隆周、炎汉及建武、永平故事而已哉?’房玄龄因进曰:‘陛下㧑挹之志,推功群下,致理升平,本关圣德,臣下何力之有?惟愿陛下有始有卒,则天下永赖。’太宗又曰:‘朕观古先拨乱之主皆年逾四十,惟光武年三十三。但朕年十八便举兵,年二十四定天下,年二十九升为天子,此则武胜于古也。少从戎旅,不暇读书,贞观以来,手不释卷,知风化之本,见政理之源。行之数年,天下大治而风移俗变,子孝臣忠,此又文过于古也。昔周、秦已降,戎狄内侵,今戎狄稽颡,皆为臣妾,此又怀远胜古也。此三者,朕何德以堪之?既有此功业,何得不善始慎终耶?’”③以上所引所值得注意者,一是贞观君臣在太平致治之时,互相推功,一说:“岂朕一人之所致,实赖诸公之力耳!”一说:“陛下㧑挹之志,推功群下,致理升平,本关圣德,臣下何力之有?”有其君必有其臣,有其臣必有其君,君臣互相谦逊退让,其中言外之意便

---

① 吴兢著,裴汝诚、王义耀、郭子建、顾宏义译注《〈贞观政要〉译注》,上海古籍出版社 2007 年 2 月第 1 版,第 197 页。

② 吴兢著,裴汝诚、王义耀、郭子建、顾宏义译注《〈贞观政要〉译注》,上海古籍出版社 2007 年 2 月第 1 版,第 291 页。

③ 吴兢著,裴汝诚、王义耀、郭子建、顾宏义译注《〈贞观政要〉译注》,上海古籍出版社 2007 年 2 月第 1 版,第 292－293 页。

是:此乃君臣一体,同舟共济的必然结果,从这一互相推功中流露出贞观君臣对治国理念中君臣一体论的深刻体认;二是在“致理升平”之时,亦不忘居安思危、善始慎终的忧患意识,而不是互相吹捧,居功自大。像历史上那些盛极而衰朝代中的君臣一样;三是贞观君臣在“致理升平”,互相推功之中,深切地贯穿着开阔宏大的历史意识。先是唐太宗的“㧑挹”推功,是以历史典范为归依的,正如他说的,“朕闻自古帝王上合天心,以致太平者,皆股肱之力”,显然,唐太宗是在这一历史认同中,把自己也自然地纳入了“上合天心,以致太平”的帝王的历史典范之中,其次是贞观君臣们在太平之时,以共襄历史盛举自任,显示他们自觉的历史责任感和崇高感。如唐太宗对群臣说的,“当思善始令终,永固鸿业,子子孙孙,递相辅翼。使丰功厚利施于来叶,令数百年后读我国史,鸿勋茂业粲然可观,岂惟称隆周、炎汉及建武、永平故事而已哉”?冀美前朝,称隆后世,显示贞观君臣们同心同德,共致盛世的信心、决心和历史的自豪感。这一宏大的气象,与吴兢所处的盛唐恢宏浪漫的时代气象相一致,是盛唐气象从吴兢史笔中情不自禁洋溢而出。

与推功于臣,君臣相得益彰相联系,在《贞观政要》中,吴兢十分强调在君臣关系中对臣子的优渥与尊重,从而在某种意义上,相对地改变了传统中臣子为仆妾,在君臣关系中永远处于从属地位的境况。如贞观十四年,特进魏徵上疏,对国君待臣以礼做了深入而系统的阐述:“臣闻君为元首,臣作股肱,齐契同心,合而成体,体或不备,未有成人。然则首虽尊高,必资手足以成体,君虽明哲,必藉股肱以致治。《礼》云:‘民以君为心,君以民为体,心庄则体舒,心肃则容敬。’《书》云:‘元首明哉,股肱良哉,庶士康哉。’‘元首丛脞哉,股肱惰哉,万事堕哉。’然则委弃股肱,独任胸臆,具体成理,非所闻也。夫君臣相遇,自古为难。以石投水,千载一合,以水投石,无时不有。其能开至公之道,申天下之用,内尽心膂,外竭股肱,和若盐梅,固同金石者,非惟高位厚秩,在于礼之而已。昔周文王游于凤凰之墟,袜系解,顾左右莫可使者,乃自结之。岂周文之朝尽为俊乂,圣明之代独无君子者哉?但知与不知,礼与不礼耳!是以伊尹,有莘之媵臣,韩信,项氏之亡命,殷汤致礼,定王业于南巢,汉祖登坛,成帝功于垓下。若夏桀不弃于伊尹,项羽垂恩于韩信,宁肯败已成之国为灭亡之虏乎?又微子,骨肉也,受茅土于宋;箕子,良臣也,陈《洪范》于周。仲尼称其仁,莫有非之者。《礼记》称:‘鲁穆公问于子思曰:“为旧君反服,古欤?”子思曰:“古之君子,进人以礼,退人以礼,故有旧君反服之礼也。今之君子,进人若将加诸膝,退人若将坠诸渊。毋为戎首,不亦善乎,又何反服之礼之有?”’齐景公问于晏子曰:‘忠臣之事君如之何?’晏子对曰:‘有难不死,出亡不送。’公曰:‘裂地以封之,疏爵而待之,有难不死,出亡不送,何也?’晏子曰:‘言而见用,终身无难,臣何死焉?谏而见纳,终身不亡,臣何送焉?若言不见用,有难而死,是妄死也。谏不见纳,出亡而送,是诈忠也。’《春秋左氏传》曰:‘崔杼弑齐庄公,晏子立于崔氏之门外,其人曰:“死乎?”曰:“独吾君也乎哉!吾死也?”曰:“行乎?”曰:“吾罪也乎哉?吾亡也?故君为社稷死,则死之,为社稷亡,则亡之。若为己死,为己亡,非其亲暱,谁敢任之。”门启而入,枕尸股而哭,兴,三踊而出。’孟子曰:‘君视臣如手足,臣视君如腹心;君视臣如犬马,臣视君如国人;君视臣如粪土,臣视君如寇仇。’虽臣之事君无二志,至于去就之节,当缘恩之厚薄,然则为人主者,安可以无礼于下哉!”①魏徵首先从唐太宗与贞观群臣们的共识“君臣一体”论出发,进一步具体地论述“合而成体,体或不备,未有成人,然则首虽尊高,必资手足成体,君虽明哲,必藉股肱以致治”,并引《尚书》中“元首明哉,股肱良哉,庶士康哉”加以强调。君臣即为一体,缺一不可,那么,互相礼敬,齐契同心,方为“礼治太平”之道,但是,由于封建等级的观念和制度,“至高无上”的国君受“尊高”之礼敬已是自然应有之义,而处于从属地位的臣子受到国君的“礼敬”,则仿佛是一种意外之荣宠,历史上那些君臣投契,千载一合的美谈,正好从另一方面反证国君礼敬臣子的非常态或特殊性。所以魏徵在这里也说,君主对臣下言听计从,千年一遇;君主对臣下谏劝不纳,无时不有。原因何在?就在于知与不知,礼与不礼。魏徵鲜明地指出:“其能开至公之道,申天下之用,内尽心膂,外竭股肱,和若盐梅,固同金

① 吴兢著,裴汝诚、王义耀、郭子建、顾宏义译注《〈贞观政要〉译注》,上海古籍出版社2007年2月第1版,第68-70页。

石者，非惟高位厚秩，在于礼之而已。”君臣之间，在于知而礼之，这有时比给予臣下高官厚禄更为重要，因为臣下之于君主，虽有臣妾从属之说，但毕竟又都是具有独立人格的个体，有着同样获得尊重的需求，这一需求，按照马斯洛心理学理论，是比生存温饱更为本质也更为重要的需求层次。礼者，卑己以从人也。中国传统伦理中的“礼”，在某种程度上，恰恰是人际关系中使人获得自尊，获得肯定的重要方式。虽然，这有时是不包括一般民众在内的。接着，魏徵列举了历史上君臣相遇的典型实例，从周文王礼遇臣下，当过陪嫁奴隶的尹伊之于商汤，韩信之于刘邦，商朝的贤良臣子之于周朝，都是因为受到礼遇，人格上得到相对的尊重，才为君主为新朝做出巨大的历史性贡献。魏徵接着引孔子弟子子思之言曰：“古之君子，进人以礼，退人以礼，故有旧君反服之礼也”。即使君臣关系已经脱离，但古代有德的君王，进用人按照礼节，斥退人也按照礼节，获得礼遇的臣下，也都会为旧君以礼仪服丧。言外之意是，君臣虽然在政治上有从属之关系，但在礼尚往来，互相尊重人格这一关系上，君臣关系都是平等的，所以孟子说：“君视臣如手足，臣视君如腹心；君视臣如犬马，臣视君如国人；君视臣如粪土，臣视君如寇仇。”[①]魏徵最后说：“虽臣之事君无二志，至于去就之节，当缘恩之厚薄，然则为人主者，安可以无礼于下哉！”礼，作为人格上的互相尊重，这是处理君臣关系乃至一切关系的最为基本的准则。按照马克思主义的观点，人作为社会关系的总和，在社会中有着各种不同的关系；而作为一种社会结构，它是由各种不同的关系组成的，但不管是哪一种关系，不论对待的是哪一种人，即便是像君臣如此有着严格的从属关系，像斥退罢黜如此严重的事情，也应以礼相待，使人在各种约定俗成的社会关系之中，获得应有的自由和作为个体生命所应有的人格尊严。而这种个体生命所拥有的自由和人格尊严具有某种平等性质，它是不以上下主从之关系为转移的。这是魏徵在这一奏疏中向我们透露出来的宝贵的信息。它虽不像西方自由民权论者所主张的个体的自由和尊严那样具有现代意义，但却是在

① 焦循著《〈孟子〉正义》，影印本《诸子集成》第一册，上海书店1986年7月第1版，第322页。

中国专制等级观念中,所顽强表现出来的对个体生命尊严和价值的高举和重视。显然,这也是盛唐时代士人对个体生命自由的高扬和执着,有着必然的联系。这种高举和重视,它是被放置于社会各种层级关系的和谐之中的,是以维护社会各种关系的和谐共处为出发点和落脚点的。有意思的是,魏徵奏疏中对“忠臣”的定义既出人意表又合乎情义。忠臣并非传统上所认为的“死君之事”,而是“有难不死,出亡不送”,因为,“言而见用,终身无难,臣何死焉?谏而见纳,终身不亡,臣何送焉?若言不见用,有难而死,是妄死也。谏不见纳,出亡而送,是诈忠也”。可见,忠臣在尽言尽谏之后,即已尽责了,而不必负有任何道义上的义务和责任了,可以“有难不死,出亡不送”,否则,便是“妄死”“诈忠”了。这无疑对忠臣“从一而终”、“不事二朝”的传统观念是一大挑战和悖离。它传递的核心信息是国君必须礼待臣下,而礼待臣下又必须表现为国为民而非为己采用其言,采纳其谏。晏子对齐庄公被杀的态度便阐述了这一点。晏子说:“君为社稷死,则死之,为社稷亡,则亡之。”因此,欲臣子忠心,完全取决于国君对臣下的态度,而对臣下的态度又取决国君是否为国为民,采纳臣子之言谏。

君臣相待于礼,互相尊重,特别尊重臣子们的人格尊严,显然跟魏晋时代发扬个体人格,尊重个性的历史惯性有关,是这一个性解放的时代潮流的历史回音;同时,也是经过三百多年得不同民族大碰撞大融合之后,在一个大一统的大唐帝国所应有的历史趋势。这一点,与盛唐士人对魏晋风度的推崇和对汉魏诗风的追模,是一脉相承的。可以看出,这是魏晋风流中的狂放、张扬、自信以至于自负,在一个充满自信和希望的由民族大融合所汇成的大唐盛世里,一种新的表现形态。

另外,在《贞观政要·求谏》中,对于君臣关系,作者提出了“君臣尽情”说。如《贞观政要·求谏》篇载:“贞观三年,太宗谓司空裴寂曰:‘比有上书奏事,条数甚多,朕总粘之屋壁,出入观省。所以孜孜不倦者,欲尽臣下之情。每一思政理，或三更方寝。亦望公辈用心不倦以副朕怀也。'"[①]又载："贞观五年，太宗谓房玄龄等曰：'自古帝王多任情喜怒，喜则滥赏无功，怒则滥杀无罪。是以天下丧乱，莫不由此。朕今夙夜未尝不以此为心，恒欲公等尽情极谏。'"[②]《贞观政要·刑法》篇云："夫上易事，则下易知，君长不劳，百姓不惑。故君有一德，臣无二心，上播忠厚之诚，下竭股肱之力，然后太平之基不坠，'康哉'之咏斯起。"[③]《贞观政要·慎终》篇载：贞观十三年，魏徵恐太宗不能克终俭约，近岁颇好奢纵，上疏谏，其中云："……陛下初践大位，敬以接下，君恩下流，臣情上达，咸思竭力，心无所隐。"[④]唐太宗所以孜孜不倦者，乃是"欲尽臣下之情""恒欲公等尽情极谏"。可见，"君臣尽情"说，首先表现在互相努力，互相尽心，坦诚相见，这是君臣契合的基础；同时，一方之尽情亦可令另一方不敢懈怠，双方互相激励，互相磨砺，共致太平；其次，一方"敢谏""诽谤"（此指谏言）、"司过""戒慎"，另一方则"听之于无形，求之于未有，虚心以待下"，以致"下情之达上，上下无私，君臣合德"[⑤]，"上播忠厚之诚，下竭股肱之力，然后太平之基不坠，'康哉'之咏斯起"，这是自古"功成事立"之君臣相待之通则，舍此则别无他途。

而要做到"君臣尽情"，"信"是第一要义。关于这一点，吴兢在《贞观政要》中是反复论述的。"信"在上文君德中已有所论述，此处再做一点补充。在《贞观政变·君臣鉴戒》中，魏徵论述了"信"对于君臣的重要性。"任之虽重，信之未笃，则人或自疑"，"信"是比委以重任重要的，因为如果信任不深，

---

① 吴兢著，裴汝诚、王义耀、郭子建、顾宏义译注《〈贞观政要〉译注》，上海古籍出版社 2007 年 2 月第 1 版，第 39 页。

② 吴兢著，裴汝诚、王义耀、郭子建、顾宏义译注《〈贞观政要〉译注》，上海古籍出版社 2007 年 2 月第 1 版，第 40 页。

③ 吴兢著，裴汝诚、王义耀、郭子建、顾宏义译注《〈贞观政要〉译注》，上海古籍出版社 2007 年 2 月第 1 版，第 240 页。

④ 吴兢著，裴汝诚、王义耀、郭子建、顾宏义译注《〈贞观政要〉译注》，上海古籍出版社 2007 年 2 月第 1 版，第 298 页。

⑤ 吴兢著，裴汝诚、王义耀、郭子建、顾宏义译注《〈贞观政要〉译注》，上海古籍出版社 2007 年 2 月第 1 版，第 167 页。

就可以使人产生疑虑,“人或自疑,则心怀苟且。心怀苟且,则节义不立。节义不立,则名教不兴”。可见,“信”是一种极大的激励机制,它会激励被信任者树立节操和义行,从而使礼教大兴,达到“礼致太平”的治国理想。在《贞观政要·政体》篇中,唐太宗则尖锐地批判隋文帝在“克己复礼,勤劳思政”的背后,所蕴含着的因“欺孤儿寡妇以得天下,恒恐群臣内怀不服,不肯信任百司,每事皆自决断,虽则劳神苦形,未能尽合于理”[①]的做法和内心隐忧。隋文帝深知自己当初作为北周总揽大权的大臣,未能取信于人君,废北周静帝自立,又安能相信自己任命的大臣,能够取信于自己呢?这是问题的郁结所在。这一郁结,可究根问底至人治制度中法制普遍失去公信力的原因,所以亦非隋文帝一人之力所能解决。隋文帝所能做的,就是“劳神苦形”“勤劳思政”以补救君臣间的互信缺失。然而也正因为如此,朝臣失去了信任,人人自疑,不敢直言,“宰相以下,惟即承顺而已”,以致导致隋朝的迅速灭亡。不信导致独断,而独断之弊则显而易见:“岂得以一日万机,独断一人之虑也,且日断十事,五条不中,中者信善,其如不中者何?以日继月,乃至累年,乖谬既多,不亡何待?”[②]加上朝臣知其独裁,不敢直言,乖谬未能及时得到纠正,下情未能及时上达,治国之乖谬荒唐,未过于此。唐太宗得出的结论是:“以天下之广,四海之众,千端万绪,须合变通,皆委百司商量,宰相筹画,于事稳便,方可奏行。”也就是任以信之,信以任之,便可高居深视,垂拱而治。

本章小结

由于中国古代君主专制制度的性质,使得君王拥有至高无上的权力和地位,也因此带来了“国之安危,系于一人”的政体的不稳定性和脆弱性。因此,对君德的强调和完美性期待势必成为中国古代政治的一种必然性。身修国

① 吴兢著,裴汝诚、王义耀、郭子建、顾宏义译注《〈贞观政要〉译注》,上海古籍出版社2007年2月第1版,第12页。

② 吴兢著,裴汝诚、王义耀、郭子建、顾宏义译注《〈贞观政要〉译注》,上海古籍出版社2007年2月第1版,第12-13页。

治,积德累仁,谦恭虚己,宽怀容众,诚信德礼,内外无私,公平正义,甚至“十思九德”等等,举凡人间的一切美德,都应该成为君王内圣外王的修养和品质。因为大到经国方略,小到一言一行,君德的完善与否决定着国家的命运、百姓的祸福。中国历史上政治思想家们是如此强调的。在吴兢和亲历隋末大乱的贞观君臣们心目中,则尤为如此。他们都努力想用完美道德的自觉以弥补君主专制制度之缺失。虽然忽略了这一过程中所引起的另一个新的缺失:即道德自觉与人性天然局限和缺失之间,君主专制制度的特权与道德自觉之间的矛盾,以及君臣相待以礼与君权至高无上之间不可调和的矛盾。

第四章　精英政治

由于缺乏现代政治所具有的多元性和广泛民众的参与，使得传统的君主专制制度只能采取精英治国的模式。精英政治就是任贤致治。

上一章说到，中国古代君主专制国家虽在本质上属于私有性质，即所谓的"普天之下，莫非王土，率土之滨，莫非王臣"，但是，要维护国家的正常运转和长治久安还必须有两大因素，即百姓创造的财物和尊贤尚贤、选贤任能。因此，在保持家国私有性质不变的前提下，最大限度地不扰百姓，轻徭薄赋和礼贤下士，广纳人才，成为历代贤明君王的象征。前章已述贞观君臣们特别是唐太宗对百姓的"君臣一体"，清静无为之政，这一章则重点论述贞观君臣的任贤致治的思想和措施。

中国君主专制社会的所谓仁政礼治，主要包括对民众实行仁政、礼治和教化以及实行选贤任能的贤人政治两个方面。中国古代君主专制制度本身虽然与贤能政治有着内在的矛盾，但它们之间又有相互补充的关系。"贤"，即是各方面才能的优秀者和有道德之人。如《诗经·大雅·行苇》云："舍矢既均，序宾从贤。"①"贤"指射箭技能高超之人。《礼记·王制》云："司马辩论官材，论进士之贤者以告于王。"②"贤者"乃指优异的进士。《墨子·尚贤上》则视

① 刘毓庆、李蹊译注《诗经》，中华书局 2011 年 3 月第 1 版，第 704 页。

② 胡平生、张萌译注《礼记》，中华书局 2017 年 11 月第 1 版，第 269 页。

贤良为“厚乎德行，辨乎言谈，博乎道术者乎”[①]。《墨子·尚贤下》则强调贤道中的兼爱：“有力者疾以助人，有财者勉以分人，有道者劝以教人。”[②]商鞅认为“贤者更礼，而不肖者拘焉”[③]，贤者是不拘传统的改革者。荀子又说：“曷(何)谓贤？明君臣，上能尊主爱下民，主诚听之，天下为一海内宾。”[④]认为贤者是尊主爱民，致平天下之人。管仲则从政治革新上来定义“贤者”：“不必以先帝常义立之谓贤。”[⑤]贤者就是政治革新之人。可见，贤者就是才行兼具，才德兼备之人。任用他们，依靠他们来治理国家，行使管理职能，是实行仁政德治的根本和关键。虽然法家认为法比贤人更为重要，但如儒家认为，法是人制定的，还要靠人去执行，因此为政者必须有德，否则再好的法也没有用处。

在先秦诸多经典中，尊贤礼贤是一大内容，这一传统在古代中国源远流长。如《管子·桓公问》篇中说：“黄帝立明台之议者，上观于贤也。”[⑥]《管子·五行》篇又说：“黄帝得六相而天地治神明至。”[⑦]这里的皇帝指传说中的三皇五帝。《荀子·成相》篇中说：“舜授禹，以天下，尚得推贤不失序，外不避仇，内不阿亲，贤者予。”[⑧]《吕氏春秋·去私》篇中说：“尧有子十人，不与其子

---

① 孙诒让著《〈墨子〉间诂》，影印本《诸子集成》第四册，上海书店 1986 年 7 月第 1 版，第 25 页。

② 孙诒让著《〈墨子〉间诂》，影印本《诸子集成》第四册，上海书店 1986 年 7 月第 1 版，第 42 页。

③ 商鞅著，严可均校《商君书》，影印本《诸子集成》第五册，上海书店 1986 年 7 月第 1 版，第 2 页。

④ 王先谦著《〈荀子〉集解》，影印本《诸子集成》第二册，上海书店 1986 年 7 月第 1 版，第 305 页。

⑤ 戴望著《〈管子〉校正》，影印本《诸子集成》第五册，上海书店 1986 年 7 月第 1 版，第 62 页。

⑥ 戴望著《〈管子〉校正》，影印本《诸子集成》第五册，上海书店 1986 年 7 月第 1 版，第 302 页。

⑦ 戴望著《〈管子〉校正》，影印本《诸子集成》第五册，上海书店 1986 年 7 月第 1 版，第 242 页。

⑧ 王先谦著《〈荀子〉集解》，影印本《诸子集成》第二册，上海书店 1986 年 7 月第 1 版，308 页。

而授舜;舜有子九人,不与其子而授禹,至公也。"[①]这些记载中的明君能够突破任人唯亲的氏族血缘关系,因此被认为是至公的理想君王。然而,我们也可以从中看出传统的氏族血缘伦理对国家政治伦理的侵蚀和影响。从推崇之中看出其中难得之处,而之所以难得,就是因为唯贤是举的不容易。春秋战国时期,礼制大坏,战乱蜂起,传统氏族血缘宗法观念受到更大的冲击,不拘一格举用贤才成为一代风尚。《论语·子路》篇中记载仲弓问政,孔子说:"先有司,赦小过,举贤才。"[②]《论语·颜渊》篇记载子夏解释孔子"举直错诸枉,能使枉者直"[③]之意说:"舜有天下,选于众,举皋陶,不仁者远矣;汤有天下,选于众,举伊尹,不仁者远矣。"[④]墨子则认为只要尚贤,则国家可治平富强,人民众多,"是故国有贤良之士众,则国家之治厚;贤良之士寡,则国家之治薄。故大人之务,将在于众贤而已"[⑤]。《墨子·尚贤》篇又说:"故古者圣王,甚尊尚贤,而任使能,不党父兄,不偏富贵,不嬖颜色。贤者举而上之,富而贵之,以为官长,不肖者抑而废之,贫而贱之,以为徒役。是以民皆劝其赏,畏其罚,相率而为贤者。以贤者众,而不肖者寡,此谓进贤。"[⑥]墨子认为为政之本,唯在尚贤。我们若加评论,可看出其浓厚的理想主义色彩,其尚贤的理论缺乏可操作性。尚贤固然很重要,但关键不在这里,关键在于一个公平公正的评价体系,即评价制度和监督制度的设立,否则,贤与不贤的标准不一,而自上而下的权力运

---

① 高诱注《吕氏春秋》,影印本《诸子集成》第六册,上海书店 1986 年 7 月第 1 版,第 10 页。

② 刘宝楠著《〈论语〉正义》,影印本《诸子集成》第一册,上海书店 1986 年 7 月第 1 版,第 280 页。

③ 刘宝楠著《〈论语〉正义》,影印本《诸子集成》第一册,上海书店 1986 年 7 月第 1 版,第 278 页。

④ 刘宝楠著《〈论语〉正义》,影印本《诸子集成》第一册,上海书店 1986 年 7 月第 1 版,第 278 页。

⑤ 孙诒让著《〈墨子〉间诂》,影印本《诸子集成》第四册,上海书店 1986 年 7 月第 1 版,第 25 页。

⑥ 孙诒让著《〈墨子〉间诂》,影印本《诸子集成》第四册,上海书店 1986 年 7 月第 1 版,第 29 页。

行机制容易造成少数评价和监督多数,上级评价和监督现场缺失等弊端;加上利害之所在,必是人性多伪之所在。因此,包括后代在内的许多尚贤的思想和理想,由于缺乏相应的制度建设,很多只能是沦于空谈,甚至具有某种欺骗性,以为在上位者,被任以要职的人,都是贤才。当然,我们不能要求这些著书立说的思想家去构建一个可操作性的选贤任能的制度,而只是说,他们的理论,大都仅在于鼓吹任贤之重要性,而较少涉及制度层面的思想和理论构建,这难免有空谈之嫌。又如,墨子认为必须对"不肖者抑而废之,贫而贱之,以为徒役",这就显得更为荒唐。逼人于绝境必对社会的安全造成威胁暂且不说,以道德代替法律判刑更会带来法律和道德的混乱。社会上个人的遭遇不同,其所拥有的才能和道德自然各异,不能以拥有最好的学识和教育环境的人为标准,去衡量甚至判刑其他一切的人,如果这样,墨子所鼓吹推崇的所谓尚贤,所谓道德,本身就含带很多非人性的冷酷的色彩。

作为儒家仁政德治代表的孟子,自然大肆提倡贤人政治。他认为只要举贤使能,俊杰在位,就能"无敌于天下","不用贤则亡"[①]。国君只要能把天性中具有的"不忍人之心",推而广之,则可以为尧舜;臣子只要"以礼存心",就可以成为贤臣。君臣合一,则天下无敌。管仲则干脆说:"审于时而察于用,而能备官者,可奉以为君也。"[②]"尊贤授德,则帝。"[③]并警告说:"古之圣王,所以取明名广誉,厚功大业,显于天下,不忘于后世,非得人者,未之尝闻;暴王之所以失国家,危社稷,覆宗庙,灭于天下,非失人者,未之尝闻。"[④]这仿佛是中国历代盛衰兴亡的一条铁律。荀子则更加重视尚贤使能。他说:"彼持国者,

---

① 焦循著《〈孟子〉正义》,影印本《诸子集成》第一册,上海书店 1986 年 7 月第 1 版,第 490 页。

② 戴望著《〈管子〉校正》,影印本《诸子集成》第五册,上海书店 1986 年 7 月第 1 版,第 3 页。

③ 戴望著《〈管子〉校正》,影印本《诸子集成》第五册,上海书店 1986 年 7 月第 1 版,第 37 页。

④ 戴望著《〈管子〉校正》,影印本《诸子集成》第五册,上海书店 1986 年 7 月第 1 版,第 47 页。

必不可以独也，然则强固荣辱，在于取相矣。身能相能，如是者王；身不能，知恐惧而求能者，如是者强；身不能，不知恐惧而求能者，安唯便僻左右亲比己者之用，如是者危削；綦之而亡。”[①]又说：“贵贤，仁也；贱不肖，亦仁也。”[②]甚至说：“故能当一人而天下取，失当一人而社稷危。”[③]“贤能遁逃国乃蹷。”[④]从而把任贤使能提高到无以复加的地步。《吕氏春秋》则进一步发挥，认为“观于春秋，自鲁隐公以至哀公十有二世，其所以得之所以失之，其术一也，得贤人，国无不安，名无不荣；失贤人，国无不危，名无不辱。”[⑤]因此得出贤明的君主“劳于求人，而佚于治事”[⑥]的结论，君主主要干一件事：求贤，而政事则可以交给贤才们专干。

既然贤才如此重要，那么尊贤礼贤也自然成为中国古代人治制度的一个传统。因为只有尊贤礼贤，才能真正得贤，并让贤才忠心尽用。这自然关系到君臣之间的关系。君臣既有隶属关系，也有互相尊重互相需要之关系，所谓“君君臣臣”也是这个意思。孔子说的“君使臣以礼，臣事君以忠”，君臣之间是一个互相选择和互动过程，在战乱动荡的时代，更是如此。中国历史记载着很多的礼贤尊贤的佳话。如《吕氏春秋·谨听》篇中记载：“昔者禹一沐而三捉发，一食而三起，以礼有道之士，通乎己之不足也。”[⑦]《吕氏春秋·下贤》篇

① 王先谦著《〈荀子〉集解》，影印本《诸子集成》第二册，上海书店 1986 年 7 月第 1 版，第 135—136 页。

② 王先谦著《〈荀子〉集解》，影印本《诸子集成》第二册，上海书店 1986 年 7 月第 1 版，第 61 页。

③ 王先谦著《〈荀子〉集解》，影印本《诸子集成》第二册，上海书店 1986 年 7 月第 1 版，第 145 页。

④ 王先谦著《〈荀子〉集解》，影印本《诸子集成》第二册，上海书店 1986 年 7 月第 1 版，第 305 页。

⑤ 高诱注《吕氏春秋》，影印本《诸子集成》第六册，上海书店 1986 年 7 月第 1 版，第 292 页。

⑥ 高诱注《吕氏春秋》，影印本《诸子集成》第六册，上海书店 1986 年 7 月第 1 版，第 116 页。

⑦ 高诱注《吕氏春秋》，影印本《诸子集成》第六册，上海书店 1986 年 7 月第 1 版，第 131 页。

又说:“有道之士固骄人主,人主之不肖者亦骄有道之士。日以相骄,奚时相得?”“贤主则不然,士虽骄之,而己愈礼之,士安得不归之?”[①]本篇又说:“尧不以帝见善绻,北面而问焉。尧,天子也;善绻,布衣也。何故礼之若此其甚也?善绻,得道之士也。得道之人,不可骄也。尧论其德行达智而弗若,故北面而问焉。此之谓至公。非至公,其孰能礼贤?”[②]又说周公请教居住于穷陋街巷的贤者七十人,齐桓公“见小臣稷,一日三至,弗得见。从者曰:‘万乘之主,见布衣之士,一日三至,而弗得见,亦可以止矣。’桓公曰:‘不然。士傲禄爵者,固轻其主;其主傲霸王者,亦轻其士。纵夫子傲禄爵,吾庸敢傲霸王乎?’遂见之不可止。”[③]是啊!士傲,只是傲禄爵,如果君傲,则是轻看一国之兴亡!何谓明君,即是透过现象看到本质的人,更是透过习俗看到社会本质及其发展规律的人!《吕氏春秋·下贤》篇又载,郑国相子产俨然以弟子之礼拜见贤者壶丘子林,一点儿也没有相国的身份感;魏文侯见段干木,“立倦而不敢息”,站累了也不敢坐下。《吕氏春秋·求人》篇中说:“先王之索贤人,无不以也。极卑极贱,极远极劳。”[④]并总结说:“虽有贤者,而无礼以接之,贤奚由尽忠?犹御之不善,骥不自千里也。”[⑤]明主择贤才,贤才亦择明主,这是一个双向选择的过程,而且,按照齐桓公的说法,贤才轻主只是傲禄爵,而君主轻士则是傲霸王,相较于禄爵而言,霸主之重要性不可同日而语。因此,正是在重大的利益面前,君王才更必须折节,降尊纡贵地礼贤下士。从这一层面上,贤才更有资格也更有自由地选择进退出处,而对于君王而言,虽然有更大的选择

① 高诱注《吕氏春秋》,影印本《诸子集成》第六册,上海书店 1986 年 7 月第 1 版,第 165 页。

② 高诱注《吕氏春秋》,影印本《诸子集成》第六册,上海书店 1986 年 7 月第 1 版,第 166 页。

③ 高诱注《吕氏春秋》,影印本《诸子集成》第六册,上海书店 1986 年 7 月第 1 版,第 166 页。

④ 高诱注《吕氏春秋》,影印本《诸子集成》第六册,上海书店 1986 年 7 月第 1 版,第 292 页。

⑤ 高诱注《吕氏春秋》,影印本《诸子集成》第六册,上海书店 1986 年 7 月第 1 版,第 140 页。

余地,但也是千里马难求,其选择的空间并不见得比贤才更宽广。这也是古代士人可以蔑视禄爵,平交诸侯的一大原因。当然,若遇明主,一介良士可以藉以建功立业,实现平生理想,也是千载难逢之机。中国历史上大为称颂的君臣相遇的佳话,也正以说明这种历史机遇的难得和难以复制,大多只是给后代留下神往而已。而其中士傲禄爵或让君上降尊纡节三番五次拜访,并非不懂礼仪或恃才傲物,其中蕴含着他们的苦心孤诣:他们其实也在观察着考验着君王的德行和眼光,看看他是否值得自己倾力忠心辅佐。毕竟政治江湖风波险恶,一旦择主有失,赔上的不止是自己的政治前途,而往往是身家性命。《战国策·齐策四》曾记载冯谖客孟尝君事,面试时,冯谖故意说自己"无好""无能",以至受到左右侍从的歧视,"食以草具",其实,冯谖是在试探或说考验孟尝君,看他是否如传说中那样好客,看他是否有眼光,以决定自己的进退和选择。接着,冯谖在孟尝君身边侍从瞧不起的环境中,故意一而再再而三的提出生活待遇,要食有鱼,出有车,还要连自己的老母亲也让孟尝君尊养。按照一般的常识,一个无能无好的人,现在一点贡献都没有,却接二连三提出不合理的生活待遇,难怪左右之人皆厌恶他,认为他贪而不知足。幸亏孟尝君阅人无数,见多识广,无条件地一一答应了冯谖的要求,以致冯谖感动非凡,特地向朋友去炫耀,说孟尝君把我这样的人"尊为上客",孟尝君好客是真实的,他是识才的。这一过程,含义非常丰富,在中国历代礼贤下士的传统中,也非常具有典型意义。作为食客冯谖,一介寒士,贫乏无以自存,却充满自信甚至自负。不顾凡庸俗见,觉得自己值得齐相孟尝君的最高礼遇和酬报,其一系列令人贱之笑之恶之的言行,其实是在试探孟尝君,看他是否值得自己倾力忠心辅佐;而作为号称食客三千的孟尝君,深知这一类怀抱才具的寒士的自信、自负和自傲,他们往往深藏不露,以一种似乎不近情理的方式试探和考验着自己的胸襟和胆识,也正是在这一种受到不近情理对待和考验的时刻,才能显示自己与众不同的非凡之处。两位与众不同的非凡人物,终于在一系列的互相试探和考验中相遇,结果,在孟尝君遇到最大政治危机的时候,众食客纷纷弃之而去,冯谖却挺身而出,替他谋三窟,不仅谋复齐国相位,同时稳定封地薛的民心以及在薛建齐国宗庙以稳固其在齐国的地位[①]。

吴兢基本上继承了儒家的任贤致治思想。所谓“贞观之治”,从某种意义上来说就是任贤致治。“唐多能臣”是“贞观之治”的基础,而这一人才济济的盛况,又与贞观君臣们卓越的人才观与用人政策紧密相关。

第一节　致治之本　惟在得人

吴兢在《贞观政要》中,通过贞观君臣们之口,极力强调致贤得人在治国中的重要性,认为这是国家兴盛之本。如《贞观政要·君道》篇中载:“贞观十五年,太宗谓侍臣曰:‘守天下难易?’侍中魏徵对曰:‘甚难。’太宗曰:‘任贤能、受谏诤,即可。何谓为难?’”[②]又如贞观十一年,侍御史马周上疏曰:“治天下者以人为本。”[③]《贞观政要·择官》篇载:“贞观十三年,太宗谓侍臣曰:‘朕闻太平后必有大乱,大乱后必有太平。大乱之后,即是太平之运也。能安天下者,惟在用得贤才。公等既不知贤,朕又不可遍识。日复一日,无得人之理。今欲令人自举,于事何如?’魏徵对曰:‘知人者智,自知者明。知人既以为难,自知诚亦不易。且愚暗之人,皆矜能伐善,恐长浇竞之风,不可令其自举。’”[④]《贞观政要·崇儒学》篇载:“贞观二年,太宗谓侍臣曰:‘为政之要,惟在得人,用非其才,必难致治。’”[⑤]“治天下者以人为本”,“能安天下者,惟在用得贤才”,“为政之要,惟在得人”。以上所引可见,贞观君臣们对“人”“贤才”在治

① 郁贤皓主编《中国古代文学作品选》,第一卷,高等教育出版社,2010 年 3 月第一版,第 123—125 页。

② 吴兢著,裴汝诚、王义耀、郭子建、顾宏义译注《〈贞观政要〉译注》,上海古籍出版社 2007 年 2 月第 1 版,第 9 页。

③ 吴兢著,裴汝诚、王义耀、郭子建、顾宏义译注《〈贞观政要〉译注》,上海古籍出版社 2007 年 2 月第 1 版,第 79 页。

④ 吴兢著,裴汝诚、王义耀、郭子建、顾宏义译注《〈贞观政要〉译注》,上海古籍出版社 2007 年 2 月第 1 版,第 81 页。

⑤ 吴兢著,裴汝诚、王义耀、郭子建、顾宏义译注《〈贞观政要〉译注》,上海古籍出版社 2007 年 2 月第 1 版,第 215 页。

国中的重要性有深刻认识,甚至可以说,治国之本,惟在任用贤才而已。这一认识,既有中国传统治国论中对人才重视的色彩,又受当时具体的历史背景的影响。由于隋末前所未有的社会大动荡,人口大量消亡,其中自然包括不少的贤智之士。唐太宗即位之初,百废待举,为了克服政治上、经济上的种种困难问题,一个突出的任务就是要有大批人才,以适应大治天下的需要[①]。而唐初,士大夫以乱离之后,"不乐仕进,官员不充"[②],为此,唐太宗不得不广开才路,"擢将于行伍之中,取士于凡庸之末"[③]。因此对"得人""贤才"的重视便带有了时代的紧迫感,使大乱之后渴求大治与关系家国兴亡的历史忧患意识紧密联系在一起。

然而,又如何做到"得人",求得贤才呢? 吴兢认为,必须从好贤和知贤开始。

唐太宗被认为是中国历史上举贤任能的帝王中最为突出的一个。从《全唐文》来看,唐太宗所下的求贤举人之诏,就有五次之多。此外还有附带提及的。从中可见其渴望贤才之深之切。他敬慕历史上的贤臣,想见其为人。他说:"朕比见隋代遗老,咸称高颎善为相者。遂观其本传,可谓公平正直,尤识治体。……何尝不想见其人,废书歔叹。"[④]对于当代贤才,其渴慕更是不在话下。魏徵曾称赞他说:"贞观之初,求贤如渴,善人所举,信而任之。"在《贞观政要·仁义》篇中,唐太宗自己也说:"朕思贤之情,岂舍梦寐!"[⑤]《贞观政要·贪鄙》篇载:"贞观十年,治书侍御史权万纪上言:'宣、饶二州诸山大有银坑,采之极是利益,每岁可得钱数百万贯。'太宗曰:'朕贵为天子,是事无所少之。惟须纳嘉言,进善事,有益于百姓者。且国家剩得数百万贯钱,何如得一

① 赵克尧、许道勋著《唐太宗传》,人民出版社 1984 年 10 月第 1 版,第 151 页。

② 司马光等编著,胡三省音注,"标点《资治通鉴》小组"校点《资治通鉴》,中华书局 1956 年 6 月第 1 版,第 6043 页。

③ 刘昫等撰《旧唐书》,中华书局 1975 年 5 月第 1 版,第 2465 页。

④ 董诰等编《全唐文》,上海古籍出版社 1990 年 12 月第 1 版,第 47 页。

⑤ 吴兢著,裴汝诚、王义耀、郭子建、顾宏义译注《〈贞观政要〉译注》,上海古籍出版社 2007 年 2 月第 1 版,第 139 页。

有才行人？不见卿推贤进善之事，又不能按举不法，震肃权豪，惟道税鬻银坑以为利益！昔尧、舜抵璧于山林，投珠于渊谷，由是崇名美号，见称千载。后汉桓、灵二帝好利贱义，为近代庸暗之主。卿遂欲将我比桓、灵耶？'是日敕放令万纪还第。"[①]把得有才之人置于得百万财富之上，渴求人才比渴求财富更甚，可见唐太宗对人才价值的超越性认识。那位向他上言开利而不见推贤的治书侍御史权万纪还因此被罢官。

也正因为如此，吴兢在《贞观政要》中不厌其烦地记载了唐太宗反复责求朝臣们荐举人才的言论。如《贞观政要·择官》篇载："贞观二年，太宗谓房玄龄、杜如晦曰：'公为仆射，当助朕忧劳，广开耳目，求访贤哲。比闻公等听受辞讼，日有数百。此则读符牒不暇，安能助朕求贤哉？'因敕尚书省，细碎务皆付左右丞，惟冤滞大事合闻奏者，关于仆射。"[②]同篇又载："贞观二年，太宗谓右仆射封德彝曰：'致安之本，惟在得人。比来命卿举贤，未尝有所推荐。天下事重，卿宜分朕忧劳，卿既不言，朕将安寄？'对曰：'臣愚岂敢不尽情，但今未见有奇才异能。'太宗曰：'前代明王使人如器，皆取士于当时，不借才于异代。岂得待梦傅说，逢吕尚，然后为政乎？且何代无贤，但患遗而不知耳！'德彝惭赧而退。"[③]唐太宗责求仆射房玄龄、杜如晦，要他们搁置细碎事务，专为他"求访贤哲"，并强调此事是"助朕忧劳"、"分朕忧劳"。当右仆射封德彝受到责备，说并非自己不尽情，而是"但今未见有奇才异能"时，唐太宗反驳说："何代无贤，但患遗而不知耳！"使封德彝惭赧而退。千里马常有而伯乐不常有，无贤在于不知贤之故，所以求贤在于知贤，有知贤之明则何患无贤才？可见知贤的重要性。吴兢通过贞观君臣们之口，反复强调了这一点。如《贞观政要·择官》篇载："贞观十三年，太宗谓侍臣曰：'朕闻太平后必有大乱，大乱

---

① 吴兢著，裴汝诚、王义耀、郭子建、顾宏义译注《〈贞观政要〉译注》，上海古籍出版社 2007 年 2 月第 1 版，第 209 页。

② 吴兢著，裴汝诚、王义耀、郭子建、顾宏义译注《〈贞观政要〉译注》，上海古籍出版社 2007 年 2 月第 1 版，第 77 页。

③ 吴兢著，裴汝诚、王义耀、郭子建、顾宏义译注《〈贞观政要〉译注》，上海古籍出版社 2007 年 2 月第 1 版，第 78 页。

后必有太平。大乱之后,即是太平之运也。能安天下者,惟在用得贤才。'"[①]《贞观政要·诚信》篇载:贞观十年,魏徵上疏,其中说:"昔齐桓公问于管仲曰:'吾欲使酒腐于爵,肉腐于俎,得无害霸乎?'管仲曰:'此极非其善者,然亦无害于霸也。'桓公曰:'如何而害霸乎?'管仲曰:'不能知人,害霸也;知而不能任,害霸也;任而不能信,害霸也;既信而又使小人参之,害霸也。'"[②]《贞观政要·择官》篇载:贞观十四年,特魏徵上疏曰:"臣闻知臣莫若君,知子莫若父。父不能知其子,则无以睦一家;君不能知其臣,则无以齐万国。万国咸宁,一人有庆,必藉忠良作弼,俊乂在官,则庶绩其凝,无为而化矣。故尧、舜、文、武见称前载,咸以知人则哲,多士盈朝,元、凯翼巍巍之功,周、召光焕乎之美。然则四岳、九官、五臣、十乱,岂惟生之于曩代,而独无于当今者哉?在乎求与不求,好与不好耳!何以言之?夫美玉明珠,孔翠犀象,大宛之马,西旅之獒,或无足也,或无情也,生于八荒之表,途遥万里之外,重译入贡,道路不绝者,何哉?盖由乎中国之所好也。况从仕者怀君之荣,食君之禄,率之以义,将何往而不至哉?臣以为与之为孝,则可使同乎曾参、子骞矣。与之为忠,则可使同乎龙逄、比干矣。与之为信,则可使同乎尾生、展禽矣。与之为廉,则可使同乎伯夷、叔齐矣。"[③]"知人""知贤"是"用得贤才"的基础,一切必须是从"知贤""知人"开始的。知而方能任,任而方能信,信而任贤,则天下治。知人者智,知人者哲。能鉴察人的品行才能,可谓之智慧。"父不能知其子,则无以睦一家;君不能知其臣,则无以齐万国",知人既然如此重要,则必好贤,好贤如好美物,"夫美玉明珠,孔翠犀象,大宛之马,西旅之獒,或无足也,或无情也,生于八荒之表,途遥万里之外,重译入贡,道路不绝者,何哉?盖由乎中国之所好也",美物珍宝,人皆好之,则千里可至。好贤亦然。只要好贤,何患乎无贤

---

① 吴兢著,裴汝诚、王义耀、郭子建、顾宏义译注《〈贞观政要〉译注》,上海古籍出版社2007年2月第1版,第81页。

② 吴兢著,裴汝诚、王义耀、郭子建、顾宏义译注《〈贞观政要〉译注》,上海古籍出版社2007年2月第1版,第175页。

③ 吴兢著,裴汝诚、王义耀、郭子建、顾宏义译注《〈贞观政要〉译注》,上海古籍出版社2007年2月第1版,第82页。

哉？历史上的贤能才俊，皆为人主所知所好，方能做出杰出的历史贡献。何代无贤，但患遗而不知耳！此其一。其二，人主知而好贤，则必令人自励道德才华，以为主用，这对激励士操民风，造就更多的贤能之才，提高全民的道德情操和精神文明层次，甚至由此带来劳动生产力的提高，无疑有着至关重要的作用，所以魏徵说："况从仕者怀君之荣，食君之禄，率之以义，将何往而不至哉？臣以为与之为孝，则可使同乎曾参、子骞矣。与之为忠，则可使同乎龙逄、比干矣。与之为信，则可使同乎尾生、展禽矣。与之为廉，则可使同乎伯夷、叔齐矣。"又《贞观政要·择官》篇载唐太宗说："朕今行一事，则为天下所观；出一言，则为天下所听。用得正人，为善者皆劝，误用恶人，不善者竞进。"[①]因为上之所好，下必甚焉！知贤与好贤不仅是关乎用人而已，而是关乎全民族，关乎整个社会良好的精神风貌与幸福。

这里需要指出的是，由于传统上自上而下的权力运行机制，贤人的评价标准和任用，是由上级机构最后由君王定夺的，这就容易造成遮蔽、伪装、偏私的现象，造成贤愚不分、美丑难辨的结果，自然就给"上有所好，下必甚焉"造成了困难，即使君王确实好尚贤才，但也容易造成事与愿违的结果。其实这也是中国古代君主专制制度的常见弊端之一。

无论如何，任贤致治是对中国古代以血缘宗法关系的亲疏来任用的任人唯亲的方式的一种进步，但由于评价标准的狭窄性和人性天然的缺失，其实也很难避免任人唯亲中偏私和不公正的弊端。即便如此，中国历史上那些主张任人唯贤的时代，都会带来相对的政治清明及经济的繁荣。贞观之治也是典型的例证之一。

---

① 吴兢著，裴汝诚、王义耀、郭子建、顾宏义译注《〈贞观政要〉译注》，上海古籍出版社 2007 年 2 月第 1 版，第 79 页。

第二节　以德为先，才行兼备

知贤好贤是为了荐贤任贤，所谓“任官惟贤才”[①]。“贤才”是指才与德的统一并兼而有之。这是贞观君臣们的共识，也是唐太宗用人所坚持的最高标准。在唐太宗看来，有德乏才或有才缺德均为不美，他都不会予以重用。在德与才何者为先的问题上，贞观君臣们坚持以德行为先，才具次之。如《贞观政要·择官》篇载：“贞观三年，太宗谓吏部尚书杜如晦曰：‘比见吏部择人，惟取其言词刀笔，不悉其景行。数年之后，恶迹始彰，虽加刑戮，而百姓已受其弊。如何可获善人？’如晦对曰：‘两汉取人，皆行著乡闾，州郡贡之，然后入用，故当时号为多士。今每年选集，向数千人，厚貌饰词，不可知悉，选司但配其阶品而已。铨简之理，实所未精，所以不能得才。’太宗乃将依汉时法令，本州辟召，会功臣等将行世封事，遂止。”[②]同篇又载：贞观六年，魏徵对太宗说：“知人之事，自古为难，故考绩黜陟，察其善恶。今欲求人，必须审访其行。若知其善，然后用之，设令此人不能济事，只是才力不及，不为大害。误用恶人，假令强干，为害极多。但乱世惟求其才，不顾其行。太平之时，必须才行俱兼，始可任用。”[③]首先，若无高尚的德行，只取其口才文笔，这样往往几年之后，邪恶的行迹才显明，虽然加以刑罚，而百姓已深受其害；而且，误用了品质恶劣的人，如果他又是一个精明强干的人，害处可就大了。其次，如果任用有品行之人，虽然办事能力不高，也只是才力还达不到要求，没有多大的害处。任用正人君子，可为教化天下，则为善者益多；误用了恶人，则无疑鼓励钻营竞进者，给社会造成了恶劣的影响。所以，唐太宗说：“故知责罚不可轻行，用人弥须慎

---

① 吴兢著，裴汝诚、王义耀、郭子建、顾宏义译注《〈贞观政要〉译注》，上海古籍出版社 2007 年 2 月第 1 版，第 76 页。

② 吴兢著，裴汝诚、王义耀、郭子建、顾宏义译注《〈贞观政要〉译注》，上海古籍出版社 2007 年 2 月第 1 版，第 78 页。

③ 吴兢著，裴汝诚、王义耀、郭子建、顾宏义译注《〈贞观政要〉译注》，上海古籍出版社 2007 年 2 月第 1 版，第 79 页。

择”。

虽然用人须以德为先，但有德乏才终究不美。因此，德才兼备，既贤且能，始终是贞观时期荐举和任用人才的最高标准。《贞观政要·公平》篇载：贞观十一年，魏徵上疏，其中曰：“臣闻道德之厚，莫尚于轩、唐；仁义之隆，莫彰于舜、禹。欲继轩、唐之风，将追舜、禹之迹，必镇之以道德，弘之以仁义，举善而任之，择善而从之。不择善任能，而委之俗吏，既无远度，必失大体，惟奉三尺之律，以绳四海之人，欲求垂拱无为，不可得也。”[①]《贞观政要·崇儒学》篇载：“贞观二年，太宗谓侍臣曰：‘为政之要，惟在得人，用非其才，必难致治。今所任用，必须以德行、学识为本。’谏议大夫王珪曰：‘人臣若无学业，不能识前言往行，岂堪大任。汉昭帝时，有人诈称卫太子，聚观者数万人，众皆致惑。隽不疑断以蒯聩之事。昭帝曰：“公卿大臣，当用经书明于古义者，此则固非刀笔俗吏所可比拟。”’上曰：‘信如卿言。’”[②]《贞观政要·择官》篇载：“贞观十一年，侍御史马周上疏曰：‘治天下者以人为本。欲令百姓安乐，惟在刺史、县令。县令既众，不可皆贤，若每州得良刺史，则合境苏息。天下刺史悉称圣意，则陛下可端拱岩廊之上，百姓不虑不安。自古郡守、县令，皆妙选贤德，……”[③]同篇又载：魏徵对唐太宗说：“乱世惟求其才，不顾其行。太平之时，必须才行俱兼，始可任用。”[④]既有高尚的品德，又有治民之才干，既有德行，又有学识；尤其是太平之时，更须才行兼具，择善任能，这是古代君臣致治之不二法门。人君致治的最高境界：一则垂拱无为，一则百姓安乐，此二者正由择善任能而来。所以，唐太宗在贞观十一载下诏求贤说：“或识达公方，学综今古，廉

---

① 吴兢著，裴汝诚、王义耀、郭子建、顾宏义译注《〈贞观政要〉译注》，上海古籍出版社2007年2月第1版，第161页。

② 吴兢著，裴汝诚、王义耀、郭子建、顾宏义译注《〈贞观政要〉译注》，上海古籍出版社2007年2月第1版，第215页。

③ 吴兢著，裴汝诚、王义耀、郭子建、顾宏义译注《〈贞观政要〉译注》，上海古籍出版社2007年2月第1版，第79页。

④ 吴兢著，裴汝诚、王义耀、郭子建、顾宏义译注《〈贞观政要〉译注》，上海古籍出版社2007年2月第1版，第79页。

洁正直，可以经国佐时；或孝悌惇笃，节义昭显，始终不移，可以敦风励俗；或儒术通明，学堪师范；或文章秀异，才足著述。并宜荐举，具以名闻。”[①]其中贯穿着也正是才行兼具这一标准。

与择善任能紧密相关，吴兢在《贞观政要》中，用正反两方面的历史教训，不惜用大量的篇幅，反复强调为人君者，在乎善善而恶恶，近君子而远小人，进贤才，退不肖，认为这是为君之本，致治之基。如《贞观政要·公平》篇载：贞观十一载，魏徵上疏云：“臣闻为人君者，在乎善善而恶恶，近君子而远小人。善善明，则君子进矣；恶恶著，则小人退矣。近君子，则朝无粃政；远小人，则听不私邪。小人非无小善，君子非无小过。君子小过，盖白玉之微瑕；小人小善，乃铅刀之一割。铅刀一割，良工之所不重，小善不足以掩众恶也；白玉微瑕，善贾之所不弃，小疵不足以妨大美也。善小人之小善，谓之善善，恶君子之小过，谓之恶恶，此则蒿兰同臭，玉石不分，屈原所以沉江，卞和所以泣血者也。既识玉石之分，又辨蒿兰之臭，善善而不能进，恶恶而不能去，此郭氏所以为墟，史鱼所以遗恨也。……且夫进善黜恶，施于人者也；以古作鉴，施于己者也。鉴貌在乎止水，鉴己在乎哲人。能以古之哲王，鉴以己之行事，则貌之妍丑宛然在目，事之善恶自得于心，无劳司过之史，不假刍荛之议，巍巍之功日著，赫赫之名弥远。为人君者可不务乎？”[②]《贞观政要·杜谗邪》篇载：“贞观十六年，太宗谓谏议大夫褚遂良曰：‘卿知起居，比来记我行事善恶？’遂良曰：‘史官之设，君举必书。善既必书，过亦无隐。’太宗曰：‘朕今勤行三事，亦望史官不书吾恶。一则鉴前代成败事，以为元龟；二则进用善人，共成政道；三则斥弃群小，不听谗言。吾能守之，终不转也。’”[③]《贞观政要·君臣鉴戒》篇载：贞观十七年，太宗谓侍臣曰：“化及与玄感，即隋大臣受恩深者子孙，皆反，其故何也？”岑文本对曰：“君子乃能怀德荷恩，玄感、化及之徒，并小人也。古人所以

---

① 董诰等编《全唐文》，上海古籍出版社 1990 年 12 月第 1 版，第 28 页。

② 吴兢著，裴汝诚、王义耀、郭子建、顾宏义译注《〈贞观政要〉译注》，上海古籍出版社 2007 年 2 月第 1 版，第 159、161 页。

③ 吴兢著，裴汝诚、王义耀、郭子建、顾宏义译注《〈贞观政要〉译注》，上海古籍出版社 2007 年 2 月第 1 版，第 198 页。

贵君子而贱小人。”[①]“善善而恶恶，近君子而远小人”，“进用善人，共成政道”，“斥弃群小，不听谗言”，这是为君之本，治国之要。君主需要才行兼备者与之共治，方能匡君之失，扬君之善，并且导达良好之世风，扬人性之善，抑人性之恶，使整个社会进入一个良好的循环之中。所谓“善善明，则君子进矣；恶恶著，则小人退矣。近君子，则朝无秕政；远小人，则听不私邪”，此其一。其二，人无完人，人亦无十恶，“小人非无小善，君子非无小过”，而且，“君子扬人之善，小人讦人之恶”，“世俗常人，心无远虑，情在告讦，好言朋党”，致使“清浊共流，善恶无别”。进善黜恶，进君人而退小人，人君所共知，非为难也，难在实际中，如何辨别君子小人。一则小人非无小善，君子非无小过，如果人君“善小人之小善，谓之善善，恶君子之小过，谓之恶恶”，则无异于“蒿兰同臭，玉石不分，屈原所以沉江，卞和所以泣血者也”；二则小人好讦人之恶，君子喜扬人之善，如果人君“闻恶必信则小人之道长矣，闻善或疑则君子之道消矣”；三则小人爱好朋党，以恶相济；君子喜为同德，以善相成，如果君心不明，以告发为诚实正直，以同德为结党营私，则使君恩不能施于臣下，臣下则忠诚未能达于君前，这只能够助长奸邪，混淆视听，“使人君不知所信，臣下不得相安”，后患无穷，“非国家之福，非为治之道”。是非如此不易辨知，矛盾如此复杂，君主应该怎么办呢？魏徵提出，“能以古之哲王鉴以己之行事，则貌之妍丑宛然在目，事之善恶自得于心，无劳司过之史，不假刍荛之议，巍巍之功日著，赫赫之名弥远。为人君者可不务乎”？以史为鉴，正是贞观君臣们知治、致治的一大特点。然而，如何在实际中辨别君子小人，进善黜恶，却不是一件容易的事，以古之哲王鉴己之行事虽不失为好经验，但由于人所共有的人性弱点，易为一己之所好恶所限，特别是作为君王，手握着权势利益，为求权势利益而投己之所欲好者，无日无之，且形式多样，加上一己之心力有限，易为奉承伪装者所引。所以，欲为明君，善善恶恶，进善黜恶，道理不难，却行之不易。朝代覆亡的教训，无代无之，亦无代避之，概由此也。近代民主制度的产生，亦概

① 吴兢著，裴汝诚、王义耀、郭子建、顾宏义译注《〈贞观政要〉译注》，上海古籍出版社2007年2月第1版，第75页。

有鉴于此。把善善恶恶，进善黜恶的权力交给人民大众，则小人难以藏奸，而君子易于扬善也。贞观君臣们囿于历史局限，不明于此，只以朝代覆亡，历史兴衰相告诫，以古之哲王为鉴照，亦难以逃避实际中识人用人之失也。

同时，吴兢在《贞观政要》中，用了大量篇幅，对于如何辨别君子小人，做了充分而系统的论述，并对唐太宗为善不终，在这方面所犯的错误进行了批判，希望以此为鉴。如《贞观政要·诚信》篇中载：贞观十年，魏徵上疏曰："謇谔之辈，稍避龙鳞；便佞之徒，肆其巧辩。谓同心者为擅权，谓忠谠者为诽谤。谓之为朋党，虽忠信而可疑；谓之为至公，虽矫伪而无咎。强直者畏擅权之议，忠谠者虑诽谤之尤。正臣不得尽其言，大臣莫能与之争。荧惑视听，郁于大道，妨政损德，其在此乎？故孔子曰'恶利口之覆邦家者'，盖为此也。且君子小人，貌同心异。君子掩人之恶，扬人之善，临难无苟免，杀身以成仁。小人不耻不仁，不畏不义，唯利之所在，危人自安。夫苟在危人，则何所不至？今欲将求致治，必委之于君子；事有得失，或访之于小人。其待君子也则敬而疏，遇小人也必轻而狎。狎则言无不尽，疏则情不上通。是则毁誉在于小人，刑罚加于君子，实兴丧之所在，可不慎哉！此乃孙卿所谓：'使智者谋之，与愚者论之，使修洁之士行之，与汙鄙之人疑之。欲其成功，可得乎哉？'夫中智之人，岂无小惠？然才非经国，虑不及远，虽竭力尽诚，犹未免于倾败；况内怀奸利，承颜顺旨，其为祸患，不亦深乎？夫立直木而疑影之不直，虽竭精神，劳思虑，其不得，亦已明矣。"①《贞观政要·慎终》篇载：贞观十三年，魏徵上书谏太宗，其中云："立身成败，在于所染，兰芷鲍鱼，与之俱化，慎乎所习，不可不思。陛下贞观之初，砥砺名节，不私于物，唯善是与，亲爱君子，疏斥小人。今则不然，轻亵小人，礼重君子。重君子也，敬而远之；轻小人也，狎而近之。近之则不见其非，远之则莫知其是。莫知其是，则不间而自疏；不见其非，则有时而自昵。昵

① 吴兢著，裴汝诚、王义耀、郭子建、顾宏义译注《〈贞观政要〉译注》，上海古籍出版社2007年2月第1版，第173－174页。

近小人，非致理之道；疏远君子，岂兴邦之义？此其渐不克终，四也。”[①]同篇魏徵又说：“贞观之初，求贤如渴，善人所举，信而任之，取其所长，恒恐不及。近岁已来，由心好恶，或众善举而用之，或一人毁而弃之，或积年任而用之，或一朝疑而远之。夫行有素履，事有成迹，所毁之人，未必可信于所举；积年之行，不应顿失于一朝。君子之怀，蹈仁义而弘大德；小人之性，好谗佞以为身谋。陛下不审察其根源，而轻为之臧否，是使守道者日疏，干求者日进，所以人思苟免，莫能尽力。此其渐不克终，六也。”[②]《贞观政要·择官》篇亦载：贞观十四年，特进魏徵上疏，其中说：“然而今之群臣，罕能贞白卓异者，盖求之不切，励之未精故也。若勖之以公忠，期之以远大，各有职分，得行其道。贵则观其所举，富则观其所养，居则观其所好，习则观其所言，穷则观其所不受，贱则观其所不为。因其材以取之，审其能以任之，用其所长，掩其所短。进之以六正，戒之以六邪，则不严而自励，不劝而自勉矣。故《说苑》曰：‘人臣之行，有六正六邪。行六正则荣，犯六邪则辱。何谓六正？一曰，萌芽未动，形兆未见，昭然独见存亡之机，得失之要，预禁乎未然之前，使主超然立乎显荣之处，如此者，圣臣也。二曰，虚心尽意，日进善道，勉主以礼义，谕主以长策，将顺其美，匡救其恶，如此者，良臣也。三曰，夙兴夜寐，进贤不懈，数称往古之行事，以厉主意，如此者，忠臣也。四曰，明察成败，早防而救之，塞其间，绝其源，转祸以为福，使君终以无忧，如此者，智臣也。五曰，守文奉法，任官职事，不受赠遗，辞禄让赐，饮食节俭，如此者，贞臣也。六曰，家国昏乱，所为不谀，敢犯主之严颜，面言主之过失，如此者，直臣也。是谓六正。何谓六邪？一曰，安官贪禄，不务公事，与世浮沉，左右观望，如此者，具臣也。二曰，主所言皆曰善，主所为皆曰可，隐而求主之所好而进之，以快主之耳目，偷合苟容，与主为乐，不顾其后害，如此者，谀臣也。三曰，内实险诐，外貌小谨，巧言令色，妒善嫉贤，所欲进，则

① 吴兢著，裴汝诚、王义耀、郭子建、顾宏义译注《〈贞观政要〉译注》，上海古籍出版社2007年2月第1版，第296页。

② 吴兢著，裴汝诚、王义耀、郭子建、顾宏义译注《〈贞观政要〉译注》，上海古籍出版社2007年2月第1版，第297页。

明其美、隐其恶，所欲退，则明其过、匿其美，使主赏罚不当，号令不行，如此者，奸臣也。四曰，智足以饰非，辩足以行说，内离骨肉之亲，外构朝廷之乱，如此者，谗臣也。五曰，专权擅势，以为轻重，私门成党，以富其家，擅矫主命，以自贵显，如此者，贼臣也。六曰，谄主以佞邪，陷主于不义，朋党比周，以蔽主明，使白黑无别，是非无间，使主恶布于境内，闻于四邻，如此者，亡国之臣也。是谓六邪。贤臣处六正之道，不行六邪之术，故上安而下治。生则见乐，死则见思，此人臣之术也。'《礼记》曰：'权衡诚悬，不可欺以轻重。绳墨诚陈，不可欺以曲直。规矩诚设，不可欺以方圆。君子审礼，不可诬以奸诈。'然则臣之情伪，知之不难矣。又设礼以待之，执法以御之，为善者蒙赏，为恶者受罚，安敢不企及乎？安敢不尽力乎？国家思欲进忠良，退不肖，十有余载矣，徒闻其语，不见其人，何哉？盖言之是也，行之非也。言之是，则出乎公道，行之非，则涉乎邪径。是非相乱，好恶相攻。所爱虽有罪，不及于刑。所恶虽无辜，不免于罚。此所谓爱之欲其生，恶之欲其死者也。或以小恶弃大善，或以小过忘大功。此所谓君之赏不可以无功求，君之罚不可以有罪免者也。赏不以劝善，罚不以惩恶，而望邪正不惑，其可得乎？若赏不遗疏远，罚不阿亲贵，以公平为规矩，以仁义为准绳，考事以正其名，循名以求其实，则邪正莫隐，善恶自分。然后取其实，不尚其华，处其厚，不居其薄，则不言而化，期月而可知矣！若徒爱美锦，而不为民择官。有至公之言，无至公之实，爱而不知其恶，憎而遂忘其善，徇私情以近邪佞，背公道而远忠良，则虽夙夜不怠，劳神苦思，将求至理，不可得也。"①上之所论，可概括如下：首先是君子小人之别。这是缺乏普遍民意参与权力制衡的专制制度中，权力运行所要面临的重大课题。在以家天下为主要特征的历代王朝中，君王大都知道，为了王朝的利益和百姓的利益，治国必须亲任君子而疏斥小人，但由于人性的弱点和制度的缺陷，现实中君子和小人则不易辨别，且君子和小人亦非一成不变，泾渭分明，因此，容易造成君王的困扰。魏徵上疏中，反复指出君子小人之别，以引起太宗在择人任官时的审慎

① 吴兢著，裴汝诚、王义耀、郭子建、顾宏义译注《〈贞观政要〉译注》，上海古籍出版社 2007 年 2 月第 1 版，第 83 - 85 页。

和重视，诸如“君子扬人之善，小人讦人之恶”；君子蹇谔，不避龙鳞，小人便佞，利口巧辩；君子临难无苟免，杀身以成仁，小人不耻不仁，不畏不义，唯利之所在，危人以自安等等。魏徵甚至把人臣分为六正六邪，分析之深刻细密，令人叹为观止。人臣之六正分别为圣臣、良臣、忠臣、智臣、贞臣、直臣；人臣之六邪分别为具臣、谀臣、奸臣、馋臣、贼臣和亡国之臣。六正六邪之分是否科学暂置不论，魏徵本意，乃在于尽可能的胪列和分析为臣之各种形状，以便君主能够较易判断和分辨邪正之分，从而更好地亲君子斥小人；尤为重要的是，臣子六正六邪之分，是以为公为私，并以是否顺逆作为一个天然人的君王的本性欲望判断为主要标准的。比如贤臣特点：勉主以礼义，匡救其恶，“家国昏乱，所为不谀，敢犯主之严颜，面言主之过失”，而邪臣则刚好相反，“主所言皆曰善，主所为皆曰可，隐而求主之所好而进之，以快主之耳目，偷合苟容，与主为乐，不顾其后害”，“谄主以佞邪，陷主于不义，朋党比周，以蔽主明，使白黑无别，是非无间”。正邪之辨，在于君主，而君主又是一个具有喜怒哀乐和一定心理弱点的天然人，因此，邪佞之臣为一己之私，抓住人性的弱点，顺从君主之意，并因此而获得君主的信任；而贤正之臣则以家国利益为重，不惜以此“敢犯主之严颜，面言主之过失”。因此亦可知，人臣邪正之辨，实际上也是在考验着君主自身的邪正之辨。这或许是魏徵上疏中蕴含着的更为深沉之意。但由于人治制度的天然缺陷，这种人臣邪正之辨也带有天然的缺失。在胪列了君子小人的六正六邪之辨之外，魏徵还论述了另外两种观人之法：一则“贵则观其所举，富则观其所养，居则观其所好，习则观其所言，穷则观其所不受，贱则观其所不为”；二则有关非邪非正的“中智之人”。这种人“岂无小惠？然才非经国，虑不及远，虽竭力尽诚，犹未免于倾败”。君王应多方观察臣子之言行，以便因人因才使用。才智不及之好人，在某种意义上，这种人所造成的倾败更应引起注意。因他们虽才智不及，但他们有忠心，“竭力尽诚”，也有一定的小聪明，在某种程度上能引起君王的好感甚至信任，但只因为才非堪用而导致倾败，因此更应该引起君王用人时的警惕。

此外，以上所引中，魏徵还严厉地批评了唐太宗在亲君子斥小人的用人中的种种过失。首先,他批评唐太宗“待下之情,未尽于诚信,虽有善始之勤,未睹克终之美”;其次,唐太宗渐恶直言,致使“蹇谔之辈,稍避龙鳞,便佞之徒,肆其巧辩”;再次,也是魏徵反复申述的重点,就是唐太宗对待君子小人与贞观初的大公无私、爱憎分明不同,变得态度暧昧,是非混淆。比如“轻亵小人,礼重君子。重君子也,敬而远之;轻小人也,狎而近之。近之则不见其非,远之则莫知其是。莫知其是,则不间而自疏;不见其非,则有时而自昵。昵近小人,非致理之道;疏远君子,岂兴邦之义”?这就是所谓的善善恶恶未能尽之意,其最终的结果便是君子疏而小人昵,这是覆亡家邦之道。又如在取长避短的用人原则上,唐太宗也发生了很大的变化:“近岁已来,由心好恶,或众善举而用之,或一人毁而弃之,或积年任而用之,或一朝疑而远之”,而且,“所爱虽有罪,不及于刑,所恶虽无辜,不免于罚。此所谓爱之欲其生,恶之欲其死者也。或以小恶弃大善,或以小过忘大功。此所谓君之赏不可以无功求,君之罚不可以有罪免者也”。尺有所短寸有所长,君子亦有小过,小人亦有小善,作为一国之君,肩负家国兴亡之大责,应尽量避免一己之私好与爱憎,客观公正地看待臣下,使用人才,爱而知其恶,憎而无忘其善,方能人尽其才,物尽其用,各当其任,各得其所,共同缔造太平盛世。其实魏徵的话也显示了历史的局限性。他所指出的唐太宗这些缺失恰恰是君主专制制度所常有权力监督不到位的弊端,并非唐太宗一人所造成的。

虽然有后期之失,但是,整个贞观时期,唐太宗也还是极力坚持德才兼备的原则,非德行、才具兼备者都不会得到他的重用。如杨恭仁无论是在隋朝还是唐朝,都有德义之美誉,但可惜才学不显,武德初以资历追授宰相,贞观初外贬为官,终其任内不见超擢[①]。而对于才优行薄的人,即使是故旧幕僚,亦不轻易予以重任[②]。如刘洎在《旧唐书·许敬宗传》《史臣曰》中说:“许高阳(即许敬宗)武德之际,已为文皇入馆之宾,垂三十年,位不过列曹尹,而马周、刘洎起羁旅徒步,六七年间,皆登宰执,考其行实,则高阳之文学宏奥,周、洎无以

① 刘昫等撰《旧唐书》中华书局 1975 年 5 月第 1 版,第 2381－2382 页。

② 赵克尧、许道勋著《唐太宗传》,人民出版社 1984 年 10 月第 1 版,第 140 页。

过之,然而太宗任遇相殊者,良以高阳才优而行薄故也。”[①]可见唐太宗在实际任用中,为了致治,任贤是坚持才行兼具德才兼备标准的,有德乏才或者有才缺德者一般得不到重用。对于这一点,《贞观政要》大加赞赏,尤其称道唐太宗。

吴兢反复强调,在实际工作中唐太宗在“才行兼备”“德才兼备”的原则下,举用人才,无论至亲勋旧,疏远昔仇。《贞观政要》在这方面的记载也是不惜笔墨的。如贞观十四年,特进魏徵上疏,其中说:“若举得其人,何嫌于故旧。若举非其任,何贵于疏远。”[②]又如《贞观政要·公平》篇载:“贞观初,太宗谓侍臣曰:‘朕今孜孜求士,欲专心政道,闻有好人,则抽擢驱使。而议者多称“彼者皆宰臣亲故”,但公等至公,行事勿避此言,便为形迹。古人“内举不避亲,外举不避仇”,而为举得其真贤故也。但能举用得才,虽是子弟及有仇嫌,不得不举。’”[③]同篇又载:“太宗初即位,中书令房玄龄奏言:‘秦府旧左右未得官者,并怨前宫及齐府左右处分之先己。’太宗曰:‘古称至公者,盖谓平恕无私。丹朱、商均,子也,而尧、舜废之。管叔、蔡叔,兄弟也,而周公诛之。故知君人者,以天下为公,无私于物。昔诸葛孔明,小国之相,犹曰“吾心如称,不能为人作轻重”,况我今理大国乎?朕与公等衣食出于百姓,此则人力已奉于上,而上恩未被于下,今所以择贤才者,盖为求安百姓也。用人但问堪否,岂以新故异情?凡一面尚且相亲,况旧人而顿忘也!才若不堪,亦岂以旧人而先用?今不论其能不能,而直言其嗟怨,岂是至公之道耶?’”[④]同篇又载:“贞观元年,有上封事者,请秦府旧兵并授以武职,追入宿卫。太宗谓曰:‘朕以天下为家,不能私于一物,惟有才行是任,岂以新旧为差?况古人云:“兵犹

---

① 刘昫等撰《旧唐书》中华书局 1975 年 5 月第 1 版,第 2772 页。

② 吴兢著,裴汝诚、王义耀、郭子建、顾宏义译注《〈贞观政要〉译注》,上海古籍出版社 2007 年 2 月第 1 版,第 73 页。

③ 吴兢著,裴汝诚、王义耀、郭子建、顾宏义译注《〈贞观政要〉译注》,上海古籍出版社 2007 年 2 月第 1 版,第 158 页。

④ 吴兢著,裴汝诚、王义耀、郭子建、顾宏义译注《〈贞观政要〉译注》,上海古籍出版社 2007 年 2 月第 1 版,第 154 页。

火也，弗戢将自焚。”汝之此意，非益政理。’”[①]唐太宗以为，“但能举用得才，虽是子弟及有仇嫌，不得不举”，“用人但问堪否，岂以新故异情？……才若不堪，亦岂以旧人而先用”，“朕以天下为家，不能私于一物，惟有才行是用，岂以新旧为差”？不问新故亲疏，惟有才行是用，唐太宗始终遵循用德才兼备的标准去衡量人才，选拔和任用人才，不枉私情，不避嫌疑。他认为自己以天下为家不能私于一物，要为社会主持公平正义，并说“朕与公等衣食出于百姓，此则人力已奉于上，而上恩未被于下，今所以择贤才者，盖为求安百姓也”，百姓已经把他们的力量奉献给朝廷了，君王就要选择贤才，以安抚百姓作为回报，故选择贤才非为一己之私，而为天下苍生之福，当然，更是为了自己统治地位的稳固，为了君臣们得以安享禄位。为此，唐太宗对那些对此政策提出批评，甚至妄加毁谤者加以严惩。如《贞观政要·杜馋邪》篇载：“尚书左仆射杜如晦奏言：‘监察御史陈师合上《拔士论》，谓人之思虑有限，一人不可总知数职，以论臣等。’太宗谓戴胄曰：‘朕以至公治天下，今任玄龄、如晦，非为勋旧，以其有才行也。此人妄事毁谤，止欲离间我君臣。昔蜀后主昏弱，齐文宣狂悖，然国称治者，以任诸葛亮、杨遵彦不猜之故也。朕今任如晦等，亦复如法。’于是流陈师合于岭外。”[②]同篇又载：“魏徵为秘书监，有告征谋反者。太宗曰：‘魏徵，昔吾之仇，只以忠于所事，吾遂拔而用之，何乃妄牛谗构？’竟不问征，遽斩所告者。”[③]房玄龄、杜如晦受到唐太宗信任，身兼多职，并非因为他们是唐太宗的旧部下和老功臣，而是因为他们确实有才有德。事实也证明如此。故唐太宗对妄生非议者加以惩罚。魏徵原是唐太宗的政敌，只因为他忠于自己所侍奉的人，太宗于是提拔重用了他，有人妄生谗构，告他谋反，唐太宗不但没有追究魏徵，反而遽斩告者。以上两例显示唐太宗在荐举用人上的公平和

---

① 吴兢著，裴汝诚、王义耀、郭子建、顾宏义译注《〈贞观政要〉译注》，上海古籍出版社2007年2月第1版，第155页。

② 吴兢著，裴汝诚、王义耀、郭子建、顾宏义译注《〈贞观政要〉译注》，上海古籍出版社2007年2月第1版，第197页。

③ 吴兢著，裴汝诚、王义耀、郭子建、顾宏义译注《〈贞观政要〉译注》，上海古籍出版社2007年2月第1版，第198页。

信任,而贯穿公正公平和信任的唯一标准和原则便是德才兼备,才行是用。吴兢还在《贞观政要》中,特立《忠义》一章,对那些忠义为主的忠烈之士加以褒扬,同时也肯定和赞扬了唐太宗和唐高祖对这些各为其主的忠臣烈士们的理解、容纳并加以擢用信任,尽管其中很多是他们曾经的政敌,如冯立、谢叔方、姚思廉、魏徵、屈突通等。

从新、旧《唐书》也可看出,唐太宗在实际的用人上,始终坚持才行兼具,才德兼备的原则,不避嫌疑。曾为太子李建成的亲信的一些人就是得到重用典型例子,至于至亲勋旧,只要符合用人标准,自然予以重任。如贞观七年,太宗册封国舅长孙无忌为司空,遭人散布“私人之诮”,太宗说:“朕若以无忌居后兄之爱,当多遗子女金帛,何须委以重官,盖是取其才行耳。”[①]反之,如果才行不兼,即使亲如贵戚,太宗也不会虚授滥用。如武德九年九月,叔父李神通被排除在一等功臣之外,位于房玄龄、杜如晦之下。李神通不服,称自己有太原首义,加上宗亲之贵。唐太宗却历数其“山东未定,受委专征,建德南侵,全军陷没。及刘黑闼翻动,叔父望风而破”[②],使李神通无言以对,最后仅授闲职而已。

第三节　使人如器

器,就是具体的用具。只要是器,必有用处,也必有局限。比如针,可用于缝补衣服,但不能用于盛东西;比如碗,可用于盛饭,但不能用于缝补衣服。因此,只要是器,它就不是全能的。用人也是如此,只能用其所长,用其所适,但不能以全备之才用之,特别不能用其所短。孔子说:“君子易事而难说也,说之不以道,不说也;及其使人也器之。小人难事而易说也,说之虽不以道,说也;及其使人也,求备焉。”[③]认为对人责全求备乃是小人!知人善任,兼明善

---

① 刘昫等撰《旧唐书》,中华书局 1975 年 5 月第 1 版,第 2448 页。

② 刘昫等撰《旧唐书》,中华书局 1975 年 5 月第 1 版,第 2341 页。

③ 刘宝楠著《〈论语〉正义》,影印本《诸子集成》第一册,上海书店 1986 年 7 月第 1 版,第 297 页。

恶,舍短取长,使人如器,人尽其才,是唐太宗同时也是《贞观政要》"任贤致治"的基本原则,就像唐太宗晚年总结自己的用人之道所说的,"用人之道,尤为未易。己之所谓贤,未必尽善;众之所谓毁,未必全恶。知能不举,则为失材;知恶不黜,则为祸始。又人才有长短,不必兼通。是以公绰优于大国之老,子产善为小邦之相。绛侯木讷卒安刘氏之宗,啬夫利口不任上林之令。舍短取长,然后为美"[①]。"人才有长短,不必兼通",这是作为每个个体的人的客观实际,也是用人者所必须具有的智慧和胸襟。吴兢反复强调了这一点。如《贞观政要·直谏》篇载:"贞观十一年,所司奏凌敬乞贷之状。太宗责侍中魏徵等滥进人。徵曰:'臣等每蒙顾问,常具言其长短。有学识,强谏诤,是其所长。爱生活,好经营,是其所短。今凌敬为人作碑文,教人读《汉书》,因兹附托,回易求利,与臣等所说不同。陛下未用其长,惟见其短,以为臣等欺罔,实不敢心伏。'太宗纳之。"[②]《贞观政要·择官》篇载:贞观十四年,特进魏徵上疏,其中说:"因其材以取之,审其能以任之,用其所长,掩其所短。进之以六正,戒之以六邪,则不严而自励,不劝而自勉矣。"[③]《贞观政要·择官》篇载:贞观二年,太宗在回答右仆射封德彝的"今未见有奇才异能"时说:"前代明王使人如器,皆取士于当时,不借才于异代。岂得待梦傅说,逢吕尚,然后为政乎?且何代无贤,但患遗而不知耳!"[④]德彝惭赧而退。《贞观政要·封建》篇载:贞观十一年,礼部侍郎李百药奏论驳世封事,其中云:"……而设官分职,任贤使能,以循良之才,膺共治之寄,刺举分竹,何世无人。"[⑤]贞观二十一年,唐太宗

---

① 董诰等编《全唐文》,上海古籍出版社1990年12月第1版,第50页。

② 吴兢著,裴汝诚、王义耀、郭子建、顾宏义译注《〈贞观政要〉译注》,上海古籍出版社2007年2月第1版,第63页。

③ 吴兢著,裴汝诚、王义耀、郭子建、顾宏义译注《〈贞观政要〉译注》,上海古籍出版社2007年2月第1版,第83页。

④ 吴兢著,裴汝诚、王义耀、郭子建、顾宏义译注《〈贞观政要〉译注》,上海古籍出版社2007年2月第1版,第78页。

⑤ 吴兢著,裴汝诚、王义耀、郭子建、顾宏义译注《〈贞观政要〉译注》,上海古籍出版社2007年2月第1版,第92页。

又再次重申:"人之行能,不能兼备,朕常弃其所短,取其所长。"[①]以上所引,可概括为两个问题:一是何世无人?何代无贤?明君使人如器,皆取士于当时,不借才于异代。明君能一切从实际出发,根据时代的特点和要求,取用人才;江山代有才人出,只要明君知才任贤,何世无奇才贤能者?这是一种极为开放的与时俱进的人才观。二是才有所短,不必兼通;舍短取长,然后为美。"使人如器"的意思是正如器物不能兼备各种用途一样,人也不可能兼备全才,也不必兼备全才,否则,精力不济,顾此失彼,也会得不偿失。何况,人无完人,任何人包括贤能之人自然有自己的短处与毛病。如果用求全责备的眼光和标准去看人要求人,就不免有眼不识珠之憾。所以,当主管部门奏凌敬请求借贷的文状,唐太宗因此责怪魏徵等人推荐人员过滥时,魏徵就反驳说:"有学识,强谏诤,是其(凌敬)所长。爱生活,好经营,是其所短。……陛下未用其长,惟见其短,以为臣等欺罔,实不敢心伏。"并指出用人必须用其所长,掩其所短,方是尽才使能之道,只要人才之短处非触犯国家法律法规。舍短取长以为美的用人原则也体现了贞观君臣们博大的胸襟和通脱的人才观。

唐太宗在实际用人过程中,也十分成功地遵循"舍短取长以为美"的原则。他很注意自夸者和"市言成虎"之弊。他对辅佐大臣的才干得失,总能区分优劣,知其长短。如他评价长孙无忌"善避嫌疑,应对敏速,……而总兵攻战,非所长也"。认为高士廉"涉猎古今,心术聪悟,临难既不改节,为官亦无朋党;所少者骨鲠规谏耳"[②]。这些品议无不恰到、中肯[③]。又如,唐太宗任用房玄龄、杜如晦、戴胄等人,也是使人如器的范例。房、杜的长处是多谋善断,短处是不善于理狱与处理杂物琐事。据《贞观政要·任贤》篇载:房玄龄"不以求备取人,不以己长格物,随能收叙,无隔疏贱。论者称为良相焉"。杜如晦则发挥其对军国大事"割断如流"的长处,与房玄龄共掌朝政,"至于台阁规

---

① 司马光等编著,胡三省音注,"标点《资治通鉴》小组"校点《资治通鉴》,中华书局1956年6月第1版,6247页。

② 刘昫等撰《旧唐书》,中华书局1975年5月第1版,第2453页。

③ 赵克尧、许道勋著《唐太宗传》,人民出版社1984年10月第1版,第126页。

模，典章文物，皆二人所定，甚获当时之誉，时称房、杜焉"[①]。戴胄的短处是"无学术"，不通经史，所以唐太宗不让他担任学馆儒林之职。其长处是忠直，秉公办事，处事干练，案无滞留，敢于犯颜执法，所以一度被任为大理少卿，并获得唐太宗的高度赞扬[②]。

由于贞观君臣深知人无完人，各有短长，从而造就了贞观一代"茂绩殊勋，冠冕列辟"的盛况。有的"材推栋梁，谋猷经远，绸缪帷帐，经纶霸图"；有的"学综经籍，德范光茂，隐犯同致，忠谠日闻"；有的"竭力义旗，委质藩邸，一心表节，百战标奇"[③]。各种各样的人才扬长避短，互相补充，配合默契，在政治、经济、军事、文化等方面做出卓越的贡献，创造了千古盛世的局面[④]。与"舍短取长以为美"的用人原则相联系，贞观君臣十分强调"爱而知其恶，憎而知其善"的用人评价标准。如贞观十四年，特进魏徵上疏，其中云："《礼记》曰：'爱而知其恶，憎而知其善。'若憎而不知其善，则为善者必惧。爱而不知其恶，则为恶者实繁。"[⑤]《贞观政要·公平》篇载：贞观十一年，魏徵上疏曰："小人非无小善，君子非无小过。君子小过，盖白玉之微瑕；小人小善，乃铅刀之一割。铅刀一割，良工之所不重，小善不足以掩众恶也；白玉微瑕，善贾之所不弃，小疵不足以妨大美也。"[⑥]人有长短，不可兼备，人亦无完人，善恶好坏，难以避免，作为一国之君，在用人和对待臣下的态度上，亦应有博大宽容之胸怀，容人之小过，不以小恶弃大善，不以小过忘大功；同时，以至公之心，对于所爱之人，须知其短知其恶，对于所憎之人，须知其长知其善，方不至于"徇私情以近邪佞，背公道而远忠良"，若非如此，则会善恶不分，长短不较，既违背人

---

① 吴兢著，裴汝诚、王义耀、郭子建、顾宏义译注《〈贞观政要〉译注》，上海古籍出版社 2007 年 2 月第 1 版，第 23 页。

② 赵克尧、许道勋著《唐太宗传》，人民出版社 1984 年 10 月第 1 版，第 128 页。

③ 刘昫等撰《旧唐书》，中华书局 1975 年 5 月第 1 版，第 2452 页。

④ 赵克尧、许道勋著《唐太宗传》，人民出版社 1984 年 10 月第 1 版，第 128 页。

⑤ 吴兢著，裴汝诚、王义耀、郭子建、顾宏义译注《〈贞观政要〉译注》，上海古籍出版社 2007 年 2 月第 1 版，第 71 页。

⑥ 吴兢著，裴汝诚、王义耀、郭子建、顾宏义译注《〈贞观政要〉译注》，上海古籍出版社 2007 年 2 月第 1 版，第 159 页。

之常情常性，亦陷入主观的“由心好恶”之中，难免独断之弊，失去一国之君公平公正之君德，如此求治，则虽夙夜不怠，劳神苦思，不可得也。

与此相关，吴兢在《贞观政要》中，强调在使人如器的同时，须有大体小事之分，要权责分明，且不可在细小的事情上过分苛责。如《贞观政要·君臣鉴戒》篇载：贞观十四年，特进魏徵上疏，其中云：“夫委大臣以大体，责小臣以小事，为国之常也，为治之道也。今委之以职，则重大臣而轻小臣；至于有事，则信小臣而疑大臣。信其所轻，疑其所重，将求至治岂可得乎？又政贵有恒，不求屡易。今或责小臣以大体，或责大臣以小事，小臣乘非所据，大臣失其所守，大臣或以小过获罪，小臣或以大体受罚。职非其位，罚非其辜，欲其无私，求其尽力，不亦难乎？小臣不可委以大事，大臣不可责以小罪。任以大官，求其细过，刀笔之吏，顺旨承风，舞文弄法，曲成其罪。自陈也，则以为心不伏辜；不言也，则以为所犯皆实。进退惟谷，莫能自明，则苟求免祸。大臣苟免，则谲诈萌生。谲诈萌生，则矫伪成俗。矫伪成俗，则不可以臻至治矣！”①同篇又云：“又闻国家重惜功臣，不念旧恶，方之前圣，一无所间。然但宽于大事，急于小罪，临时责怒，未免爱憎之心，不可以为政。”②以上所引，主要说明两点：一是权责分明。所谓“委大臣以大体，责小臣以小事”，是“为国之常，为治之道”，不可“责小臣以大体，或责大臣以小事”，权责不分，上下混淆，则会造成“小臣乘非所据，大臣失其所守，大臣或以小过获罪，小臣或以大体受罚”，以致造成“职非其位，罚非其辜，欲其无私，求其尽力，不亦难乎”？权责不明，上下失据，或互推责任，或互诿过失，以致难以调动上下层级之间的积极性和互动性。二是为政当识大体，不可急苛小罪，特别是对委于重任大事的大臣。大臣一般总揽全局，具体细务多由下级属吏操办，且事情繁杂，难免偶有不妥当之处，如果“大臣或以小过获罪”，“任以大官，求其细过”，则显然是“职非其位，罚非其

① 吴兢著，裴汝诚、王义耀、郭子建、顾宏义译注《〈贞观政要〉译注》，上海古籍出版社2007年2月第1版，第72－73页。

② 吴兢著，裴汝诚、王义耀、郭子建、顾宏义译注《〈贞观政要〉译注》，上海古籍出版社2007年2月第1版，第71页。

辜”,他们一旦落入刀笔小吏之手,刀笔小吏乘机“顺旨承风”,玩弄法律,曲成其罪,致使大臣冤屈莫名,进退失据,只能随便寻求免祸。这就为诈伪之政开了风气。如果再进一步,因急苛小罪,因小恶而弃大善,因小过而忘大功,最终是赏罚失效,邪正不分,欲求治平,其可得乎?因此,权责分明,责大臣以大事,责小臣以小事,不以小罪责大臣,不以大事委小臣,方是因责使才,扬长避短,各司其职,各尽其才之道。强调权责分明,各有分界,各负其责,这对于调动官吏上下的积极性和相互配合的合作精神,有着积极的意义。但是,如果是权责以外的错失和小罪,固然不能予以追求罪责,但是如果是权责以内的,即使再小的罪失,也必须深加追究,不可因其有大功而免之。因为,权力再小的罪失,都会产生较大的恶果,特别是中国古代金字塔式的权力结构,其产生的作用和影响更是不可低估。按照现代政治治学的伦理,政治人物无论是三七开或是一九开的功过是非评价都是不可行的,因为即使只有三分或是一分的过失,所带来的危害都是不可估量的,上面官员一错失,下面的百姓是要出人命的。所以,魏徵此论,官员固有大善和大功,即可免究小恶小过之责,显然带有浓厚的人治制度色彩,是错误的。我们从这里也可以看见吴兢治国思想的历史局限性。

无论是知人善任,使人如器,舍短取长,还是“爱而知其恶,憎而知其善”的用人评价标准,以及大体小事的权责之分,都是为了一个用人的目的,那就是人尽其才,才尽其用,尽力发挥贤能者主观能动性和积极主动性,使之尽性尽情尽才。欧阳修说:“王者用人非难,尽其才之为难。观太宗之责任也,谋斯从,言斯听,才斯奋,……”[①]从主观上说,唐太宗的虚怀若谷,善纳臣下们的谋略言论,事臣以礼,使贤臣们受到极大的鼓舞和鞭策,以致尽情敢言,竭忠尽智。从客观方面说,“舍短取长以为美”和权责分明的用人原则,使得贤能们能在合适的岗位上发挥所长,最好地担负起应有的责任。在这一主客观因素的互相作用下,贞观能臣们能尽心竭智,尽能毕力地为大唐服务,并一起创造

① 欧阳修、宋祁等撰《新唐书》,中华书局 1975 年 2 月第 1 版,第 3906 页。

出了中国历史上一个致治的黄金时代。如《贞观政要·任贤》篇载:房玄龄"既总任百司,虔恭夙夜,尽心竭节,不欲一物失所。闻人有善,若己有之。明达吏事,饰以文学,审定法令,意在宽平。不以求备取人,不以己长格物,随能收叙,无隔疏贱。论者称为良相焉。"[①]房玄龄甚至在病危之际,作表谏止远征,使唐太宗深受感动,说:"此人危惙如此,尚能忧我国家。"岑文本则从一介布衣,得到太宗宠荣,被任命为中书令后,"夙夜勤力,躬自料配,筹、笔不去手,精神耗竭",直到"遇暴疾而薨"。马周得到唐太宗的赏识,破格任用,便大显身手而"尽其才"。唐太宗尝谓侍臣曰:"周见事敏速,性甚慎至。至于论量人物,直道而言,朕比任使之,多称朕意。既写忠诚,亲附于朕,实藉此人,共康时政也。"[②]魏徵更是如此。贞观十二年,太宗谓侍臣曰:"贞观以前,从我平定天下,周旋艰险,玄龄之功无所与让。贞观之后,尽心于我,献纳忠谠,安国利人,成我今日功业,为天下所称者,惟魏徵而已。古之名臣,何以加也。"[③]《资治通鉴》卷一九三亦载唐太宗赞扬魏徵说:"朕能任公,公能称所任,则其功岂独在朕乎!"[④]这也可说是对大臣们"尽其才"的礼赞。贞观之治的盛业,可谓是君臣协德同心,"负志业则咸尽其才"的必然结果。《贞观政要》也反复强调了这一点。如《贞观政要·君臣鉴戒》篇载:隋氏之乱政与灭亡,"非是炀帝无道,臣下亦不尽心","若主纳忠谏,臣进直言,斯故君臣合契,古来所重","其能开至公之道,申天下之用,内尽心膂,外竭股肱,和若盐梅,固同金石者",则能"庶事康载",不仅避免亡国之危,而且开创太平盛世,无论君臣,亦是百姓共享共荣之事。因此,"内尽心膂,外竭股肱",人尽其才,这是开创贞观盛世

---

① 吴兢著,裴汝诚、王义耀、郭子建、顾宏义译注《〈贞观政要〉译注》,上海古籍出版社 2007 年 2 月第 1 版,第 21 – 22 页。

② 吴兢著,裴汝诚、王义耀、郭子建、顾宏义译注《〈贞观政要〉译注》,上海古籍出版社 2007 年 2 月第 1 版,第 35 页。

③ 吴兢著,裴汝诚、王义耀、郭子建、顾宏义译注《〈贞观政要〉译注》,上海古籍出版社 2007 年 2 月第 1 版,第 25 页。

④ 司马光等编著,胡三省音注,"标点《资治通鉴》小组"校点《资治通鉴》,中华书局 1956 年 6 月第 1 版,第 13 册,第 6085 页

的基础。

在人尽其才的同时，贞观之治的一大关键便是精简机构，裁剪冗官。《贞观政要·择官》篇载："贞观元年，太宗谓房玄龄等曰：'致治之本，惟在于审。量才授职，务省官员。故《书》称："任官唯贤才。"又云："官不必备，惟其人。"若得其善者，虽少亦足矣。其不善者，纵多亦奚为？古人亦以官不得其才，比于画地作饼，不可食也。《诗》曰："谋夫孔多，是用不就。"又孔子曰："官事不摄，焉得俭？"且"千羊之皮，不如一狐之腋"。此皆载在经典，不能具道。当须更并省官员，使得各当其任，则无为而治矣。卿宜详思此理，量定庶官员位。'玄龄等由是所置文武总六百四十员。太宗从之，因谓玄龄曰：'自此傥有乐工杂类，假使术逾侪辈者，只可特赐钱帛以赏其能，必不可超授官爵，与夫朝贤君子比肩而立，同坐而食，遣诸衣冠以为耻累。'"①《贞观政要·择官》篇载：贞观十一年，治书侍御史刘洎以为左右丞宜特加精简，上疏曰："臣闻尚书万机，实为政本，伏寻此选，授任诚难。是以八座比于文昌，二丞方于管辖，爰至曹郎，上应列宿，苟非称职，窃位兴讥。伏见比来尚书省诏敕稽停，文案壅滞，臣诚庸劣，请述其源。贞观之初，未有令仆，于时省务繁杂，倍多于今。而左丞戴胄，右丞魏徵，并晓达吏方，质性平直，事应弹举，无所回避，陛下又假以恩慈，自然肃物。百司匪懈，抑此之由。及杜正伦续任右丞，颇亦厉下。比者纲维不举，并为勋亲在位，器非其任，功势相倾，凡在官寮，未循公道，虽欲自强，先惧嚣谤。所以郎中予夺，惟事谘禀；尚书依违，不能断决。或纠弹闻奏，故事稽延，案虽理穷，仍更盘下。去无程限，来不责迟，一经出手，便涉年载。或希旨失情，或避嫌抑理。勾司以案成为事了，不究是非；尚书用便僻为奉公，莫论当否。互相姑息，惟事弥缝。且选众授能，非才莫举，天工人代，焉可妄加？至于懿戚元勋，但宜优其礼秩，或年高及耄，或积病智昏，既无益于时宜，当置之以闲逸。久妨贤路，殊为不可。将救兹弊，且宜精简尚书左右丞及左右郎中。如

① 吴兢著，裴汝诚、王义耀、郭子建、顾宏义译注《〈贞观政要〉译注》，上海古籍出版社2007年2月第1版，第76页。

并得人，自然纲维备举，亦当矫正趋竞，岂惟息其稽滞哉！”[①]疏奏，寻以洎为尚书左丞。官员冗杂，效率低下，浪费财力，而且容易引发歪门邪道、投机钻营之风，这是历代政府都要面对的行政机构的弊端。因此，精简机构、裁剪冗官便成为行政机构改革的一大通则。减少官员的关键在于职责分明，各司其职，而各司其职的关键又在于“称职”二字。所以唐太宗认为，“致治之本，惟在于审。量才授职，务省官员”，“官不必备，惟其人”，“若得其善者，虽少亦足矣”！若得其善者，官员虽省，效率反而更高，则可以“无为而治矣”。如刘洎所说的，“贞观之初，未有令仆，于时省务繁杂，信多于今。而左丞戴胄、右丞魏徵，并晓达吏方，质性平直，事应弹举，无所回避，陛下又假以恩慈，自然肃物。百司匪懈，抑此之由。及杜正伦任右丞，颇亦厉下”。尚书省是全国最高行政机关，下辖六部，政务十分繁忙，贞观初不置尚书令，连左、右仆射也暂缺，全国公文及政事仅由戴胄、魏徵两人处理。他们品行公平正直，遇到棘手的问题并不绕道走，办事十分高效率，而且，“百司匪懈，抑此之由”，所属机构的官员在他们的影响下，也勤于职守，办事效率也很高。反之，如果官不得其才，冗员太多，就像《诗经》所说的，“谋夫孔多，是用不就”，意指谋划的庸人多，所以事情办不成。另外刘洎则在上疏中，指出贞观中期以来行政机构办事效率低下，执行不力的原因：一是元勋亲贵窃居高位，才非其任，不仅纲维不举，还造成了以功勋势力互相倾轧排挤的局面；更为重要的是，他们长期妨碍贤人之路，破坏了用人公平公正的原则。二是各部属官佐，在不当用人原则所造成的不正官僚作风的影响下，不能秉公办事，委责拖拉，逢迎谄媚，不问是非，姑息苟且。刘洎建议，“选众授能，非才莫举，天工人代，焉可妄加”？同时对于那些功臣元勋，皇亲国戚，他们或是“年高及耄，或积病智昏，既无益于时宜，当置之以闲逸”，只给予优渥的政治待遇和生活待遇，让其退处林野，而不应任之官职，使其妨碍贤路。刘洎最后指出，如果精选得人，“自然纲维备举，亦当矫正趋竞，岂惟息其稽滞哉”！纲纪健全，效率提高，官风得正，朝廷面貌乃至社会风

① 吴兢著，裴汝诚、王义耀、郭子建、顾宏义译注《〈贞观政要〉译注》，上海古籍出版社2007年2月第1版，第80页。

气亦当为之一新！当然，除了冗员太多所带来的关系复杂互相牵扯影响办事效率之外，权力运行成本也是一个带有根本性的问题。贞观年间特别是初期，由于隋末社会生产力的严重破坏，疫痍未复，这个问题尤为严重。中国传统社会的财政，基本上都属于吃饭财政，也就是说，朝廷职位和俸禄的设立在本质上是为了解决和保障某一阶层的人出路问题，当官或在官府任职谋生是朝廷或者国家运作的目的所在，而并非政府只是一种手段，一个工具，其目的在于服务，在于更多地促进社会生产力的发展，增进百姓的福祉。朝廷不是一个服务型的政府，而是它本身的存在就是终极目的，通俗地说，政权或说王朝的稳定才是最终目的，政府的一切机构设置和行政措施，都是为了这一目的为转移的。因此，这一政府本质上是一个控制型的政府。随着社会不断地发展，社会生产力和生产关系的不断变化，新的社会现象和经济因素不断出现，政府或者说王朝的控制力量和机构也自然会逐渐增多和加强，这势必会逐渐加重政府机构运行的成本，加上君主专制王朝自上而下的权力运行机制造成少数人监督多数人，监督人现场缺失的局面，也容易造成以公谋私，权力私用的局面，制度性社会腐败现象自然滋长泛滥，因此朝廷控制的成本也会大增，最后，当这一成本大大超过其整个社会的负荷时，也就是入不敷出时，一个王朝的崩溃也就在所难免了。中国历史上君主专制王朝的崩溃实际上就是经济的崩溃，农民起义的首要因素也是经济的因素。一个世世代代在君权神授、三纲五常、忠君爱国的熏陶之下，在自给自足的小农经济的生产方式下，因松散不能形成组织的底层百姓，迫使他们铤而走险的最主要的原因就是不能活命；既然再也不能活下去了，那又何妨冒险一搏！陈胜吴广那句人所共知的名言“今亡亦死，举大计亦死，等死，死国可乎”就是最有代表性的例证。虽然，这里陈胜吴广的为国家事情而死只是一种口号和托辞而已，但那种死里求生的绝境，与中国历代揭竿而起的农民起义，是一脉相承的。

当其任者，虽少亦足，少数精干的官员，反而可办并速办大量的公事，反之，虽多不仅无益，反而事因不成。而且，对官风民风之正当与否，还会产生极大的社会影响。贞观年间，唐太宗在这方面也是下了大力气的。如贞观元年，在房玄龄主导下，中央职官从二千余人，裁减到仅六百四十三人。又鉴于武德年间州县数多，“民少吏多，思革其弊”，命所司“大加年省”，也是为精减地方官员做了准备。贞观中期后，政府官员办事效率开始下降，但唐太宗听从治书侍御史刘洎的建议，制定了裁汰老弱、置退休官员的措施。唐太宗对机构的改革，是建立在“官在得人，不在员多”[①]，即少而精的认识基础上的，这说明了唐太宗对用人的数量与质量关系具有辩证思想[②]。

第四节　监督考绩，察其善恶

监督考绩制度是中国古代官员制度的主要形式之一。人类社会只要有组织和办事人员，就必有监督。议论监督则自古有之。中国古代监察制度则自夏商草创，秦汉形成相对独立完整的制度。监察制度是各个朝代统治者为了巩固自己的统治地位，监督朝廷和地方各级官僚尽忠职守，防止其违法失职，侵权贪腐，以维护社会长治久安，保障社会繁荣的必要措施。监督制度表明官员的腐败对于政权严重危害性。中国监察制度其特点是监察权逐步独立出来，成为皇帝手中制约行政、司法、军事等部门及其官吏的强有力的手段。与监督制度紧密相关的是考绩制度，就是按照一定的标准和程序，对官吏的政绩和功过进行考核，以等第定黜陟。考绩又称考课、考核、考校、考功等不同称谓，主要内容包括：考绩标准、考绩程序、奖惩办法。据史载，中国古代的考绩制度可追溯到原始社会末期。《尚书·尧典》就记载舜在担任部落联盟首领时对所属的部落首领的政绩每三年进行一次考核，九年经过三次考核才给予升降。到了商代、周、战国时，考绩制度才初步建立。到了秦朝，考绩制度才进一步走向成熟。监督考绩制度本质上是为了整顿吏治，巩固君主专制制度，所谓“明主治吏不治民”，因为吏治的好坏直接关系到王朝的兴衰存亡。

---

① 司马光等编著，胡三省音注，“标点《资治通鉴》小组”校点《资治通鉴》，中华书局1956年6月第1版，第6043页

② 赵克尧、许道勋著《唐太宗传》，人民出版社1984年10月第1版，第138页。

唐代社会经济发展，政治制度日臻完善，首次出现专门的考核管理机构，对官吏的监督考核更加严格。贞观君臣们在"用人弥须慎择"的同时，对所用之人必须严加监督，方能"考绩黜陟，察其善恶"[①]。人有才能，必须举用，举用之后，必须加以监督，发现劣迹，不得姑息，必须加以斥退，否则难以劝善惩恶，赏劳退庸。如《贞观政要·择官》篇载："贞观六年，太宗谓魏徵曰：'古人云，王者须为官择人，不可造次即用。……用得正人，为善者皆劝，误用恶人，不善者竞进。赏当其劳，无功者自退，罚当其罪，为恶者戒惧。故知赏罚不可轻行，用人弥须慎择。'徵对曰：'知人之事，自古为难，故考绩黜陟，察其善恶。今欲求人，必须审访其行。若知其善，然后用之，设令此人不能济事，只是才力不及，不为大害。误用恶人，假令强干，为害极多。但乱世惟求其才，不顾其行。太平之时，必须才行俱兼，始可任用。'"[②]又如《贞观政要·封建》篇载：贞观十一年，礼部侍郎李百药上奏驳议世袭封爵一事，其中说："内外群官，选自朝廷，擢士庶以任之，澄水镜以鉴之，年劳优其阶品，考绩明其黜陟。进取事切，砥砺情深，或俸禄不入私门，妻子不之官舍。班条之贵，食不举火；剖符之重，居惟饮水。南阳太守，弊布裹身；莱芜县长，凝尘生甑。专云为利图物，何其爽欤！"[③]用人当须慎择，"若知其善，然后用之"，这只是用人的第一步。第二步是必须"考绩黜陟"，"知能不举，则为失材；知恶不黜，则为祸始"，识才举才只是用人的第一阶段，第二阶段是必须加以监督，扬善黜恶。因为每个人的认识都有极限性，加上被举之士"厚貌饰词，不可知悉"，善于伪装，有的为了取得进用，不惜一切手段，制造贤才的假象；尤为重要的是，在进入官场这一名利中心之后，由于人性的弱点，每个人都会有把持不住的时候，因此，监督、考绩，包括刑罚在所难免，不可或缺。吴兢十分强调在用人中的考绩和奖惩必须公平

① 吴兢著，裴汝诚、王义耀、郭子建、顾宏义译注《〈贞观政要〉译注》，上海古籍出版社 2007 年 2 月第 1 版，第 79 页。

② 吴兢著，裴汝诚、王义耀、郭子建、顾宏义译注《〈贞观政要〉译注》，上海古籍出版社 2007 年 2 月第 1 版，第 79 页。

③ 吴兢著，裴汝诚、王义耀、郭子建、顾宏义译注《〈贞观政要〉译注》，上海古籍出版社 2007 年 2 月第 1 版，第 94 页。

公正，认为不能“所爱虽有罪，不及于刑。所恶虽无辜，不免于罚”，如果“赏不以劝善，罚不以惩恶，而望邪正不惑，其可得乎”[①]？赏罚分明，使为善者得到鼓励，愈加为善，并形成了一个良性的循环；而为恶者得到警戒和惩罚，不敢为非，有助于官风与民风的端正；同时又可以鼓励贤异鞭策庸短，如此，则像魏徵所说的，“则不言而化，期月而可知矣”[②]！历史上的那些廉循之吏，就像李百药所列举的，如多余的俸禄不入私门的东汉豫章太守杨秉，办公时妻子和儿子不入官舍的东汉巨鹿太守魏霸，经常不烧火做饭只吃干粮的东汉冀州刺史左雄，自己带米到任，不收俸禄，只饮当地之水的晋朝吴郡太守邓攸，平常总穿破衣服的东汉南阳太守羊续，辞官贫困，有时断饮的东汉莱芜县令范冉（一作范丹）等等，他们为官并非为利图物，而这正是“进取事切，砥砺情深”的结果，亦即由“考绩明其黜陟”，考核政绩所带来的鼓励的直接结果。（当然，我们也不排除其中所蕴含着的中国传统知识分子砥砺人格和情操的信仰）在《贞观政要·公平》篇唐太宗与房玄龄的对话中，我们也可以看出，诸葛亮为一偏隅之国的丞相，尚能开公道，尽忠益时，虽仇必赏；犯法怠慢者，虽亲必罚，何况做泱泱大国之君的自己！而隋氏之亡，正由监督不严，赏罚不公所致。正如唐太宗和司空长孙无忌所言，“岂惟其君无道，亦由股肱无良”，具体地说便是“受人委任，惟行谄佞，蔽塞聪明”，其君则杜塞忠谠之言，臣则苟欲自全，左右有过，初不纠举，寇盗滋蔓，亦不实陈；历史上称隋之贤相的高颎，公平正直，尤识治体，隋室安危，系其存没，炀帝却以他的忠谏为谤讪，反而加以诛杀[③]。

为了实现“朕方选天下之才，为天下之务，委任责成，各尽其用，庶几于理也”[④]用人的理想，唐太宗还改革了中书省与门下省的封驳制度，使宰相及其

① 吴兢著，裴汝诚、王义耀、郭子建、顾宏义译注《〈贞观政要〉译注》，上海古籍出版社 2007 年 2 月第 1 版，第 85 页。

② 吴兢著，裴汝诚、王义耀、郭子建、顾宏义译注《〈贞观政要〉译注》，上海古籍出版社 2007 年 2 月第 1 版，第 85 页。

③ 吴兢著，裴汝诚、王义耀、郭子建、顾宏义译注《〈贞观政要〉译注》，上海古籍出版社 2007 年 2 月第 1 版，第 278 – 279 页。

④ 刘昫等撰《旧唐书》，中华书局 1975 年 5 月第 1 版，第 40 页。

属员各备职权，反复诘难，互相监督，互相牵制，集思广益，以使各项政事和措施取得最好的效果。如他让一些职位稍低的官员以“参与朝政”的名义，加入最高决策集团，以便兼听博采。唐太宗还重申了中枢省和门下省的旧制，即军国大事由各位中书舍人各陈已见，并杂署其名，这就是所谓的“五花制事”。唐太宗强调：“中书所出诏敕，若有意见不同，或兼错失而相正以否。元置中书、门下，本拟相防过误。人之意见，每或不同，有所是非，本为公事。”希望臣下们“特须灭私徇公，坚守直道，庶事相启沃，勿上下雷同也”[①]。贞观三年唐太宗又再重申：“中书、门下，机要之司。擢才而居，委任实重。诏敕如有不稳便，皆须执论。……若惟署诏敕、行文书而已，人谁不堪？”[②]可见，唐太宗十分希望大臣们敢于说话敢于负责，尽己而言，一是可以兼听博取，二是可以驳回不当的政令。如果只是照抄照使，“人谁不堪”？又有谁不会做呢？唐太宗的主张，虽与现代民主政治的言论自由、议论监督和权力制衡有着本质上的不同，但是，作为一个专制制度的君王，他是充分认识到广收民意，广纳意见，在不断的封驳中，在不同意见的辩论和权力制衡中，产生和出台最好的政令和措施。

当然这里必须指出的是随着形势的发展和条件的变化，唐太宗经历了由起初的求贤若渴，到后来的“由心好恶”。如贞观十三年，魏徵上疏批评唐太宗，由贞观之初的求贤如渴，到中后期的“由心好恶，或众善举而用之，或一人毁而弃之，或积年任而用之，或一朝疑而远之”[③]。步入了“靡不有初，鲜克有终”的人治的历史循环之中，这也从另一个方面说明人治制度的脆弱性。

---

① 吴兢著，裴汝诚、王义耀、郭子建、顾宏义译注《〈贞观政要〉译注》，上海古籍出版社 2007 年 2 月第 1 版，第 10 页。

② 吴兢著，裴汝诚、王义耀、郭子建、顾宏义译注《〈贞观政要〉译注》，上海古籍出版社 2007 年 2 月第 1 版，第 12 页。

③ 吴兢著，裴汝诚、王义耀、郭子建、顾宏义译注《〈贞观政要〉译注》，上海古籍出版社 2007 年 2 月第 1 版，第 297 页。

本章小结

人君致治的最高境界:一则垂拱无为,一则百姓安乐。此二者正由择善任能而来。因此,慎选和任用德才兼备,既贤且能的治国人才,是贞观君臣们的头等大事。他们强调为人君者,在乎善善恶恶,近君子远小人,进贤才退不肖,并对如何辨别君子小人,做了充分而系统的论述。在坚持才行兼美的原则下,他们又实行"舍短取长以为美"的方针,知人善任,使人如器,人尽其才;同时,又实施用人不分新旧亲疏,公正公平;精减冗官,提高效率;职分大小,权责分明;监督考核,端正官风等一系列措施,使得贞观时期人才济济,各得其所,各尽其用,共同缔造"任贤致治"的盛况。贞观君臣们的人才观和用人观,始终贯穿着家国盛衰兴亡的正反两方面经验教训的深沉的历史忧患意识。

从《贞观政要》所构建的理论上说,这一任贤致治的设想是极其完善的,其中看不出任何缺乏之处。但我们知道,吴兢的这种治国理念,主要是从传统思想再加上历史兴亡教训特别是隋末大乱的教训而来的,儒、道、法家的思想特别是儒家思想对他的影响尤为明显。他对这些思想理论和历史教训进行整理和总结,比较完整构建了一个盛世的理想治理和运作体系。但是,也正是历史的局限性使他不能清楚地看到,即使再完美的理论构建,再美好的国家治理体系,也经不起制度性的漏洞;日月运行,再丰富再美好的一切,也会被制度性的漏洞漏光,最后只剩下一片废墟。就如本章所言治国体系中至关重要的任贤致治一环,无论是致治之本,唯在得人,要求以德为先,才行兼美,还是使人如器,各尽其才,监督考绩,扬善惩恶,无不充满着美好的政治理想。但是,由于中国古代君主专制制度自上而下的权力运行机制,使得这一看似完美的政治构建在实际运用中,恰恰容易走向其理论的反面,这其中至为关键之处仍在于评价和监督体系的缺失和不到位所造成的,诸如善恶、贤愚、是非、成败等方面的评价论断,仍掌握在上一级或同级较少的相关人员手中,而对这些人本身的评价和监督也存在着同样缺失的弊端,这就容易造成一种恶性循环。因为传统专制体制下百姓评价和监督的制度性缺失和不完善,使得具有行使评价和监督权力的人始终处于少数而容易被蒙蔽、被贿赂和被利用,从而使得选人和用人等方面与其实际效果之间容易造成较大的差异甚至适得其反的效果。因此,在现代政治理论中,官员的评价和监督是与广大人民群众的议论和监督同时并存,缺一不可的,因为只有最大限度最广泛的评价和监督,才能使得评价和监督的缺失和弊端减少到最低,避免上下相蒙和作伪贿赂现象的发生。但是,由于中国古代专制制度是建立在政权私有的本质上的,从君王到各级官员都享有不同程度的特权,这就决定了底层百姓直接参与政治,参与制度性的评价和监督成为不可能。同时,由于各级官员过大的特权和监督体系存在的缺失,使得进入这一制度体系的官员容易贪腐;而为了避免受到法律的惩罚,他们又容易进一步形成互相援引,互为保护的利益集团,这势必加剧统治与被统治阶级之间以及不同利益之间的矛盾。这种矛盾往往是不可调和的,只能愈演愈烈,最后导致玉石俱焚、王朝崩溃!因此,历代的兴亡,历史的循环,也必成为一种常态。也正因为如此,吴兢在《贞观政要》中所反复强调的治国思想和理论,对于一个中国古代君主专制制度下的朝代而言,具有巨大的进步意义和历史意义,可以说是那个制度下所产生的最为文明先进的治国理论;但同时,这一治国理想和理论,只能是一种乌托邦式的盛世帝国的理论建构而已。

第五章　纳谏与进谏

“贞观之治”的特异光彩之一，便是唐太宗的虚心纳谏以及臣下们的直谏成风。这在中国古代的政治史上，是极为少见的，也是为史学家所津津乐道的。在中国古代君主专制制度下，君为臣纲、君尊臣卑，臣忠于君是天经地义的原则。但是，由于家国之事繁乱复杂，加上个体生命的有限性和脆弱性以及各种人情之伪，欲治理一个国家，必须依靠君臣之间同心协力，“共相切磋，以成治道”。凡是明智之君王，皆能深刻认识到这一点。如魏徵在贞观十一年的上疏中说：“臣闻尧有敢谏之鼓，舜有诽谤之术，汤有司过之吏，武有戒慎之铭。此则听之于无形，求之于未有，虚心以待下，庶下情之达上，上下无私，君臣合德者也。”①相传尧时曾设鼓于庭，使民击之以进谏，舜时树立木牌于交通要道，让人写谏言，商汤设置了进谏的史官，武王立戒慎之鞀②。又据《大戴礼记》载：姜太公述《丹书》之言：“敬胜怠者吉，怠胜敬者灭，义胜欲者从，欲胜义者凶。”周武王闻之，退而写在几案、鉴、盂等器物上作为座右铭，警戒自己。以上所载，虽多是传闻，但从中可见中国古代君王对于倾听民意和心声以为治国原则的认识和重视。

---

① 吴兢著，裴汝诚、王义耀、郭子建、顾宏义译注《〈贞观政要〉译注》，上海古籍出版社 2007 年 2 月第 1 版，第 167 页。

② 高诱注《〈淮南子〉注》，影印本《诸子集成》第七册，上海书店 1986 年 7 月第 1 版，第 149 页。

“谏”有“直言以劝正”之义。《说文》曰:“谏,证也。从言柬声。”“谏官”之谏主要针对君主,“谏朝政之得失”。“廷诤”与“上封事”是谏官的两种主要方式。宽泛意义的进谏除了专职谏官之外,还包括朝廷和地方各级政府官员,也包括“百工谏,庶人传语”。《国语·周语上》载:“故天子听政,使公卿至于列士献诗,瞽献曲,史献书,师箴,瞍赋,矇诵,百工谏,庶人传语,近臣尽规,亲戚补察,瞽、史教诲,耆、艾修之,而后王斟酌焉,是以事行而不悖。”①这里的进言,则相当于社会议论了。

中国古代的谏官制度源远流长,它是中国古代政治制度的必要补充。其实,只要有组织有办事人员,就会有议论的监督,这是人类对于公共权力和权利关注的必然现象。据相关史料,谏官的设立始于周朝,盛行于秦汉至唐宋时期。但在舜帝时,相传就有“纳言”一职。《尚书·孔氏传》说:“纳言,喉舌之官,听下言纳于上,受上言宣于下。”②纳言有职责向君王反映下情,上情下传,下情上达。《吕氏春秋·自知》篇载,商汤时已有“司过之士”,君王过失,可由“司过之士”指出和纠正。纳言、司过之士近似后代的谏官。周文王时,王室设有“保氏”一职掌谏五恶。有人认为这是中国历史上最早的谏官。春秋战国时期,各国均设有谏官,如齐国谏官位置显著,乃齐国相府的五个职掌之一。《吕氏春秋·勿躬》篇记载管仲对齐桓公说:“早入晏出,犯君颜色,进谏必忠,不辟死亡,不重富贵,臣不若东郭牙,请置以为大谏臣。”③大谏就是齐国谏官。这里指出了谏官的传统:“犯君颜色,进谏必忠,不辟死亡,不重富贵”。所以,贞观时期为人称道的进谏与纳谏之风,既是唐继个性自由解放和民族大碰撞大融合的魏晋南北朝之后的产物,又是进谏传统的产物。秦初置谏议大夫,从此谏议之职沿至宋之时。秦汉除专职谏官之外,光禄大夫、议郎、博士等均有谏议之责。其他官员前加侍中、散骑、中常侍等头衔,亦可起到谏议的作用。

---

① 左丘明撰《国语》,上海书店 1987 年 1 月第 1 版,第 4 页。

② 孔安国注、孔颖达注《尚书正义》,山东画报出版社,2004 年 1 月第 1 版,第 98 页。

③ 高诱注《吕氏春秋》,影印本《诸子集成》第六册,上海书店 1986 年 7 月第 1 版,第 207 页。

汉代的谏议大夫是光禄勋的谏官，职责便是“直言极谏”，匡正君非。史载汉文帝善纳谏言，曾下诏察举贤良方正、直言极谏之士，那些“直言”、对策优秀之人，方可任谏职。可见，明君鼓励“直言极谏”，良臣敢于廷争逆鳞，乃是中国进谏和纳谏的一大传统。到了唐贞观时期，唐太宗规定，谏官可以随宰相入阁议事，有失辄谏。另外，唐代的御史台除了弹劾官吏之时，也有言事谏诤权，它与谏官不是一个系统，其官员属于中央检察机关。谏官多规讽、匡正政府过失于未犯之前，而御史台谏诤于过失之后，故言辞尖锐、激烈。这里需要指出的是，谏诤在本质上是一种权力的制衡，让君王和政府在行政过程中尽量减少错误和过失，并尽量达到最好的行政效果。如果从这一本质上看，贞观时期三省的设置和职能，本身就具有与谏诤一样的监督与制衡的性质。为了免于论述，我们直接引用樊树志《国史概要》中的概括，我们只对它进行新的解读。樊树志说：“全国军政大权集中于三省，皇帝颁布政令，需通过中书省和门下省付署才算合法，凡国家大政方针，先由中书省研究，作出决定；再由门下省审核，如有差失，可以驳回；尚书省下辖吏、户、礼、兵、刑、工六部，执行中书省和门下省通过的政令。中央政府设立政事堂，作为宰相的议事机构，一切重大事务，包括五品以上官员的任免，都要由政事堂会议讨论，经皇帝批准后颁行。三省的首长：中书令（中书省）、侍中（门下省）、左右仆射（尚书省），都是宰相，以后凡参加政事堂会议的其他官员也是宰相，他们都带有参加机务，参知政事等衔，所以参加政事堂会议的宰相多至一二十人。钱穆在《国史新论》中说：‘汉代宰相是首长制，唐代宰相是委员制。最高议事机关称政事堂，一切政府法令，须用皇帝诏书名义颁布者，事先由政事堂开会议决，送进皇宫划一敕字，然后由政事堂盖印中书门下之章发下。没有政事堂盖印，即算不得诏书，在法律上没有合法地位。……在唐代，凡遇到军国大事，照例先由中书省中书舍人（中书省属官）各拟意见（五花判事），再由宰相（中书省）审核裁定，送经皇帝画敕后，再须送门下省，由给事中（门下省属官）一番复审，若门下省不同意，还得退回重拟。因此必得中书、门下两省共同认可，那道敕书才算合法。……皇帝不能独裁，宰相同样不能独裁。’这是很独到的见解。唐代中央官制的特点在于，相权较重，在一定程度上限制了君主专制；又因宰相是政事堂集体议事，三省又互相牵制，避免了个别宰相专权。”[①]这种对君权的限制和宰相之间相互制衡的政事堂集体议事制变成整个中央政府权力运行机制，虽然它们职责有所不同，但对匡正君王，防止和纠正政府的过失和错误，使权力之间互相监督和制衡，其性质却是相同的，而且效果还更为立竿见影。作为一国之主的唐太宗，一道道诏令，从起草到颁布，仿佛没有多少决定权，只在其中划一敕字，其实，这也是其治理智慧之处。因为，一通诏令通过这么多道反复讨论和封驳，一项国家的大政方针出现错谬的概率，肯定比让他一个人裁夺小得多。他反而可以更加放心划一敕字，其理想的清静无为之政，垂拱而治，才可能实现。三省的设置本是为了削弱相权，但其客观效果却起到权力间互相制衡的作用。

也正是在如此的历史背景和现行制度之下，我们才可以更客观更好地理解贞观君臣们那在历史上光彩夺目的谏诤与纳谏。

除了受传统谏诤思想的影响之外，贞观君臣们对纳谏与进谏的重视，还与其独特的君臣一体论的思想有关。贞观君臣虽然不可能脱离封建政治中的君为臣纲、君尊臣卑，臣忠于君伦理的樊篱，但是，他们（特别是唐太宗）把君臣之间看成是鱼水之间关系，是一个利益共同体，谁也离不开谁。如《贞观政要·求谏》篇云：“惟君臣相遇，有同鱼水，则海内可安。朕虽不明，幸诸公数相匡救，冀凭直言鲠议，致天下太平。”[②]他们认识到“君臣合契，古来所重”、“君失其国，臣亦不能独全其家”[③]。君臣鱼水关系虽然不能称为君臣平等论，但强调了君王离不开臣下的匡正，臣下的匡正既为民众，也是为了君王和自己。国君的纳谏也是如此。这无疑是一种开明的君臣观。与此相关，贞观君臣也

---

① 樊树志著《国史概要》，复旦大学出版社 2000 年 3 月第 2 版，第 165 页。

② 吴兢著，裴汝诚、王义耀、郭子建、顾宏义译注《〈贞观政要〉译注》，上海古籍出版社 2007 年 2 月第 1 版，第 37 页。

③ 吴兢著，裴汝诚、王义耀、郭子建、顾宏义译注《〈贞观政要〉译注》，上海古籍出版社 2007 年 2 月第 1 版，第 65 页。

深刻认识到“人君必须忠良辅弼”、“君臣上下，各尽至公，共相切磋，以成治道”[①]的治国理念。这就是所谓的“共理”或“共治”的理论。“共理”或“共治”的思想使贞观君臣之间互相尽心、尽力、尽情，从而互相谦抑，互相推功。它在某种程度上避免或抑制了专制制度下的“独断”或“独裁”的政治，集思广益，君臣上下对各种情况的了解较为全面，对问题的考虑和处理也较为周到和妥当；一些有益的政令措施得以“顺其美”而得到贯彻执行，一些有害的政令措施能够因“匡救其恶”而及时得到改正。共相切磋，必能集思广益；共相匡辅，势必加快大治，政策措施较为贴近民意，政治清明，这是贞观政治留给后人的宝贵启示[②]。在贞观君臣的思想言论中，还有许多关于君臣同心同德的论述。如魏徵说：“圣哲施化，上下同心。”“凡欲致化，必在上下相亲，朝廷辑睦”[③]。《贞观政要·政体》篇载，贞观五年，唐太宗对大臣们说：“既义均一体，宜协力同心，事有不安，可极言无隐。倘群臣相疑，不能备尽肝膈，实为国之大害也。”[④]杜如晦病故后，唐太宗表彰他“同心辅朕”，“君臣义重”[⑤]，其他的如房玄龄、王珪、魏徵等，亦无不君臣相得，齐心致理。这都说明贯穿于纳谏和进谏过程中的共理共治的重要性。

正是君臣鱼水关系，君臣共理天下和君臣同心同德的政治主张和治国思想，加上魏晋高扬个性自由以及唐初传统世家大族依旧强大，士人进退较为自由等因素的影响，造成了贞观君臣虚心纳谏与直谏成风的政治基础，从而在隋末大乱的一片废墟上，很快实现唐初“天下大治”。

---

① 吴兢著，裴汝诚、王义耀、郭子建、顾宏义译注《〈贞观政要〉译注》，上海古籍出版社2007年2月第1版，第39页。

② 赵克尧、许道勋著《唐太宗传》，人民出版社1980年10月第1版，第164页。

③ 魏徵著，王方庆集《魏郑公谏录》（丛书集成初编），中华书局1985年新1版，第20页。

④ 吴兢著，裴汝诚、王义耀、郭子建、顾宏义译注《〈贞观政要〉译注》，上海古籍出版社2007年2月第1版，第13页。

⑤ 刘昫等撰《旧唐书》，中华书局1975年5月第1版，第7册，第2469页。

第一节　纳谏与进谏的重要性

正如他们对其他政治问题的认识一样，贞观君臣对纳谏与进谏的重视，仍在于他们首先认识到，这是关系到家国存亡兴衰的大事。如《贞观政要·君道》篇载：贞观十五年，太宗谓侍臣曰："守天下难易？"侍中魏徵对曰："甚难。"太宗曰："任贤能、受谏诤，即可，何谓为难？"[①]《贞观政要·灾祥》篇载，贞观十一年，因水灾泛滥，唐太宗欲文武百官各上封事，极言得失。中书侍郎岑文本上封事。其中云："伏惟陛下览古今之事，察安危之机，上以社稷为重，下以亿兆在念。明选举，慎赏罚，进贤才，退不肖。闻过即改，从谏如流。为善在于不疑，出令期于必信。颐神养性，省游畋之娱；去奢从俭，减工役之费。务静方内，而不求辟土；载櫜弓矢，而不忘武备。凡此数者，虽为国之恒道，陛下之所常行。臣之愚昧，惟愿陛下思而不怠，则至道之美与三、五比隆，亿载之祚与天地长久。虽使桑榖为妖，龙蛇作孽，雉雊于鼎耳，石言于晋地，犹当转祸为福，变灾为祥，况雨水之患，阴阳恒理，岂可谓天谴而系圣心哉？臣闻古人有言：'农夫劳而君子养焉，愚者言而智者择焉。'辄陈狂瞽，伏待斧钺。"太宗深纳其言。[②]"任贤能、受谏诤"即可守天下，唐太宗可谓要言不烦，也可见"受谏诤"在治国守成中的重要性。岑文本则把"闻过即改，从谏如流"作为治国恒道之一，唐初天下很快太平的成功经验之一，所谓"凡此数者，虽为国之恒道，陛下之所常行"。岑文本进一步指示，太宗若能"思而不怠"，继续实行"闻过即改，从谏如流"等治国之恒道，则"至道之美与三、五比隆，亿载之祚与天地长久"，不仅可达上古圣明之世之完美，甚至盛世之隆可达永恒，即使出现了桑树、榖树共生成妖，龙蛇作怪，野雉在鼎耳上鸣叫，晋国石头会说话等怪异现象，也会转祸为福，变灾为祥，"况雨水之患，阴阳恒理，岂可谓天谴而系圣心哉"？

---

① 吴兢著，裴汝诚、王义耀、郭子建、顾宏义译注《〈贞观政要〉译注》，上海古籍出版社 2007 年 2 月第 1 版，第 9 页。

② 吴兢著，裴汝诚、王义耀、郭子建、顾宏义译注《〈贞观政要〉译注》，上海古籍出版社 2007 年 2 月第 1 版，第 290 页。

在《贞观政要》中，贞观君臣们是大量地从亡国之君的反面教训上，来深刻地认识纳谏的重要性的，从中也可见出他们深沉的忧患意识。如《贞观政要·求谏》篇载："贞观二年，太宗谓侍臣曰：'明主思短而益善，暗主护短而永愚。隋炀帝好自矜夸，护短拒谏，诚亦实难犯忤。虞世基不敢直言，或恐未为深罪。昔箕子佯狂自全，孔子亦称其仁。及炀帝被杀，世基合同死否？'杜如晦对曰：'天子有诤臣，虽无道不失其天下。仲尼称："直哉史鱼，邦有道如矢，邦无道如矢。"世基岂得以炀帝无道，不纳谏诤，遂杜口无言？偷安重位，又不能辞职请退，则与箕子佯狂而去，事理不同。……虞世基位居宰辅，在得言之地，竟无一言谏诤，诚亦合死。'太宗曰：'公言是也。人君必须忠良辅弼，乃得身安国宁。炀帝岂不以下无忠臣，身不闻过，恶积祸盈，灭亡斯及。若人主所行不当，臣下又无匡谏，苟在阿顺，事皆称美，则君为暗主，臣为谀臣，君暗臣谀，危亡不远。朕今志在君臣上下，各尽至公，共相切磋，以成治道。公等各宜务尽忠谠，匡救朕恶，终不以直言忤意，辄相责怒。'"①《贞观政要·君臣鉴戒》篇载："贞观十四年，太宗以高昌平，召侍臣赐宴于两仪殿，谓房玄龄曰：'高昌若不失臣礼，岂至灭亡？朕平此一国，甚怀危惧，惟当戒骄逸以自防，纳忠謇以自正。黜邪佞，用贤良，不以小人之言而议君子，以此慎守，庶几于获安也。'魏徵进曰：'臣观古来帝王拨乱创业，必自戒慎，采刍荛之议，从忠谠之言。天下既安，则恣情肆欲，甘乐谄谀，恶闻正谏。'"②《贞观政要·贡赋》篇载："贞观十二年，疏勒、朱俱波、甘棠遣使贡方物。太宗谓群臣曰：'向使中国不安，日南、西域朝贡使亦何缘而至？朕何德以堪之！睹此翻怀危惧。近代平一天下，拓定边方者，惟秦皇、汉武。始皇暴虐，至子而亡。汉武骄奢，国祚几绝。朕提三尺剑以定四海，远夷率服，亿兆乂安，自谓不减二主也。然二主末途，皆不能自保，由是每自惧危亡，必不敢懈怠。惟藉公等，直言正谏，以相匡

① 吴兢著，裴汝诚、王义耀、郭子建、顾宏义译注《〈贞观政要〉译注》，上海古籍出版社2007年2月第1版，第38－39页。

② 吴兢著，裴汝诚、王义耀、郭子建、顾宏义译注《〈贞观政要〉译注》，上海古籍出版社2007年2月第1版，第67页。

弼。若惟扬美隐恶,共进谀言,则国之危亡,可立而待也。'"[①]在以史为治的贞观君臣们看来,隋朝之亡,高罗之灭,始皇至子而亡,汉武骄奢,国祚几绝,全在于主上骄矜自用,护短拒谏,而臣下在"得言之地"却杜口无言,偷安重位,"若人主所行不当,臣下又无匡谏,苟在阿顺,事皆称美,则君为暗主,臣为谀臣,君暗臣谀,危亡不远"。正是在如此惨痛的殷鉴面前,贞观君臣一致地认为"各宜务尽忠谠,匡救朕恶,终不以直言忤意,辄相责怒","若惟扬美隐恶,共进谀言,则国之危亡,可立而待也"。闻过即喜,遇忤不怒,这是中国古代圣贤的传统,也是明君的标志。正如《贞观政要·公平》篇中所载贞观十一年魏徵上疏所言:"是以古之哲王,尽己而不以尤人,求身而不以责下。故曰:'禹、汤罪己,其兴也勃焉;桀、纣罪人,其亡也忽焉。'……魏武帝云:'有德之君乐闻逆耳之言、犯颜之诤,亲忠臣,厚谏士,斥谗慝,远佞人者,诚欲全身保国,远避灭亡者也。'"[②]历史上的圣明之君,禹、汤、文、武等,都是"尽己而不以尤人,求身而不以责下"。罪己而不罪人,乐闻逆耳之言,犯颜之诤,这是"全身保国,远避灭亡"的法宝。因此,相对于"全身保国,远避灭亡"而言,逆耳犯颜又算什么呢?

第二节　纳谏与进谏的必要性

除了"兼听则明,偏听则暗"的常识之外,一个人的明智和决策的正确性往往取决于信息渠道的畅通和多样化。为何虚心纳谏和忠言直谏直接关系到家国的兴衰存亡呢?由于涉及皇权稳固的绝对目的性,历史上的帝王大多是把自己的言行看成是绝对真理,容不得别人反对。于是,反对者被视为异类,顺言者竞进,加上国家的私有性质,朕即国家,朕即法律,使君主的最高政治决策缺乏制度上有效的制约性。因此,政治是否清明,君主的圣明昏庸与否,在

---

① 吴兢著,裴汝诚、王义耀、郭子建、顾宏义译注《〈贞观政要〉译注》,上海古籍出版社2007年2月第1版,第249-250页。

② 吴兢著,裴汝诚、王义耀、郭子建、顾宏义译注《〈贞观政要〉译注》,上海古籍出版社2007年2月第1版,第167页。

很大程度上取决于道德劝导和道德约束。这是君主专制下唯一能对君主的人格、政治决策发生影响力的途径和手段。虽然有时是软弱的，但毕竟是唯一的，而且，这一促使、保证君主圣明和政治清明的合理性与正义性的道德约制，也是以君主能否纳下的品质为前提条件的。这样，就使得虚心纳谏、从善如流在君主道德中具有特别重要的意义①。然而，这只是纳谏与进谏必要性的一个方面。吴兢在《贞观政要》中，还分别从人性的弱点和制度两方面进行论述。

首先，在《贞观政要》中，贞观君臣们对人君容易自谓已长，他人不及以及臣下的承意顺旨、甘言取容的人性缺点有着深刻的认识。如《贞观政要·求谏》篇载："贞观十六年，太宗谓房玄龄等曰：'自知者明，信为难矣。如属文之士，伎巧之徒，皆自谓己长，他人不及。若名工文匠，商略诋诃，芜词拙迹，于是乃见。由是言之，人君须得匡谏之臣，举其愆过。一日万机，一人听断，虽复忧劳，安能尽善？常念魏徵随事谏正，多中朕失，如明镜鉴形，美恶必见。'因举觞赐玄龄等数人勖之。"②《贞观政要·纳谏》篇载："贞观十八年，太宗谓长孙无忌等曰：'夫人臣之对帝王，多顺从而不逆，甘言以取容。'"③《贞观政要·悔过》篇载："贞观十八年，太宗谓侍臣曰：'夫人臣之对帝王，多承意顺旨，甘言取容。朕今欲闻己过，卿等皆可直言。'"④《贞观政要·慎终》篇载：贞观十三年，魏徵恐太宗不能克终俭约，近岁颇好奢纵，上疏进谏，言辞激切，疏奏，太宗谓徵曰："人臣事主，顺旨甚易，忤情尤难。公作朕耳目股肱，常论思献纳。朕今闻过能改，庶几克终善事。若违此言，更何颜与公相见？复欲何方以理天

---

① 肖群忠《君德论——〈贞观政要〉研究》，甘肃人民出版社 1995 年 9 月第 1 版，162 –163 页。

② 吴兢著，裴汝诚、王义耀、郭子建、顾宏义译注《〈贞观政要〉译注》，上海古籍出版社 2007 年 2 月第 1 版，第 42 –43 页。

③ 吴兢著，裴汝诚、王义耀、郭子建、顾宏义译注《〈贞观政要〉译注》，上海古籍出版社 2007 年 2 月第 1 版，第 51 页。

④ 吴兢著，裴汝诚、王义耀、郭子建、顾宏义译注《〈贞观政要〉译注》，上海古籍出版社 2007 年 2 月第 1 版，第 200 页。

下？自得公疏，反复研寻，深觉词强理直，遂列为屏障，朝夕瞻仰。又寻付史司，冀千载之下识君臣之义。”[①]在君臣关系上，由于至高无上，唯我独尊的地位，加上代天理物的君权代表神权的合理性的理论解释，使得君王容易产生“自谓己长，他人不及”的自我误读，进而刚愎自用，走向独裁，对于臣下谏诤之言，“辞理不称者，或对面穷诘”[②]，“以其不称旨，或面加诘难，无不惭退”[③]，甚至拒纳谏言。正如贞观三年十二月，在讨论《论语》经义时，孔颖达提醒唐太宗说：“若位居尊极，炫耀聪明，以才陵人，饰非拒谏，则下情不通，取亡之道也。”[④]而对于臣下而言，面对有如九重之上，雷霆万钧的君王，则容易显露人性的弱点，如“多顺从而不逆，甘言以取容”、“多承意顺旨，甘言取容”、“人臣事主，顺旨甚易，忤情尤难”，这是由君王同样具有人性的弱点以及制度的专制性所决定的，为了生存，为了自己的身家性命，也为了自己的政治前途，“承意顺旨，甘言取容”则是最容易最简便的方法。贞观君臣对纳谏与进谏中君臣人性上的弱点的深刻认识，在某种意义上是对中国古代社会中纳谏与进谏史的一种总结，无疑对贞观君臣认识并克服自身这一人性弱点，提供了某种免疫力和理性精神。

其次，贞观君臣们对中国历史上君臣在危难与太平不同时期纳谏与进谏的态度的变化，也有着深刻的认识、总结和反省。如《贞观政要·君道》篇载：贞观十五年，魏徵对唐太宗说：“观自古帝王，在于忧危之间则任贤受谏，及至安乐，必怀宽怠，言事者惟令兢惧，日陵月替，以至危亡。圣人所以居安思危，

---

① 吴兢著，裴汝诚、王义耀、郭子建、顾宏义译注《〈贞观政要〉译注》，上海古籍出版社2007年2月第1版，第301页。

② 吴兢著，裴汝诚、王义耀、郭子建、顾宏义译注《〈贞观政要〉译注》，上海古籍出版社2007年2月第1版，第51页。

③ 吴兢著，裴汝诚、王义耀、郭子建、顾宏义译注《〈贞观政要〉译注》，上海古籍出版社2007年2月第1版，第200页。

④ 司马光等编著，胡三省音注，“标点《资治通鉴》小组”校点《资治通鉴》，中华书局1956年6月第1版，第13册，第6067页。

正为此也。安而能惧,岂不为难?”[①]《贞观政要·君臣鉴戒》篇载:“贞观十四年,太宗以高昌平,召侍臣赐宴于两仪殿,……魏徵进曰:‘臣观古来帝王拨乱创业,必自戒慎,采刍荛之议,从忠谠之言。天下既安,则恣情肆欲,甘乐谄谀,恶闻正谏。’”[②]《贞观政要·慎终》篇载:“贞观十二年,太宗谓侍臣曰:‘朕读书见前王善事,皆力行而不倦,其所任用公辈数人,诚以为贤,然致理比于三、五之代,犹为不逮,何也?’魏徵对曰:‘今四夷宾服,天下无事,诚旷古所未有。然自古帝王初即位者,皆欲励精为政,比迹于尧、舜;及其安乐也,则骄奢放逸,莫能终其善。人臣初见任用者,皆欲匡主济时,追踪于稷、契;及其富贵也,则思苟全官爵,莫能尽其忠节。若使君臣常无懈怠,各保其终,则天下无忧不理,自可超迈前古也。’太宗曰:‘诚如卿言。’”[③]同篇又载:“贞观十三年,魏徵恐太宗不能克终俭约,近岁颇好奢纵,上疏谏曰:‘臣观自古帝王受图定鼎,皆欲传之万代,贻厥孙谋。故其垂拱岩廊,布政天下,其语道也必先淳朴而抑浮华,其论人也必贵忠良而鄙邪佞,言制度也则绝奢靡而崇俭约,谈物产也则重谷帛而贱珍奇。然受命之初,皆遵之以成治;稍安之后,多反之而败俗。其故何哉?岂不以居万乘之尊,有四海之富,出言而莫己逆,所为而人必从,公道溺于私情,礼节亏于嗜欲故也?语曰:“非知之难,行之惟难;非行之难,终之斯难。”所言信矣。’”[④]“观自古帝王,在于忧危之间则任贤受谏,及至安乐,必怀宽怠,言事者惟令兢惧,日陵月替,以至危亡”,“观古来帝王拨乱创业,必自戒慎,采刍荛之议,从忠谠之言。天下既安,则恣情肆欲,甘乐谄谀,恶闻正谏”,“自古帝王初即位者,皆欲励精为政,比迹于尧、舜;及其安乐也,则骄奢放逸,莫能终

---

① 吴兢著,裴汝诚、王义耀、郭子建、顾宏义译注《〈贞观政要〉译注》,上海古籍出版社2007年2月第1版,第9页。

② 吴兢著,裴汝诚、王义耀、郭子建、顾宏义译注《〈贞观政要〉译注》,上海古籍出版社2007年2月第1版,第67页。

③ 吴兢著,裴汝诚、王义耀、郭子建、顾宏义译注《〈贞观政要〉译注》,上海古籍出版社2007年2月第1版,第293页。

④ 吴兢著,裴汝诚、王义耀、郭子建、顾宏义译注《〈贞观政要〉译注》,上海古籍出版社2007年2月第1版,第293-294页。

其善”,这仿佛已成为一条历史规律。这一规律,可以在某种程度上揭示中国朝代更替和兴亡的某些根本性原因,是十分发人深省的;它正是人性的弱点以及这一弱点通过君主专制制度的缺陷所表现出来的极大危害性。前已述过,君主专制制度下的致治希望,主要依靠于君王的道德自觉,而臣下的进谏,更多的是引起或唤醒君王的这一道德自觉而已。可是,由于君王被赋予至高无上的地位和特权,臣民、国土在某种意义上成为君王的私有财产,正如魏徵所说的“居万乘之尊,有四海之富,出言而莫己逆,所为而人必从”,臣下的谏诤包括国家的法律是不能以危害到君王的根本利益为前提的;另一方面,人性的私己性、脆弱性和局限性藉着巨大的特权空间,往往可以发挥极大地作用,从而容易对国家和社会造成极大的危害。可是,如果人在忧危之间,拨乱创业之际,迫于内外环境的压力和挑战,则往往自我戒慎,任贤受谏,励精为政,这也是物竞天择、适者(强者)生存的规律使然。可是一旦“天下既安”,内外环境生存竞争的压力逐渐消逝,享乐、安逸,甚至骄奢放逸的生命本能便会不知不觉、自然而然地浮现出来,成为生活的主导倾向,并在某种程度上成为早期艰苦创业的一种心理补偿。而且,中国历代的帝王,打天下的目的便是为了坐江山、享天下,绝非为了天下苍生的根本利益。这已成为历代帝王包括他们的追随者们公开而且被广为肯定普遍接受的人生价值观念。本来,追求快乐、舒适的生活应是每个个体生命与生俱来的基本权利,也是应当加以肯定和鼓励的,问题的关键就在于这一追求人生快乐甚至是享乐的价值观念一旦与拥有巨大特权的集团(专制制度下的君臣)结合起来,社会或者制度本身势必无法形成对他们有效的抑制作用,而人的欲望往往又是无可止境的,它们自然会借着社会制度所提供所赋予的看似合理的制度和特权,无限制地膨胀了起来,在此情景之下,作为社会弱势群体的利益,自然而然会受到毫无止境毫无限制的危害和侵夺,最后迫使他们为了仅有的生存权利不得不铤而走险,揭竿而起,推翻这一让其无法生存的利益集团的统治。中国历史上很多的改朝换代,基本上是在这一情形下发生的。作为一个农业大国的农民,在自给自足的自然经济的条件下,已形成了老实本分、勤劳节俭,甚至胆小怕事的性格,而能把这一群体推到铤而走险、揭竿而起的抛头颅、洒热血的悬崖边上，起来反抗他们曾经认为天经地义地统治他们的君王，从中可见他们所受的压迫和剥削之深以及他们生存的非人状态，更可见君王们在天下既安之后，与其利益集团的恣情肆欲、骄奢放逸可以达到何种非人的程度！更可怕的是，这似乎已经成为专制制度下的一条带有规律性的原则。当然，如我们上文所论，一个王朝衰亡最根本原因是与其入不敷出的制度成本息息相关的。

不幸的是，这一带有规律性的原则同样适应在唐太宗的身上。“靡不有初，鲜克有终”，作为一代英主，开创“贞观之治”的唐太宗，同样难逃这一宿命。因为这是由人性的弱点藉着专制制度的缺陷所引起的危害，只要有人性缺陷和人治制度缺陷这两大肥沃的土壤，“靡不有初，鲜克有终”的规律必将四季常青！只是唐太宗从贞观十一年之后的“渐不克终”并没有带来超越百姓忍耐的底线，而且实际上，贞观后期，国力的强大，经济的繁荣，人口的增加，农田的开垦，文化的昌盛，中外交流的密切，都是超过前十年的。因此，唐太宗并没有在历史上给人留下太多的诟病。但是，作为有深沉历史忧患意识的历史学家特别是意在以贞观之政警诫唐玄宗的吴兢是不能放过唐太宗这一点的。在《贞观政要》中，他反复借魏徵之口，毫不留情地揭示了唐太宗这一代英主渐不克终的具体过程，其用意也是显而易见的，那就是像唐太宗如此可称之为贤明之君的人，周围又有那么多贤能謇谔之士辅佐，他们又大多亲历隋末空前的社会动乱，对朝代的更替，历史的兴亡有着比常人更多的感同身受，尚且如此，遑论他人！吴兢的兢惧之心，警诫之意，自在言外！这正如魏徵引用的古语所说的“非知之难，行之惟难；非行之难，终之斯难”①。吴兢在《贞观政要·纳谏》篇所附的《直谏》篇载：“贞观十二年，太宗谓魏徵曰：‘比来所行得失，政化何如往前？’对曰：‘若恩威所加，远夷朝贡，比于贞观之始，不可等级而言。若德义潜通，民心悦服，比于贞观之初，相去又甚远。’太宗曰：‘远夷来服，应由德义所加。往前功业，何因益大？’徵曰：‘昔者四方未定，常以德义为

① 吴兢著，裴汝诚、王义耀、郭子建、顾宏义译注《〈贞观政要〉译注》，上海古籍出版社 2007 年 2 月第 1 版，第 294 页。

心，旋以海内无虞，渐加骄奢自溢。所以功业虽盛，终不如往初。'太宗又曰：'所行比往前何为异？'徵曰：'贞观之初，恐人不言，导之使谏。三年已后，见人谏，悦而从之。一二年来，不悦人谏，虽黾勉听受，而意终不平，谅有难色。'太宗曰：'于何事如此？'对曰：'即位之初，处元律师死罪，孙伏伽谏曰："法不至死，无容滥加酷罚。"遂赐以兰陵公主园，直钱百万。人或曰："所言乃常事，而所赏太厚。"答曰："我即位来，未有谏者，所以赏之。"此导之使言也。徐州司户柳雄于隋资妄加阶级。人有告之者，陛下令其自首，不首与罪。遂固言是实，竟不肯首。大理推得其伪，将处雄死罪，少卿戴胄奏法止合徒。陛下曰："我已与其断当讫，但当与死罪。"胄曰："陛下既不然，即付臣法司。罪不合死，不可酷滥。"陛下作色遣杀，胄执之不已，至于四五，然后赦之。乃谓法司曰："但能为我如此守法，岂畏滥有诛夷。"此则悦以从谏也。往年陕县丞皇甫德参上书大忤圣旨，陛下以为讪谤，臣奏称上书不激切，不能起人主意，激切即似讪谤。于时虽从臣言，赏物二十段，意甚不平，难于受谏也。'太宗曰：'诚如公言，非公无能道此者。人皆苦不自觉，公向未道时，都自谓所行不变。及见公论说，过失堪惊。公但存此心，朕终不违公语。'"①《贞观政要·慎终》篇载：贞观十三年，魏徵恐太宗不能克终俭约，近岁颇好奢纵，上疏进谏，其中云："伏惟陛下，年甫弱冠，大拯横流，削平区宇，肇开帝业。贞观之初，时方克壮，抑损嗜欲，躬行节俭，内外康宁，遂臻致治。论功则汤、武不足方，语德则尧、舜未为远。臣自擢居左右，十有余年，每侍帷幄，屡奉明旨。常许仁义之道，守之而不失；俭约之志，终始而不渝。一言兴邦，斯之谓也。德音在耳，敢忘之乎？而顷年以来，稍乖曩志，敦朴之理，渐不克终。谨以所闻，列之于左：陛下贞观之初，无为无欲，清净之化，远被遐荒。考之于今，其风渐坠，听言则远超于上圣，论事则未逾于中主。何以言之？汉文、晋武俱非上哲，汉文辞千里之马，晋武焚雉头之裘。今则求骏马于万里，市珍奇于域外，取怪于道路，见轻于戎狄，此其渐不克终，一也。昔子贡问理人于孔子，孔子曰：'懔乎若朽索之驭六

① 吴兢著，裴汝诚、王义耀、郭子建、顾宏义译注《〈贞观政要〉译注》，上海古籍出版社 2007 年 2 月第 1 版，第 63－64 页。

马。'子贡曰:'何其畏哉?'子曰:'不以道导之,则吾仇也,若何其无畏?'故《书》曰:'民惟邦本,本固邦宁。'为人上者奈何不敬?陛下贞观之始,视人如伤,恤其勤劳,爱民犹子,每存简约,无所营为。顷年以来,意在奢纵,忽忘卑俭,轻用人力,乃云:'百姓无事则骄逸,劳役则易使。'自古以来,未有由百姓逸乐而致倾败者也,何有逆畏其骄逸而故欲劳役者哉?恐非兴邦之至言,岂安人之长算?此其渐不克终,二也。陛下贞观之初,损己以利物,至于今日,纵欲以劳人,卑俭之迹岁改,骄侈之情日异。虽忧人之言不绝于口,而乐身之事实切于心。或时欲有所营,虑人致谏,乃云:'若不为此,不便我身。'人臣之情,何可复争?此直意在杜谏者之口,岂曰择善而行者乎?此其渐不克终,三也。立身成败,在于所染,兰芷鲍鱼,与之俱化,慎乎所习,不可不思。陛下贞观之初,砥砺名节,不私于物,惟善是与,亲爱君子,疏斥小人。今则不然,轻亵小人,礼重君子。重君子也,敬而远之;轻小人也,狎而近之。近之则不见其非,远之则莫知其是。莫知其是,则不间而自疏;不见其非,则有时而自昵。昵近小人,非致理之道;疏远君子,岂兴邦之义?此其渐不克终,四也。《书》曰:'不作无益害有益,功乃成;不贵异物贱用物,人乃足。犬马非其土性不畜,珍禽奇兽弗育于国。'陛下贞观之初,动遵尧、舜,捐金抵璧,反朴还淳。顷年以来,好尚奇异,难得之货,无远不臻;珍玩之作,无时能止。上好奢靡而望下敦朴,未之有也。末作滋兴,而求丰实,其不可得,亦已明矣。此其终不克终,五也。贞观之初,求贤如渴,善人所举,信而任之,取其所长,恒恐不及。近岁以来,由心好恶,或众善举而用之,或一人毁而弃之,或积年任而用之,或一朝疑而远之。夫行有素履,事有成迹,所毁之人,未必可信于所举,积年之行,不应顿失于一朝。君子之怀,蹈仁义而弘大德;小人之性,好谗佞以为身谋。陛下不审察其根源,而轻为之臧否,是使守道者日疏,干求者日进,所以人思苟免,莫能尽力。此其渐不克终,六也。陛下初登大位,高居深视,事惟清净,心无嗜欲,内除毕弋之物,外绝畋猎之源。数载之后,不能固志,虽无十旬之逸,或过三驱之礼,遂使盘游之娱,见讥于百姓;鹰犬之贡,远及于四夷。或时教习之处,道路遥远,侵晨而出,入夜方还。以驰骋为欢,莫虑不虞之变,事之不测,其可救乎？此其渐不克终，七也。孔子曰：'君使臣以礼，臣事君以忠。'然则君之待臣，义不可薄。陛下初践大位，敬以接下，君恩下流，臣情上达，咸思竭力，心无所隐。顷年以来，多所忽略，或外官充使，奏事入朝，思睹阙庭，将陈所见，欲言则颜色不接，欲请又恩礼不加，间因所短，诘其细过。虽有聪辩之略，莫能申其忠款，而望上下同心，君臣交泰，不亦难乎？此其渐不克终，八也。傲不可长，欲不可纵，乐不可极，志不可满。四者，前王所以致福，通贤以为深诫。陛下贞观之初，孜孜不怠，屈己从人，恒若不足。顷年已来，微有矜放，恃功业之大，意蔑前王，负圣智之明，心轻当代，此傲之长也。欲有所为，皆取遂意，纵或抑情从谏，终是不能忘怀，此欲之纵也。志在嬉游，情无厌倦，虽未全妨政事，不复专心治道，此乐将极也。率土乂安，四夷款服，仍远劳士马，问罪遐裔，此志将满也。亲狎者阿旨而不肯言，疏远者畏威而莫敢谏，积而不已，将亏圣德。此其渐不克终，九也。昔陶唐、成汤之时，非无灾患，而称其圣德者，以其有始有终，无为无欲，遇灾则极其忧勤，时安则不骄不逸故也。贞观之初，频年霜旱，畿内户口并就关外，携负老幼，来往数年，曾无一户逃亡、一人怨苦。此诚由识陛下矜育之怀，所以至死无携贰。顷年已来，疲于徭役，关中之人，劳弊尤甚。杂匠之徒，下日悉留和雇；正兵之辈，上番多别驱使；和市之物不绝于乡闾，递送之夫相继于道路。既有所弊，易为惊扰，脱因水旱，谷麦不收，恐百姓之心，不能如前日之宁帖。此其渐不克终，十也。臣闻'祸福无门，惟人所召'。人无衅焉，妖不妄作。伏惟陛下统天御宇十有三年，道洽寰中，威加海外，年谷丰稔，礼教聿兴，比屋喻于可封，菽粟同于水火。暨乎今岁，天灾流行，炎气致旱，乃远被于郡国；凶丑作孽，忽近起于毂下。夫天何言哉？垂象示诫，斯诚陛下惊惧之辰，忧勤之日也。若见诫而惧，择善而从，同周文之小心，追殷汤之罪己。前王所以致礼者，勤而行之；今时所以败德者，思而改之。与物更新，易人视听，则宝祚无疆，普天幸甚，何祸败之有乎？然则社稷安危，国家治乱，在于一人而已。当今太平之基，既崇极天之峻；九仞之积，犹亏一篑之功。千载休期，时难再得，明主可为而不为，微臣所以郁结而长叹者也。臣诚愚鄙，不达事机，略举所见十条，辄以上闻圣德。伏愿陛下采臣狂瞽之言，参以刍荛之议，冀千虑一得，衮职有补，则死日生年，甘从斧钺。’疏奏，太宗谓徵曰：‘人臣事主，顺旨甚易，忤情尤难。公作朕耳目股肱，常论思献纳。朕今闻过能改，庶几克终善事，若违此言，更何颜与公相见？复欲何方以理天下？自得公疏，反复研寻，深觉词强理直，遂列为屏障，朝夕瞻仰。又录付史司，冀千载之下识君臣之义。’乃赐徵黄金十斤，厩马二匹。”[①]在贞观十二年的谏言中，魏徵指出：“昔者四方未定，常以德义为心，旋以海内无虞，渐加骄奢自溢，所以功业虽盛，终不如往初”。接着，魏徵具体地指出了“所行比往前何为异”的原因，便是唐太宗从贞观初的虚心纳谏到贞观中期的逐渐变成勉强听谏。贞观十三年的谏疏便是著名的《十谏疏》。贞观初，唐太宗励精图治。据《贞观政要·择官》篇载：“朕每夜恒思百姓间事，或至夜半不寐。惟恐都督、刺史堪养百姓以否。”[②]至贞观六年，当时文武官员认为天下太平，年谷丰登，建议唐太宗到泰山举行“封禅”大礼。唐太宗也认为自己“功高”、“德厚”，颇为得意。后因魏徵的反对，封禅没有举行，但已跟贞观初兢兢业业，唯恐不及的情形有了一些变化了。再后，据马周反映，“百姓颇有怨嗟之言，以陛下不存养之”[③]。当然，此时的唐太宗还是比较清醒的。贞观十一年后，唐太宗因功业渐大而产生的骄奢放逸越来越明显。许多大臣便不断地上疏切谏。魏徵四次上《论时政疏》，批评唐太宗“虽有善始之勤，未睹克终之美”[④]。马周也上疏：“今比年丰穰，匹绢得粟十余斛，而百姓怨咨者，知陛下不复念之，多营不急之务故也。”[⑤]岑文本也上疏封事，希望唐太宗居安思危，慎始如终。而贞观十三年魏徵的这

---

① 吴兢著，裴汝诚、王义耀、郭子建、顾宏义译注《〈贞观政要〉译注》，上海古籍出版社2007年2月第1版，第301页。

② 吴兢著，裴汝诚、王义耀、郭子建、顾宏义译注《〈贞观政要〉译注》，上海古籍出版社2007年2月第1版，第77页。

③ 吴兢著，裴汝诚、王义耀、郭子建、顾宏义译注《〈贞观政要〉译注》，上海古籍出版社2007年2月第1版，第203页。

④ 吴兢著，裴汝诚、王义耀、郭子建、顾宏义译注《〈贞观政要〉译注》，上海古籍出版社2007年2月第1版，第173页。

⑤ 司马光编著，胡三省音注，“标点《资治通鉴》小组”校点《资治通鉴》，中华书局1956年6月第1版，第13册，第6132－6133页。

一《十谏疏》,便是其中最著名也最有代表性的。奏疏开头便指出了“渐克不终”的原因:“岂不以居万乘之尊,有四海之富,出言而莫己违,所为而人必从,公道溺于私情,礼节亏于嗜欲故也?”而明确指出,这是君主专制制度不可克服的通病了。魏徵的言外之意是,你这以尧舜等圣明君王自期的唐太宗,与那些历史上昏暴的君王,在这一点上,又有何异?差别只在五十步与一百步耳。“贞观之初,时方克壮,抑损嗜欲,躬行节俭,内外康宁,遂臻致治”,而“顷年以来,稍乖曩志,淳朴之理,渐不克终”,具体表现在:贞观之初,无为无欲,清静之化,远被遐荒,现在则“其风渐坠”,求骏马于万里,市珍奇于域外,这连一般的君王都说不上,何望己于圣君?贞观之初,恤民简约,无所营为,顷年以来,意在奢纵,思忘卑俭,轻用人力;贞观之初,砥砺名节,公正无私,亲爱君子,疏斥小人,今则昵近小人,疏远君子;贞观之初,捐金抵璧,反朴还淳,今则好尚奇异,难得之货,无远不臻,珍玩之作,无时能止;贞观之初,求贤如渴,信用贤能,近则由心好恶,多疑不信;初登大位,高居深视,事惟清静,数载之后,渐事盘游之娱,莫虑不虞之变;初则接臣以礼,君臣竭力,心无所隐,后则多所忽略,颜色不接,恩礼不加;初则孜孜不怠,屈己从人,恒若不足,后则矜放恃功,意蔑心轻,令人畏威而不敢谏;初则矜育百姓,人怀感激,后则徭役劳弊,百姓之心,“不能如前日之宁贴”。在具体论到十不终的同时,魏徵也指出其对国家的危害,最后又以“暨乎今年,天灾流行”乃是天意“垂象示诫”以警诫唐太宗,希望他“见诫而惧,择善而从,同周文之小心,追殷汤之罪己”。作者论思献纳,殷勤忠诚之心,见于言外。而唐太宗最终也表示闻过思改,“庶几克终善事”。这显然是直谏产生的效果。及至贞观二十二年,唐太宗对自己做了这样的评价:“吾居位已来,不善多矣,锦绣珠玉不绝于前,宫室台榭屡有兴作,犬马鹰隼无远不致,行游四方,供顿烦劳,此皆吾之深过,勿以为是而法之。顾我弘济苍生,其益多;肇造区夏,其功大。益多损少,故人不怨;功大过微,故业不堕;然比之尽美尽善,固多愧矣。”①唐太宗是一个有着反思能力的皇帝,这是其难

① 司马光等编著,胡三省音注,“标点《资治通鉴》小组”校点《资治通鉴》,中华书局1956年6月第1版,第6251页。

能可贵之处，也是吴兢在《贞观政要》一书中多加肯定并希望唐玄宗以之为榜样的地方。“功大过微，故业不堕”，这是对“贞观之治”十分恰当的评价。这一评估中，贯穿着唐太宗对自己（其实也是某种普遍的人性）的某种无奈。而唐玄宗则在“渐不克终”中走得太远了，最终导致生民涂炭，帝国崩溃。吴兢的良苦用心没有像魏徵他们那样得到唐太宗的理解！

再次，贞观君臣深知一人之耳目有限，思虑难周，非集思广益，难以求治，故君臣同心一意，尽力纳谏与进谏。上面所述，中国自古就有兼听则明，偏听则暗的思想，无论是平常的为人处世，还是国君的治理天下，无不如是。如《淮南子·人间训》云：“不行礼义，一不祥也；嗜欲无止，二不祥也；不听强谏，三不祥也。”①王符《潜夫论·明暗》云：“国之所以治者，君明也；其所以乱者，君暗也。君之所以明者，兼听也；其所以暗者，偏信也。是故人君通必兼听，则圣日广矣；庸说偏信，则愚日甚矣。”②把兼听偏信与明暗圣庸联系起来。这一“兼听则明，偏听则暗”的思想，有时是与倾听民意联系在一起的。如郑国子产不毁乡校时说：“夫人朝夕退而游焉，以议执政之善否。其所善者，吾则行之；其所恶者，吾则改之。是吾师也，若之何毁之？我闻忠善以损怨，不闻作威以防怨。岂不遽止？然犹防川：大决所犯，伤人必多，吾不克救也；不如小决使道，不如吾闻而药之也。”③王符也说：“故治国之道，劝之使谏，宣之使言，然后君明察而治情通矣。”④在“民惟邦本，本固邦宁”的仁政礼治的治国思想中，倾听民意民情，了解民情，乃是治国的出发点和立足点，虽然，其根本的目的乃在于维护统治者的利益，但也可看出，统治者的利益与民众的利益并非总是对立

① 高诱注《〈淮南子〉注》，影印本《诸子集成》第七册，上海书店 1986 年 7 月第 1 版，第 323 页。

② 王符著《潜夫论》，影印本《诸子集成》第八册，上海书店 1986 年 7 月第 1 版，第 22 页。

③ 左丘明著，杨伯峻前言、蒋翼骋标点《左传》，岳麓书社 1988 年 12 月第 1 版，第 262 页。

④ 王符著《潜夫论》，影印本《诸子集成》第八册，上海书店 1986 年 7 月第 1 版，第 25 页。

矛盾的，其中有其一致性之处。而在《贞观政要》中，贞观君臣对纳谏与进谏的重视，更多的是从人性的有限性以及制度的认识开始的。如《贞观政要·政体》篇载："贞观四年，太宗问萧瑀曰：'隋文帝何如主也？'对曰：'克己复礼，勤劳思政，每一坐朝，或至日昃，五品已上，引坐论事，宿卫之士，传飧而食，虽性非仁明，亦是励精之主。'太宗曰：'公知其一，未知其二。此人性至察而心不明。夫心暗则照有不通，至察则多疑于物。又欺孤儿寡妇以得天下，恒恐群臣内怀不服，不肯信任百司，每事皆自决断，虽则劳神苦形，未能尽合于理。朝臣既知其意，亦不敢直言。宰相以下，惟即承顺而已。朕意则不然，以天下之广，四海之众，千端万绪，须合变通，皆委百司商量，宰相筹画，于事稳便，方可奏行。岂得以一日万机，独断一人之虑也。且日断十事，五条不中，中者信善，其如不中者何？以日继月，乃至累年，乖谬既多，不亡何待？岂如广任贤良，高居深视，法令严肃，谁敢为非？'因令诸司，若诏敕颁下有未稳便者，必须执奏，不得顺旨便即施行，务尽臣下之意。"[①]《贞观政要·求谏》篇载：贞观初，太宗尝谓公卿曰："人欲自照，必须明镜，主欲知过，必藉忠臣。主若自贤，臣不匡正，欲不危败，岂可得乎？"[②]同篇又载："贞观元年……谏议大夫王珪对曰：'臣闻木从绳则正，后从谏则圣。是故古者圣主必有争臣七人，言而不用，则相继以死。陛下开圣虑，纳刍荛，愚臣处不讳之朝，实愿罄其狂瞽。'太宗称善，诏令自是宰相入内平章国计，必使谏官随入，预闻政事。有所开说，必虚己纳之。"[③]同篇又载："贞观十六年，太宗谓房玄龄等曰：'自知者明，信为难矣。如属文之士，伎巧之徒，皆自谓己长，他人不及。若名工文匠，商略诋诃，芜词拙迹，于是乃见。由是言之，人君须得匡谏之臣，举其愆过。一日万机，一人听断，虽复忧劳，安能尽善？常念魏徵随事谏正，多中朕失，如明镜鉴形，美恶必

---

① 吴兢著，裴汝诚、王义耀、郭子建、顾宏义译注《〈贞观政要〉译注》，上海古籍出版社2007年2月第1版，第12－13页。

② 吴兢著，裴汝诚、王义耀、郭子建、顾宏义译注《〈贞观政要〉译注》，上海古籍出版社2007年2月第1版，第37页。

③ 吴兢著，裴汝诚、王义耀、郭子建、顾宏义译注《〈贞观政要〉译注》，上海古籍出版社2007年2月第1版，第37－38页。

见。'因举觞赐玄龄等数人勖之。"[①]人皆有自爱甚至自恋的一面,"皆自谓己长,他人不及",所以才说"自知者明,信为难矣",平常之人尚且如此,如果使其拥有至高无上的地位和特权,在万众的呼拥仰仗声中,自我的膨胀更是无可止境,难以抑制!而其一言一行关涉着家国的兴亡,百姓的祸福,所以,作为一国之主的国君,若是刚愎自用,不听谏诤,那真是"亡无日矣"!原因很简单,人之智虑有限,"一日万机,一人听断,虽复忧劳,安能尽善"?加上阿谀奉承的遮蔽,"日断十事,五条不中,中者信善,其如不中者何"?所以唐太宗认为事皆自断而劳神苦形、勤劳思政的隋文帝,并非励精之主,正是他间接或直接地导致了隋朝的灭亡,此其一。其二,至察独断导致了对臣下的不信任,破坏了君臣同心共济的和谐政治,君臣互相疑贰,敷衍苟且,导致国君之过失没有得到及时的纠正,以致愈演愈烈,最终导致国家的衰亡。因此,唐太宗反复强调,"人欲自照,必须明镜,主欲知过,必藉忠臣。主若自贤,臣不匡正,欲不危败,岂可得乎"?"人君须得匡谏之臣,举其愆过"。谏议大夫王珪也说:"臣闻木从绳则正,后从谏则圣。"为此,唐太宗才实行了"宰相入内平章国计,必使谏官随入,预闻政事"的政策,可谓在中国谏诤史上,开了历史的先河。

第三节 虚心纳谏

既然把纳谏和进谏与家国盛衰兴亡紧密联系在一起,同时也是个体生命人性自我完善之所需,加上历史上有君王善于纳谏的传统,唐太宗便自觉地倡行虚心听谏,诚心纳谏之风,使他在这方面成为中国历史上做得最好的少有的帝王之一。《贞观政要》在载述这方面内容时,可谓大书特书,具体是从以下几个方面入手的。

首先是强调贞观君臣们深刻地认识并自觉地遵行中国历史上的谏诤传统。如《贞观政要·求谏篇》载:贞观元年,谏议大夫王珪对唐太宗说:"臣闻

① 吴兢著,裴汝诚、王义耀、郭子建、顾宏义译注《〈贞观政要〉译注》,上海古籍出版社2007年2月第1版,第42-43页。

木从绳则正,后从谏则圣。是故古者圣主必有争臣七人,言而不用,则相继以死。”[①]同篇又载:贞观二年,杜如晦对太宗曰:“天子有诤臣,虽无道不失其天下。”最后又以“虞世基位居宰辅,在得言之地,竟无一言谏诤,诚亦合死”[②]作结。《贞观政要·公平》篇载:贞观十一年,魏徵上疏,其中云:“臣闻尧有敢谏之鼓,舜有诽谤之木,汤有司过之史,武有戒慎之铭。此则听之于无形,求之于未有,虚心以待下,庶下情之达上,上下无私,君臣合德者也。”[③]《国语·周语上》有篇“邵公谏弭谤”,更是历史上著名的天子纳谏章。贞观君臣们反复地强调并自觉地遵行中国古代这一优良的谏诤传统,正是吸取了前朝人主或独断自明或昏庸无道而臣下又无匡谏,“苟在阿顺,事皆称美,则君为暗主,臣为谀臣”,最终导致家国覆亡的惨痛教训。体察民意,倾听民声,“口之宣言也,善败于是乎兴”,是仁政德治的基础;而集思广益,兼听则明,则是治国成败的关键;而信息源的多样性,可以最大限度地确保决策的客观性和正确性。虽然倾听与否的主动权仍然掌握在君王的手中,但倘若他认识到这关系到家国的盛衰兴亡,其利害得失自然而明。如此说来,在某种程度上,君王倾听民意与否的主动权也并非完全掌握在君王手中,因为其中所蕴含着的治国客观规律是不以人的主观意志为转移的。贞观君臣们对谏诤等传统的重视和执行也正是基于对这一客观规律的体认。

贞观君臣们的另一共识就是充分认识到纳谏与进谏的不容易。首先最不容易的是臣下对君王的忠言直谏。如《贞观政要·求谏》篇载:“贞观六年,太宗以御史大夫韦挺、中书侍郎杜正伦、秘书少监虞世南、著作郎姚思廉等上封事称旨,召而谓曰:‘朕历观自古人臣立忠之事,若值明主,便宜尽诚规谏,至如龙逄、比干,不免孥戮。为君不易,为臣极难。朕又闻龙可扰而驯,然喉下有

---

① 吴兢著,裴汝诚、王义耀、郭子建、顾宏义译注《〈贞观政要〉译注》,上海古籍出版社2007年2月第1版,第37–38页。

② 吴兢著,裴汝诚、王义耀、郭子建、顾宏义译注《〈贞观政要〉译注》,上海古籍出版社2007年2月第1版,第38、39页。

③ 吴兢著,裴汝诚、王义耀、郭子建、顾宏义译注《〈贞观政要〉译注》,上海古籍出版社2007年2月第1版,第167页。

逆鳞。卿等遂不避犯触,各进封事。常能如此,朕岂虑宗社之倾败!每思卿等此意,不能暂忘,故设宴为乐。'仍赐绢有差。"①同篇又载:"贞观十五年,太宗问魏徵曰:'比来朝臣都不论事,何也?'征对曰:'陛下虚心采纳,诚宜有言者。然古人云:"未信而谏,则以为谤己;信而不谏,则谓之尸禄。"但人之才器,各有不同,懦弱之人,怀忠直而不能言;疏远之人,恐不信而不得言;怀禄之人,虑不便身而不敢言。所以相与缄默,俛仰过日。'太宗曰:'诚如卿言。朕每思之,人臣欲谏,辄惧死亡之祸,与夫赴鼎镬、冒白刃,亦何异哉?故忠贞之臣,非不欲竭诚。竭诚者,乃是极难。所以禹拜昌言,岂不为此也!朕今开怀抱,纳谏诤。卿等无劳怖惧,遂不极言。'"②《贞观政要·纳谏》篇载:贞观四年,诏发卒修洛阳之乾元殿以备巡狩。给事中张玄素上书极谏,言辞激切,以致唐太宗对他说:"'卿以我不如炀帝,何如桀、纣?'对曰:'若此殿卒兴,所谓同归于乱。'太宗叹曰:'我不思量,遂至于此。'顾谓房玄龄曰:'今玄素上表,洛阳实亦未宜修造,后必事理须行,露坐亦复何苦?所有作役,宜即停之。然以卑干尊,古来不易,非其忠直,安能如此?且众人之唯唯,不如一士之谔谔。可赐绢二百匹。'"③由于帝王具有至高无上、生死予夺之权,因此,进谏或直谏君王被称为"犯龙鳞"。传说,龙喉下"有逆鳞径尺,人有婴之,则必杀人"④,因此,进谏"与夫赴鼎镬、冒白刃,亦何异哉"?是冒着自家生命,甚至孤注一掷的危险的。如尽诚规谏的关龙逢、比干,"不免孥戮",就是典型的例子,即便是遇到贤明的君王,由于其亦有喜怒无常的时候,因此也会常常令臣下怖惧而未能尽言。作为臣下,就像魏徵引《说苑》的话说:"未信而谏,则以为谤己;信而不谏,则谓之尸禄。"魏徵又引申说:"但人之才器,各有不同,懦弱之人,怀忠直

---

① 吴兢著,裴汝诚、王义耀、郭子建、顾宏义译注《〈贞观政要〉译注》,上海古籍出版社2007年2月第1版,第42页。

② 吴兢著,裴汝诚、王义耀、郭子建、顾宏义译注《〈贞观政要〉译注》,上海古籍出版社2007年2月第1版,第42页。

③ 吴兢著,裴汝诚、王义耀、郭子建、顾宏义译注《〈贞观政要〉译注》,上海古籍出版社2007年2月第1版,第47页。

④ 司马迁著《史记》,中华书局2011年1月第1版,第1910页。

而不能言；疏远之人，恐不信而不得言；怀禄之人，虑不便身而不敢言”，作为臣下的人性的弱点就更容易突显。性格懦弱，疏远不信，怀私贪禄，明哲保身，应付周旋，甚至阿旨谀谄，更容易成为臣之常道，而这又要背负道德和良心的不安和谴责。因此，贞观君臣一致地感叹便是：“为君不易，为臣极难”，“故忠贞之臣，非不欲竭诚。竭诚者，乃是极难”，“以卑干尊，古来不易，非其忠直，安能如此”？

然而，“为臣极难”，为君又何尝容易呢？吴兢借贞观君臣之口，说出了至高无上、生死予夺的地位和威权所给君王带来的困境。如《贞观政要·谦让》篇载：贞观二年，太宗谓侍臣曰：“人言作天子则得自尊崇，无所畏惧，朕则以为正合自守谦恭，常怀畏惧。昔舜诫禹曰：‘汝惟不矜，天下莫与汝争能；汝惟不伐，天下莫与汝争功。’又《易》曰：‘人道恶盈而好谦。’凡为天子，若惟自尊崇，不守谦恭者，在身倘有不是之事，谁肯犯颜谏奏？”[①]同篇又载：“贞观三年，太宗问给事中孔颖达曰：‘《论语》云：“以能问于不能，以多问于寡，有若无，实若虚。”何谓也？’颖达对曰：‘圣人设教，欲人谦光，己虽有能，不自矜大，仍就不能之人，求访能事。己之才艺虽多，犹病以为少，仍就寡少之人更求所益。己之虽有，其状若无，己之虽实，其容若虚。非惟匹庶，帝王之德，亦当如此。夫帝王内蕴神明，外须玄默，使深不可知。故《易》称“以《蒙》养正，以《明夷》莅众”，若其位居尊极，炫耀聪明，以才陵人，饰非拒谏，则上下情隔，君臣道乖，自古灭亡，莫不由此也。’太宗曰：‘《易》云：“劳谦，君子有终，吉。”诚如卿言。’诏赐物二百段。”[②]人性中本就有以自我为中心的性格倾向，强弱因人而异而已；又有好竞争，以显己能的本性。因此，己虽有能，不自矜大，已是不易；而要“以能问于不能，以多问于寡，有若无，实若虚”，则更是难上加难；加上帝王拥有最尊崇的名位，更是容易自我膨胀，因位居尊极而炫耀聪明，以才凌人，

---

① 吴兢著，裴汝诚、王义耀、郭子建、顾宏义译注《〈贞观政要〉译注》，上海古籍出版社2007年2月第1版，第183页。

② 吴兢著，裴汝诚、王义耀、郭子建、顾宏义译注《〈贞观政要〉译注》，上海古籍出版社2007年2月第1版，第184页。

饰非拒谏，甚至造成了“自古帝王多任情喜怒，喜则滥赏无功，怒则滥杀无罪”[①]的可怕现象，过于集中的权力容易造成蒙蔽不明，拥有权力者的智商和情商也会随之下降。这也是心理研究得出的结论。所以，欲其做到“己之虽有，其状若无，己之虽实，其容若虚”，甚至和颜悦色地接受臣下的批评指正，那更是人情所何以堪之事！但也正是因为，贞观君臣们认识了并反复强调了君臣纳谏与进谏的不容易，才使得他们仿佛被打了预防针，具有了某些免疫力一样，对纳谏和进谏的一方，更容易互相理解，互相接纳，互相看重，互相鼓励，尽情纳谏，尽诚进谏，并学习受谏谏人，正像唐太宗说的，“恒欲公等尽情极谏。公等亦须受人谏语，岂得以人言不同己意，便即护短不纳？若不能受谏，安能谏人”[②]？他们把纳谏和进谏纳入中国仁政德治的传统之中，把虚心纳谏纳入圣人设教和圣贤之道的传统之中，在吸取前朝覆亡的反面教训的基础上，赋予了纳谏与进谏崇高神圣的意义。正是这种忧患意识与神圣崇高的使命感的结合，使贞观君臣在中国古代仁政德治的谏诤史上，写下了最为光辉的一页。

正是基于以上感性和理性上的认识，贞观君臣们的虚心纳谏和尽情进谏才显得那么真实而卓有成效。贞观群臣们的进谏我们将在下一节详细论述，此处重点论述唐太宗的虚心纳谏。

首先，唐太宗对臣下们的进谏给予礼待和尊重，孜孜以求谏。《贞观政要·政体》篇载：“贞观十九年，太宗谓侍臣曰：‘朕观古来帝王，骄矜而取败者，不可胜数。……朕恐怀骄矜，恒自抑折，日旰而食，坐以待晨。每思臣下有谠言直谏，可以施于政教者，当拭目以师友待之。如此，庶几于时康道泰尔。’”[③]《贞观政要·求谏》篇载：贞观三年，太宗谓司空裴寂曰：“比有上书奏事，条数

---

① 吴兢著，裴汝诚、王义耀、郭子建、顾宏义译注《〈贞观政要〉译注》，上海古籍出版社 2007 年 2 月第 1 版，第 40 页。

② 吴兢著，裴汝诚、王义耀、郭子建、顾宏义译注《〈贞观政要〉译注》，上海古籍出版社 2007 年 2 月第 1 版，第 40 页。

③ 吴兢著，裴汝诚、王义耀、郭子建、顾宏义译注《〈贞观政要〉译注》，上海古籍出版社 2007 年 2 月第 1 版，第 19 页。

甚多,朕总粘之屋壁,出入观省。所以孜孜不倦者,欲尽臣下之情。每一思政理,或三更方寝。亦望公辈用心不倦以副朕怀也。”[①]《贞观政要·纳谏》篇载:贞观十七年,太子右庶子高季辅上疏陈得失。太宗特赐钟乳一剂,谓曰:“卿进药石之言,故以药石相报。”[②]特别是贞观之初,唐太宗恐人不言,导之使谏,又把百官的上疏奏疏,贴在卧室墙壁上,出入观看,孜孜不倦。虽然贞观中期之后,随着政治的稳定和经济的繁荣,唐太宗的虚心纳谏已不如贞观初,但在魏徵与其他一些诤臣不屈不挠的直谏之下,唐太宗即使在平定突厥、破高丽以后,征服铁勒,席卷沙漠,以为州县,夷狄远服,声教益广的情形之下,仍能以“骄矜而取败”的古来帝王为戒,不敢“心逾骄奢,自矜诸己”,以致“臣下不复敢言,政道因兹弛紊”[③],而是以此为鉴,孜孜以纳谏,对那些“谠言直谏,可以施于政教者”,则以师友待之,予以极高的礼遇和尊重。

其次,唐太宗大为鼓励臣下极言规谏。早在武德九年六月,李世民刚被立为皇太子时,就“令百官各上封事”[④]。八月正式即位后,又号召百官“上封事”,显示励精求治的急切心情。以至短短几个月,上书奏疏有如纷至沓来,太宗都一一加以重视对待。他还用奖赏的方法,鼓励臣下尽情进谏。有个人名叫元律师,被判死罪,司法官孙伏伽进谏,认为按律不该处死,不能滥加酷罚!太宗觉得很对,就赐给孙伏伽兰陵公主园,价值百万钱。有人认为孙伏伽谏的是平常之事,奖赏太厚。唐太宗则以即位后未闻如此的谏诤,所以特加重赏[⑤]。又如贞观三年,曾有朝廷使者至凉州,见州有名鹰,便委婉地劝说都督李大亮进献朝廷。李大亮不仅不献,还以密表上闻,指出:“若是陛下之意,深

---

① 吴兢著,裴汝诚、王义耀、郭子建、顾宏义译注《〈贞观政要〉译注》,上海古籍出版社 2007 年 2 月第 1 版,第 39 页。

② 吴兢著,裴汝诚、王义耀、郭子建、顾宏义译注《〈贞观政要〉译注》,上海古籍出版社 2007 年 2 月第 1 版,第 51 页。

③ 吴兢著,裴汝诚、王义耀、郭子建、顾宏义译注《〈贞观政要〉译注》,上海古籍出版社 2007 年 2 月第 1 版,第 19 页。

④ 刘昫等撰《旧唐书》,中华书局 1975 年 5 月第 1 版,第 1 册,第 29 页。

⑤ 赵克尧、许道勋著《唐太宗传》,人民出版社 1980 年 10 月第 1 版,第 155 页。

乖昔旨；如其（指使者）自擅，便是使非其人。”唐太宗大加赞赏，并赐自用之物金壶瓶、金碗各一枚，兼赐荀悦《汉纪》一部。在贞观二十余年中，唐太宗赏赐上疏切谏有益者，更是不可胜数。如贞观四年，给事中张玄素谏修洛阳宫，赐绢二百匹。贞观八年，中牟丞皇甫德上疏切谏，赐帛二十段。贞观二十二年，徐妃上疏切谏，太宗特加厚赐。至于最著名的谏臣魏徵，唐太宗则是在言听计从的同时，多加鼓励和奖赏。

再次，唐太宗对于臣下的犯颜直谏，即使言语上有过犯之处，也不以忤；自己若有过错，也会及时改正；有时听不到逆耳之言，反而会责怪臣下不谏。如《贞观政要·求谏》篇载：贞观二年，唐太宗对侍臣们说：“若人主所行不当，臣下又无匡谏，苟在阿顺，事皆称美，则君为暗主，臣为谀臣，君暗臣谀，危亡不远。朕今志在君臣上下，各尽至公，共相切磋，以成治道。公等各宜务尽忠谠，匡救朕恶，终不以直言忤意，辄相责怒。”①同篇又载，贞观八年，太宗又说：“所以每有谏者，纵不合朕心，朕亦不以为忤。若即嗔责，深恐人怀战惧，岂肯更言！”②同篇又载：“太宗威容俨肃，百僚进见者，皆失其举措。太宗知其若此，每见人奏事，必假颜色，冀闻谏诤，知政教得失。”并鼓励臣下“每看事有不利于人，必须极言规谏。”③也只有这样反复地强调和勉励，臣子们才能敢于开口，乐于开口，极情尽谏。贞观君臣们从家国大利益的角度来看待纳谏与进谏，因此，有关纳谏者与进谏者个人的尊严和面子问题，甚至于个人的利害关系，也就相对地被看淡了。所以唐太宗说：“人欲自照，必须明镜，主欲知过，必藉忠臣。主若自贤，臣不匡王，欲不危败，岂可得乎？故君失其国，臣亦不能

① 吴兢著，裴汝诚、王义耀、郭子建、顾宏义译注《〈贞观政要〉译注》，上海古籍出版社 2007 年 2 月第 1 版，第 39 页。

② 吴兢著，裴汝诚、王义耀、郭子建、顾宏义译注《〈贞观政要〉译注》，上海古籍出版社 2007 年 2 月第 1 版，第 42 页。

③ 吴兢著，裴汝诚、王义耀、郭子建、顾宏义译注《〈贞观政要〉译注》，上海古籍出版社 2007 年 2 月第 1 版，第 37 页。

独全其家。”[①]这是再简单不过的道理了。正是看到了君臣以及君民这一利益共同性，才能激发贞观君臣上下，“各尽至公，共相切磋，以成治道”。

从这一点出发，勇于改过就成为唐太宗治国中的又一大亮点。只要于国于民有益，即使牺牲自己的尊严颜面，甚至个人的一些利益，唐太宗也是在所不惜的。关于这一点，在以上的许多论述中，唐太宗听从臣下谏言，改正错误的许多例证中已经充分说明了。下面再举两例。《贞观政要·纳谏》篇载：“贞观十八年，太宗谓长孙无忌等曰：‘夫人臣之对帝王，多顺从而不逆，甘言以取容。朕今发问，不得有隐，宜以次言朕过失。’长孙无忌、唐俭等皆曰：‘陛下圣化道致太平，以臣观之，不见其失。’黄门侍郎刘洎对曰：‘陛下拨乱创业，实功高万古，诚如无忌等言。然顷有人上书，辞理不称者，或对面穷诘，无不惭退。恐非奖进言者。’太宗曰：‘此言是也，当为卿改之。’”[②]《贞观政要·教戒太子诸王》篇载：“贞观七年，太宗谓太子左庶子于志宁、杜正伦曰：‘卿等辅导太子，常须为说百姓间利害事。朕年十八，犹在民间，百姓艰难，无不谙练。及居帝位，每商量处置，或时有乖疏，得人谏诤，方始觉悟。若无忠谏者为说，何由行得好事？况太子生长深宫，百姓艰难，都不闻见乎！且人主安危所系，不可辄为骄纵。但出敕云，有谏者即斩，必知天下士庶无敢更发直言。故克己励精，容纳谏诤，卿等常须以此意共其谈说。每见有不是事，宜极言切谏，会有所裨益也。’”[③]尽管对历史的贡献而言，唐太宗“拨乱创业，实功高万古”，但是近来有人上疏言事时，遇到言辞不当的人，往往会当面责问不休，使得上书言事的人羞愧而退，这恐怕不是在奖励进言者吧！唐太宗正在鼓励臣下不得隐讳己见，要依次指出自己的过失来，但是，对于上书言事者，却轻易“对面穷诘”，使人“无不惭退”，这岂非自相矛盾？对于一个深刻认识到尽心直谏与家

① 吴兢著，裴汝诚、王义耀、郭子建、顾宏义译注《〈贞观政要〉译注》，上海古籍出版社2007年2月第1版，第37页。

② 吴兢著，裴汝诚、王义耀、郭子建、顾宏义译注《〈贞观政要〉译注》，上海古籍出版社2007年2月第1版，第51页。

③ 吴兢著，裴汝诚、王义耀、郭子建、顾宏义译注《〈贞观政要〉译注》，上海古籍出版社2007年2月第1版，第112页。

国兴盛衰亡息息相关的君王而言,这又岂非是最大的过失?所以唐太宗听完即刻改正。唐太宗还在无人进谏批评之时,主动要求和鼓励臣下找自己的错误,挑自己的毛病。在所引的《教戒太子诸王》篇中,唐太宗说自己“及居帝位,每商量处置,或时有乘疏,得人谏诤,方始觉悟”,经历告诉他,自己是一个经常犯错误的人,是一个“得人谏诤”才能醒悟的人,所以才希望和鼓励臣下“每见有不是事,宜极言切谏,令有所裨益也”。希望以自己的经历告诫臣下,对“生长深宫,百姓艰难,都不闻见”的太子,应该加以谏诤。因为自己“年十八,犹在民间,百姓艰难,无不谙练”,尚且如此,何况太子呢?因为“人主安危所系,不可辄为骄纵”。唐太宗已经习惯于臣子们的指摘过失,以致有时没有听到批评,反而会焦急不安起来。如太常卿韦挺尝上疏陈得失,太宗赐书,其中云:“朕比不闻其过,未睹其阙,赖竭忠恳,数进嘉言,用沃朕怀,一何可道!”①有人让皇帝“闻其过”、“睹其阙”,这是让皇帝心里感到多么满足快意的事!因为这可以让家国兴盛,百姓安宁,并让自己千秋万代,永保令名。又,贞观五年,唐太宗因一时怒气,轻用其刑,错杀大理丞张蕴古,事后追悔莫及,并责问房玄龄等为何当时不犯颜直谏,以致自己铸下重错。他说:“公等食人之禄,须忧人之忧,事无巨细,咸当留意。今不问则不言,见事都不谏诤,何所辅弼?”②言外之意,你们陷君于大罪,简直是尸禄素餐之人!

第四节　犯颜直谏

这节主要论述贞观臣子们的面折廷争。

前已述过,劝说君王已是不易,而面折君王,直谏其非,更是难上加难,甚至要冒身家性命之危险。所以中国古代历史上把面折廷争,批评皇帝叫做“犯龙颜”。历代尽管都不乏谏官,但朝廷上往往是阿旨者多,直谏者少。而

① 吴兢著,裴汝诚、王义耀、郭子建、顾宏义译注《〈贞观政要〉译注》,上海古籍出版社2007年2月第1版,第41页。

② 吴兢著,裴汝诚、王义耀、郭子建、顾宏义译注《〈贞观政要〉译注》,上海古籍出版社2007年2月第1版,第235页。

贞观之治最为人所称道之处，恰恰是在于唐太宗的虚心纳谏和臣僚们的直谏无讳。他们有一共识，即君明则直谏易，昏君则直谏难，正如魏徵所言，“陛下导臣使言，臣所以敢言。若陛下不受臣言，臣亦何敢犯龙鳞，触讳忌也”①。这无疑是以中国历史上的圣君贤臣互相期许，互相勉励，共创一个开明的时代。

吴兢在《贞观政要》中，特立“求谏”、“纳谏”两篇，又附“直谏”一篇。通观而言，贞观君臣们的纳谏与进谏，大都尖对非常具体的事情而言，兼论有关圣君贤臣的理论，特别是历史上亡国之君臣的历史教训，可谓是理性认识与感性认识、正面教训与反面教训、历史与现实的一种结合，说服力与感染力都非常强。如《贞观政要·纳谏》篇载：贞观四年，唐太宗下诏征卒修缮洛阳的乾元殿，以备出巡时使用。给事中张玄秦上书进谏，以秦始皇的“逞嗜奔欲，逆天害人”为戒，指出百姓承乱离之后，财力凋尽等不可修缮的五大原因。张玄素接着说：“‘臣尝见隋室初造此殿，楹栋宏壮，大木非近道所有，多自豫章采来，二千人拽一柱，其下施毂，皆以生铁为之，中间若用木轮，动即火出。略计一柱，已用数十万，则余费又过倍于此。臣闻阿房成，秦人散，章华就，楚众离；乾元毕工，隋人解体。且以陛下今时功力，何如隋日？承凋残之后，役疮痍之人，费亿万之功，袭百王之弊，以此言之，恐甚于炀帝远矣。深愿陛下思之，无为由余所笑，则天下幸甚矣。’太宗谓玄素曰：‘卿以我不如炀帝，何如桀、纣？’对曰：‘若此殿卒兴，所谓同归于乱。’太宗叹曰：‘我不思量，遂至于此。’顾谓房玄龄曰：‘今玄素上表，洛阳实亦未宜修造，后必事理须行，露坐亦复何苦？所有作役，宜即停之。然以卑干尊，古来不易，非其忠直，安能如此？且众人之唯唯，不如一士之谔谔。”②其中的“承凋残之后，役疮痍之人，费亿万之功，袭百王之弊，以此言之，恐甚于炀帝远矣”，把唐太宗说得比亡国之君隋炀帝还不如，这自然惹恼了时时以亡隋为鉴的唐太宗，以致唐太宗说：“卿以我不如

① 吴兢著，裴汝诚、王义耀、郭子建、顾宏义译注《〈贞观政要〉译注》，上海古籍出版社2007年2月第1版，第24页。

② 吴兢著，裴汝诚、王义耀、郭子建、顾宏义译注《〈贞观政要〉译注》，上海古籍出版社2007年2月第1版，第46－47页。

炀帝,何如桀、纣?”言外之意是,我是不是就是夏桀、商纣一样的暴君啊?没想到张玄素依旧不屈不挠,说:“如果修建乾元殿,那你就是!”逼得唐太宗不得不屈服,改变了主意,并称赞张玄素说:“然以卑干尊,古来不易,非其忠直,安能如此?且众人之唯唯,不如一士之谔谔。”其实,此种情形之下,唐太宗又何尝容易呢?又如《贞观政要·纳谏》篇所附“直谏”篇载:“简点使、右仆射封德彝等,并欲中男十八已上,简点入军。敕三四出,徵执奏以为不可。德彝重奏:‘今见简点者云,次男内大有壮者。’太宗怒,乃出敕:‘中男已上,虽未十八,身形壮大,亦取。’徵又不从,不肯署敕。太宗召徵及王珪,作色而待之,曰:‘中男若实小,自不点入军。若实大,亦可简取。于君何嫌,过作如此固执?朕不解公意!’徵正色曰:‘臣闻竭泽取鱼,非不得鱼,明年无鱼;焚林而畋,非不获兽,明年无兽。若次男已上,尽点入军,租赋杂徭,将何取给?且比年国家卫士,不堪攻战。岂为其少,但为礼遇失所,遂使人无斗心。若多点取人,还充杂使,其数虽众,终是无用。若精简壮健,遇之以礼,人百其勇,何必在多?陛下每云,我之为君,以诚信待物,欲使官人百姓,并无矫伪之心。自登极已来,大事三数件,皆是不信,复何以取信于人?’太宗愕然曰:‘所云不信,是何等也?’徵曰:‘陛下初即位,诏书曰:“逋租宿债,欠负官物,并悉原免。”即令所司,列为事条。秦府国司,亦非官物,陛下自秦王为天子,国司不为官物,其余物复何所有?又关中免二年租调,关外给复一年。百姓蒙恩,无不欢悦。更有敕旨:“今年白丁多已役讫,若从此放免,并是虚荷国恩,若已折已输,令总纳取了,所免者皆以来年为始。”散还之后,方更征收,百姓之心,不能无怪,已征得物,便点入军,来年为始,何以取信?又共理所寄,在于刺史、县令,常年貌税,并悉委之。至于简点,即疑其诈伪。望下诚信,不亦难乎?’太宗曰:‘我见君固执不已,疑君蔽此事。今论国家不信,乃人情不通。我不寻思,过亦深矣。行事往往如此错失,若为致理?’乃停中男,赐金瓮一口,赐珪绢五十匹。”[①]历

① 吴兢著,裴汝诚、王义耀、郭子建、顾宏义译注《〈贞观政要〉译注》,上海古籍出版社 2007 年 2 月第 1 版,第 55 – 56 页。

史上称魏徵“雅有经国之才，性又抗直，无所屈挠”[①]，此一个性于此可谓表现得淋漓尽致。朝廷欲简点中男十八岁以上入军，这是违反唐初兵制的。唐初规定百姓十六以上为中男，二十一以上为成丁，成丁者才能简点入伍。简点使、右仆射封德彝等皆已讨论可行，唐太宗也已同意，但是，“敕三四出，徵执奏以为不可”，以致太宗大怒，可是“徵又不从，不肯署敕”。太宗招来魏徵和王珪，作色地责问：“中男若实小，自不点入军；若实大，亦可简取。于君何嫌，过作如此固执？朕不解公意！”没想到魏徵不仅一点通融都不给，也板起面孔，新账旧账一起算。他指出唐太宗这一违反兵制的做法是竭泽而渔，使国家“租赋杂徭，将何取给”，“若精简壮健，遇之以礼，人百其勇，何必在多”？重要的是，皇上三番五次失信于人，你不是常说要以诚信待物吗？说得唐太宗愕然大惊，不知自己失信于民何处。魏徵便一一罗列开来，指出王府搞特权，反复免役之令失信于民，对刺史、县令不能推诚信任等，结果使唐太宗不得不承认自己不了解民情，失信于人的种种过错，于是下令停止抽点中男入军，并赐给魏徵金瓮一口，王珪绢五十匹。又如在是否封禅泰山的问题上，唐太宗与魏徵君臣都不依不饶，双方仿佛陷入了论辩的攻防大战之中。据《贞观政要·纳谏》篇所附“直谏”篇载：“贞观六年，匈奴克平，远夷入贡，符瑞日至，年谷频登。岳牧等屡请封禅，群臣等又称述功德，以为‘时不可失，天不可违，今行之，臣等犹谓其晚’。惟魏徵以为不可。太宗曰：‘朕欲得卿直言之，勿有所隐。朕功不高耶？’曰：‘高矣。’‘德未厚耶？’曰：‘厚矣。’‘华夏未安耶？’曰：‘安矣。’‘远夷未慕耶？’曰：‘慕矣。’‘符端未至耶？’曰：‘至矣。’‘年谷未登耶？’曰：‘登矣。’‘然则何为不可？’对曰：‘陛下功高矣，民未怀惠。德厚矣，泽未旁流。华夏安矣，未足以供事。远夷慕矣，无以供其求。符端虽臻，而罻罗犹密。积岁丰稔，而仓廪尚虚。此臣所以窃谓未可。臣未能远譬，且借近喻于“人”。有人长患疼痛，不能任持，疗理且愈，皮骨仅存，便欲负一石米，日行百里，必不可得。隋氏之乱，非止十年，陛下为之良医，除其疾苦，虽已乂安，未

---

① 刘昫等撰《旧唐书》，中华书局 1975 年 5 月第 1 版，第 8 册，第 2547 页。

甚充实,告成天地,臣窃有疑。且陛下东封,万国咸萃,要荒之外,莫不奔驰。今自伊、洛之东,暨乎海、岱,萑莽巨泽,茫茫千里,人烟断绝,鸡犬不闻,道路萧条,进退艰阻。宁可引彼戎狄,示以虚弱?竭财以赏,未厌远人之望;加年给复,不偿百姓之劳。或遇水旱之灾,风雨之变,庸夫邪议,悔不可追。岂独臣之诚恳,亦有舆人之论。'太宗称善,于是乃止。"[①]封禅泰山自古是封建帝王最为功德完满最值得骄傲的大事,所谓告成功于天地,是帝王梦寐以求的致治的最高境界。尽管唐太宗在某种程度上,确实已具备了告成功于天地的条件,但魏徵仍然力排众议,认为你虽然功高了,但是百姓没有怀念您的恩惠(所谓疮痍未复),德行厚了,但是恩泽未遍;天下安定了,但还未能供足各种需要;远夷仰慕大唐了,但还没有足够的物质供其所需求;符瑞虽至,但法网尚严密;连年丰收,但粮仓还没有足够的粮食,而封禅大典又是一件劳民伤财的大事,等等。也正是在魏徵的一再坚持之下,唐太宗最终打消了封禅的念头。当然,这也是与隋末大乱造成严重的社会生产力的破坏,没有得到根本的恢复有关。

即使是在有关唐太宗本人或者皇亲国戚的面子尊严方面,以魏徵为首的贞观君臣们,也敢于据理力争,不留情面(那篇著名的"十谏疏",简直就是皇帝的批判书了),以致唐太宗这位居位尊极的天子,叱咤风云的雄杰,有时也会不禁失控发火。据《资治通鉴》卷一百九十四记载,贞观六年三月,一次罢朝后,太宗骂道:"会须杀此田舍翁。"皇后长孙氏忙问对谁发怒,太宗答:"魏徵每廷辱我。"皇后连忙说:"妾闻主明臣直;今魏徵直,由陛下之明故也,妾敢不贺!"[②]既肯定了魏徵的刚直,更称赞了太宗的圣明。太宗一听,便转怒而喜。长孙皇后也并非完全奉承太宗。用主明臣直来形容贞观君臣,在很多时候是不过分的。《贞观政要·纳谏》篇中记载了一件事:"太宗尝怒苑西监穆裕,命于朝堂斩之。时高宗为皇太子,遽犯颜进谏,太宗意乃解。司徒长孙无

① 吴兢著,裴汝诚、王义耀、郭子建、顾宏义译注《〈贞观政要〉译注》,上海古籍出版社 2007 年 2 月第 1 版,第 59 - 60 页。

② 司马光等编著,胡三省音注,"标点《资治通鉴》小组"校点《资治通鉴》,中华书局 1956 年 6 月第 1 版,第 6096 页。

忌曰：'自古太子之谏，或乘间从容而言。今陛下发天威之怒，太子申犯颜之谏，诚古今未有。'太宗曰：'夫人久相与处，自然染习。自朕御天下，虚心正直，即有魏徵朝夕进谏。自徵云亡；刘洎、岑文本、马周、褚遂良等继之。皇太子幼在朕膝前，每见朕心说谏者，因染以成性，故有今日之谏。'"[①]太子李治本是较为懦弱之人，当上皇帝后受制于皇后武氏，便是明证。按自古太子进谏的传统，往往是等待机会从容委婉地进言，可没想到较为懦弱的李治，却敢于"遽犯颜进谏"，既救了苑西监穆裕的命，其进谏的态度和方式更是令其舅司徒长孙无忌也大感意外，以至认为"诚古今未有"。唐太宗解释说，是自己的虚心纳谏造就了魏徵、刘洎、岑文本、马周、褚遂良等人的尽情直谏，太子自幼"自然习染"，以为惯常，知道犯颜直谏皇上会不以为忤。太宗夸的是自己"心悦谏者"的一面，其实尚有一面，即是贞观年间，直谏成风，熏陶了李治，使之也不知不觉变成了一位勇敢者，于"陛下发天威之怒"时，敢于"申犯颜之谏"，成为长孙无忌认为的古今未有之事。当然，前文已说过，这与初唐直承魏晋高扬个性的余风有关，也与当时世家大族势力仍在，士人进退较有余裕有关。

这里值得注意的是，贞观君臣们在不留情面、犯颜直谏之际，也很清楚进谏与讪谤的界限，使之既不冤枉正直者之忠心，亦不纵容奸猾者之告讦。如《贞观政要·纳谏》篇载："贞观八年，陕县丞皇甫德参上书忤旨，太宗以为讪谤。侍中魏徵进言曰：'昔贾谊当汉文帝上书云云"可为痛哭者一，可为长叹息者六"。自古上书，率多激切。若不激切，则不能起人主之心。激切即似讪谤，惟陛下详其可否。'太宗曰：'非公无能道此者。'令赐德参帛二十段。"[②]《贞观政要·杜谗邪》篇载："贞观中，太宗谓房玄龄、杜如晦曰：'朕闻自古帝王上合天心，以致太平者，皆股肱之力。朕比开直言之路者，庶知冤屈，欲闻谏诤。所有上封事人，多告讦百官，细无可采。朕历选前王，但有君疑于臣，则下

---

① 吴兢著，裴汝诚、王义耀、郭子建、顾宏义译注《〈贞观政要〉译注》，上海古籍出版社2007年2月第1版，第52页。

② 吴兢著，裴汝诚、王义耀、郭子建、顾宏义译注《〈贞观政要〉译注》，上海古籍出版社2007年2月第1版，第49页。

不能上达，欲求尽忠极虑，何可得哉？而无识之人，务行谗毁，交乱君臣，殊非益国。自今已后，有上书讦人小恶者，当以谗人之罪罪之。'"[①]魏徵认为"自古上书，率多激切。若不激切，则不能起人主之心"，这是对疏奏文特点的理性认识，正因为如此，即使触怒皇帝，也与毁谤皇帝无关。唐太宗最终也同意了这一观点。但也有一些奸猾之徒，借上呈密奏之际，告发攻击百官，挑拨君臣关系，浑水摸鱼，以图获利。唐太宗从大局出发，认为君王"上合天心，以致太平者"，都是百官的功劳，不能因"无识之人，务行谗毁，交乱君臣"，导致国家的衰乱。因此，他下令对那些密奏"讦人小恶者"，以诬陷罪予以惩罚。唐太宗的这一胸襟和识见，在某种程度上让忠谏者越加直言务尽，而告讦者之邪曲则无所施其计。

另外，贞观臣僚们的直谏可谓无所不谏。上到军国大事，下到皇亲国戚之私事，到处留下了他们婞直敢言，不留情面的风采。进谏唐太宗汲取前朝覆亡之教训，弘俭约，薄赋敛，实行仁政德治，慎始如终，这已在上文中多有论述。下面以贞观直臣进谏唐太宗的私家小事，见出他们巨细无遗的谏诤风格。如《贞观政要·纳谏》篇载："贞观初，太宗与黄门侍郎王珪宴语，时有美人侍侧，本庐江王瑗之姬也，瑗败，籍没入宫。太宗指示珪曰：'庐江不道，贼杀其夫而纳其室，暴虐之甚，何有不亡者乎！'珪避席曰：'陛下以庐江取之为是邪，为非邪？'太宗曰：'安有杀人而取其妻，卿乃问朕是非，何也？'珪对曰：'臣闻于《管子》曰："齐桓公之郭国，问其父老曰：郭何故亡？父老曰：以其善善而恶恶也。桓公曰：若子之言，乃贤君也，何至于亡？父老曰：不然。郭君善善而不能用，恶恶而不能去，所以亡也。"今此妇人尚在左右，臣窃以为圣心是之。陛下若以为非，所谓知恶而不去也。'太宗大悦，称为至善，遽令以美人还其亲族。"[②]同篇又载："太宗有一骏马，特爱之，恒于宫中养饲，无病而暴死。太宗怒养马

① 吴兢著，裴汝诚、王义耀、郭子建、顾宏义译注《〈贞观政要〉译注》，上海古籍出版社2007年2月第1版，第197－198页。

② 吴兢著，裴汝诚、王义耀、郭子建、顾宏义译注《〈贞观政要〉译注》，上海古籍出版社2007年2月第1版，第44页。

宫人,将杀之。皇后谏曰:'昔齐景公以马死杀人,晏子请数其罪云:尔养马而死,尔罪一也。使公以马杀人,百姓闻之,必怨吾君,尔罪二也。诸侯闻之,必轻吾国,尔罪三也。公乃释罪。陛下尝读书见此事,岂忘之邪?'太宗意乃解。又谓房玄龄曰:'皇后庶事相启沃,极有利益尔。'"①同篇又载:"贞观七年,太宗将幸九成宫,散骑常侍姚思廉进谏曰:'陛下高居紫极,宁济苍生,应须以欲从人,不可以人从欲。然而离宫游幸,此秦皇、汉武之事,故非尧、舜、禹、汤之所为也。'言甚切至。太宗谕之曰:'朕有气疾,热便顿剧,故非情好游幸,甚嘉卿意。'因赐帛五十段。"②庐江王李瑗本为唐太宗的族叔,因谋反罪被杀。他曾杀人之夫而纳其室。唐太宗指责其为暴虐,但庐江王所纳之姬现已籍没入宫,成为唐太宗身边的侍女。王珪指责唐太宗是"善善而不能用,恶恶而不能去",是亡国之道,口头虽然认为庐江王不道,但自己所行实际上与之无异。王珪可谓因小见大而又切中要害,使唐太宗改过,"遽令以美人还其亲族"。又如唐太宗因爱马暴死而迁怒养马宫人,"将杀之",因有气疾,天气炎热就会加重而准备前往九成宫,都得到长孙皇后和散骑常侍姚思廉的进谏,可谓见肌见骨。长孙皇后以为君王因马杀人是自暴其恶,令百姓怨之,令"诸侯"轻之;而姚思廉的进谏则有些不近人情,苛求唐太宗了,连因病避一下暑都不行。但唐太宗依旧甚嘉其意,听谏取消行程。又如唐太宗欲聘为允华之女实已许配陆氏,尽管陆氏否定与其女有交涉婚姻亲戚,但魏徵仍从人之常情出发,认为陆氏之言乃是出于自我保护,害怕唐太宗以后借找茬儿报复,并说了一大通为人父母的君王当以百姓之心为心,与民同乐同忧,逼使唐太宗取消了诏令③。"情疏礼隔"的魏徵,对皇帝的家事也同样不屈不挠。如长乐公主因为文德皇后所生,太宗特加宠爱,出嫁时太宗敕命主管部门资送财礼的规模,要为当年高祖

---

① 吴兢著,裴汝诚、王义耀、郭子建、顾宏义译注《〈贞观政要〉译注》,上海古籍出版社2007年2月第1版,第47-48页。

② 吴兢著,裴汝诚、王义耀、郭子建、顾宏义译注《〈贞观政要〉译注》,上海古籍出版社2007年2月第1版,第48页。

③ 吴兢著,裴汝诚、王义耀、郭子建、顾宏义译注《〈贞观政要〉译注》,上海古籍出版社2007年2月第1版,第53-54页。

之女永嘉长公主的出嫁时的一倍。魏徵认为于礼不合，并以东汉明帝封赏自己的儿子不仅不得超过先帝的儿子，而且还只是先帝的儿子一半为例，直谏唐太宗，太宗"称善"，文德皇后也称善[①]。又如，有一年冬天，唐太宗正在玩耍一只漂亮的鹞鸟，远远地望见魏徵来了，赶紧把鸟儿藏在怀里，唯恐被魏徵发觉了又招来进谏。魏徵奏事太久，唐太宗只好静听，最后那只鹞鸟竟闷死在衣怀里。由上可见，贞观直臣们对唐太宗可谓无所不谏，无所不在，事无巨细，表现了他们对王朝的忠诚和浓厚的时代责任感，体现了他们防微杜渐的忧患意识。

当然，贞观直臣们的进谏也并非一味犯颜直谏，或者趁着唐太宗虚心纳谏之机放胆蛮干。他们也讲究进谏的方式和艺术。中国进谏传统中的谲谏或曲谏，在他们这里也是驾轻就熟的。如上文所引的长孙皇后对唐太宗欲因爱马死亡欲杀养马宫人的劝谏方式，是从恶劣的影响和后果这方面来劝说唐太宗的。她通过晏子罪责养马人的方式来数罪齐景公，曲折地数罪了唐太宗，可谓委婉巧妙又富有说服力[②]。魏徵则以"自古上疏，率多激切，若不激切，则不能起人主之心"的传统来替被唐太宗以为上书讪谤的陕县丞皇甫德参解围，同时也给臣子们直谏和唐太宗的纳谏铺下了一条宽广的历史文化传统之道。他们也像历代的谏官们一样，由于与君王地位的悬殊和强弱的不平等，在进谏君王时，往往引章据典，以历史上的兴亡教训和名言警句，来做自己的掩体，并增加说服力。同时，他们往往从现实长远利益出发，客观分析各种情势，入情入理地得出各种结论，让唐太宗信服，从而制定出既符合客观现实又行之有效的政策措施，为造就"贞观之治"的较为开明的黄金时代，做出了卓越的贡献。兹引两个例证加以论述。《贞观政要·纳谏》篇载："贞观十五年，遣使诣西域立叶护可汗，未还，又令人多赍金帛，历诸国市马。魏徵谏曰：'今发使以立可汗为名，可汗未定立，即诣诸国市马，彼必以为意在市马，不为专立可汗。可汗

① 吴兢著，裴汝诚、王义耀、郭子建、顾宏义译注《〈贞观政要〉译注》，上海古籍出版社2007年2月第1版，第157页。

② 吴兢著，裴汝诚、王义耀、郭子建、顾宏义译注《〈贞观政要〉译注》，上海古籍出版社2007年2月第1版，第48－49页。

得立,则不甚怀恩,不得立,则生深怨。诸蕃闻之,且不重中国。但使彼国安宁,则诸国之马,不求自至。昔汉文帝有献千里马者,曰:“吾吉行日三十,凶行日五十,鸾舆在前,属车在后,吾独乘千里马,将安之乎?”乃偿其道里所费而返之。又光武有献千里马及宝剑者,马以驾鼓车,剑以赐骑士。今陛下凡所施为,皆邈过三王之上,奈何至此欲为孝文、光武之下乎?又魏文帝求市西域大珠,苏则曰:“若陛下惠及四海,则不求自至,求而得之,不足贵也。”陛下纵不能慕汉文之高行,可不畏苏则之正言耶?’太宗遽令止之。”[①]《贞观政要·纳谏》所附“直谏”篇载:“贞观十年,越王,长孙皇后所生,太子介弟,聪敏绝伦,太宗特所宠异。或言三品以上,皆轻蔑王者,意在谮侍中魏徵等,以激上怒。上御齐政殿,引三品已上入坐定,大怒作色而言曰:‘我有一言,向公等道。往前天子,即是天子。今时天子,非天子耶?往年天子儿,是天子儿。今日天子儿,非天子儿耶?我见隋家诸王,达官已下,皆不免被其踬顿。我之儿子,自不许其纵横,公等所容易过得相共轻蔑。我若纵之,岂不能踬顿公等!’玄龄等战栗,皆拜谢。徵正色而谏曰:‘当今群臣,必无轻蔑越王者。然在礼,臣、子一例,《传》称,王人虽微,列于诸侯之上。诸侯用之为公,即是公;用之为卿,即是卿,若不为公卿,即下士于诸侯也。今三品已上,列为公卿,并天子大臣,陛下所加敬异。纵其小有不是,越王何得辄加折辱?若国家纪纲废坏,臣所不知。以当今圣明之时,越王岂得如此,且隋高祖不知礼义,宠树诸王,使行无礼,寻以罪黜,不可为法,亦何足道?’太宗闻其言,喜形于色,谓群臣曰:‘凡人言语理到,不可不伏。朕之所言,当身私爱。魏徵所论,国家大法。朕向者忿怒,自谓理在不疑。及见魏徵所论,始觉大非道理。为人君言,何可容易!’召玄龄等而切责之,赐徵绢一千匹。”[②]按唐太宗的本意,西域遥远,趁遣使立西突厥可汗的机会,沿途顺便令人多赍金帛,历诸国市马,可节省许多人力物力。

① 吴兢著,裴汝诚、王义耀、郭子建、顾宏义译注《〈贞观政要〉译注》,上海古籍出版社 2007 年 2 月第 1 版,第 50 页。

② 吴兢著,裴汝诚、王义耀、郭子建、顾宏义译注《〈贞观政要〉译注》,上海古籍出版社 2007 年 2 月第 1 版,第 61－62 页。

可见唐太宗主要是从经济上考虑的。而魏徵进谏则是从政治上考虑,“今发使以立可汗为名,可汗未定立,即诣诸国市马,彼必以为意在市马,不专为立可汗。可汗得立,则不堪怀恩,不得立,则生深怨。诸蕃闻之,且不重中国。但使彼国安宁,则诸国之马,不求自至”。言外之意是,政治上处理好了,则经济利益自在其中,与诸国之关系,诚信有了,大国的政治威望树立了,则“诸国之马,不求自至”。可见,魏徵既立足于现实,又从更长远的利益出发,最后又用历史上君王的嘉言懿行来鼓励说服太宗,致使唐太宗心服口服,急忙改变了主意。第二则是关涉皇帝的威严和面子的问题。这也是君主专制制度中最为敏感的问题之一。越王(后改封为魏王)李泰聪敏绝伦,唐太宗认为诸子中最类自己,所以特所宠异,太子李承乾被废后,唐太宗最属意的继承人就是李泰。当有人传播流言说三品以上高官都轻蔑越王时,唐太宗便觉得自己也受到了轻蔑,因此大怒,责问群臣,以致房玄龄等战栗,皆拜谢,只有魏徵大胆出来澄清流言,据理力争。他说:“当今群臣,必无轻蔑越王者。然在礼,臣、子一例,《传》称,王人虽微,列入诸侯之上。”“今三品以上,列为公卿,并天子大臣,陛下所加敬异”。言外之意是,越王如果胆敢折辱大臣,便是折辱皇帝本身,并以隋高祖“不知礼义,宠树诸王”为诫。可见,唐太宗所维护之皇室的尊严,乃出于私爱,而魏徵之所说,乃国家大法,据法而言,入情入理。

谲谏或曲谏之外,贞观谏臣们还十分重视“谏于惭”。如《贞观政要·求谏》篇载:“贞观十七年,太宗问谏议大夫褚遂良曰:‘昔舜造漆器,禹雕其俎,当时谏者十有余人。食器之间,何须苦谏?’遂良对曰:‘雕琢害农事,纂组伤女工。首创奢淫,危亡之渐。漆器不已,必金为之。金器不已,必玉为之。所以诤臣必谏其渐,及其满盈,无所复谏。’太宗曰:‘卿言是矣。朕所为事,若有不当,或在其渐,或已将终,皆宜进谏。比见前史,或有人臣谏事,遂答云“业已为之”,或道“业已许之”,竟不为停改。此则危亡之祸可反手而待也。’”①此与“防渐杜微”的忧患意识相关。“渐”而不谏,必积而成大,必习以为常,

① 吴兢著,裴汝诚、王义耀、郭子建、顾宏义译注《〈贞观政要〉译注》,上海古籍出版社2007年2月第1版,第43页。

“及其满盈,无所复谏”,正如褚遂良说的,“漆器不已,必金为之。金器不已,必玉为之”。不谏就是一种无形的鼓励,同时也是官风的一种堕落,微渐尚且不谏,何况满盈之时呢?太宗非常赞同,并要求臣子们“朕所为事,若有不当,或在其渐,或已将终,皆宜进谏”,改过永远没有太迟的时候。

另外,贞观君臣们还十分清醒地认识到,谏人亦当受人谏语,正如唐太宗说的,“公等亦须受人谏语”,岂得以“人言不同己意,便即护短不纳”,臣子亦不例外。不同之言论,可让自己从更多的角度来看清问题,见出事物的本质,又可扩大自己的胸襟和识见,更多元的信息源可以让人更理性地判断,更客观地决策,此外,多元的信息之间也较容易显露万物的真相。更为重要的是,臣子们一直充当进谏者的角色,只有学习接受不同意见的谏诤,才能真正体会受谏者的感受,从而体察和理解最大的受谏者君王的感受和心态,以便更好地扮演臣子的角色,善谏君王,避免纳谏和进谏过程中所造成的君臣之间不必要的误解和矛盾。

本章小结

中国历史上有高度肯定善于纳谏和犯颜直谏的传统。虚心纳谏与尽情直谏可谓是构成“贞观之治”政治开明最为亮丽的一道风景,它给人留下的启示和反思是极为丰富而深刻的。它最大限度地弥补和消除了中国古代君主专制制度的缺失以及君王个体人格和心理缺失通过专制制度所引起的负面影响和作用;它集思广益,并及时最大限度地容纳和提供不同甚至是反对的意见,以确保大到各项治国方略和措施,小到君王的私家小事,一言一行,都运行和表现在一个较为客观公正、符合社意民情的轨道上。

贞观君臣们深刻认识并自觉遵行中国古代良好的谏诤传统,同时也在中国古代政治的谏诤史上,留下了丰富的经验和启示。他们吸取历代兴亡的教训,把纳谏与进谏提高到关系国家兴衰存亡、百姓祸福的历史高度上,并对君王容易自谓己长,而臣子们容易承意顺旨、甘言取容的人性与制度的缺点以及君臣在不同时期纳谏与进谏的态度变化有着深刻清醒的认识和反思,并时时引以为戒。他们认识到纳谏与进谏的过程中,君臣皆为不易,因此,互相理解,互相勉励,互相尊重,互相磨砺,孜孜以求谏,谔谔以直谏;勇于改过,不惜犯颜,无所不谏;同时,他们也讲究进谏的方式和艺术,重视谲谏和谏于渐,谏于终,坚持改过和批评永远没有太迟的时候。贞观君臣之间的这种君臣合德的谏诤观,与他们的君臣一体,同心协力,共理共治,"共相切磋,以成治道"的政治伦理和政治理念紧密相关。贞观君臣的纳谏与进谏,很多评论都主要归功于唐太宗的虚怀大度和开放的胸襟,这从某些方面而言是正确的。但是,必须补充的是,隋唐继魏晋南北朝之后,也就是继高扬个性自由和各民族大冲撞大融合的时代之后,开放的胸襟和自信自由的个性,仍然是士风的主流,且大唐王朝又是一个空前的民族大融合朝代,加上魏晋以还世家大族在朝廷和地方上的盘根错节,势力依旧强大,而很多在上至朝廷下至各级政府任职的官员,本身就出身于这些世家大族,或与他们有着千丝万缕的关系,因此,他们在朝为官,便比较进退自如,进则亦喜,退则不忧,这种经济上和社会上相对独立地位,使得他们对皇权或政权较少有依附关系。正是由于上面这几个方面的原因,使得他们中的一些官员,敢于面折廷争,逆鳞进谏;而这一点无疑也影响了唐太宗,使他在虚心纳谏,礼敬臣下,以上趋下,并提出"君臣一体",君臣共理共治的理论和措施等方面,都达到了中国历史上的君王所难以达到的高度。所以,贞观之治的出现,既是君臣们主观努力的结果,同时也是历史的趋势使然。当然,还得加上一条,那就是上文经常提及的隋末大乱大破坏所带来的图存和发展的时代紧迫感。

除此之外,《贞观政要》中的纳谏与进谏,与中国古代政治思想中的谏诤观的不同之处,还在于极为丰富生动地表现了纳谏与进谏惊心动魄的过程。

第六章　征伐与抚边之策

在中国历史上,汉民族与周边少数民族的关系历来是每个王朝都必须面对和处理的重大问题之一,并在文化上逐渐形成了两种思想观念,即以华夏为中心的对周边少数民族带有歧视性的大汉民族主义以及相对和缓和平等的民族观念。这其中大汉民族的优越感依旧是较为根深蒂固的,同时,弱则和亲强则征伐或者二者交替进行也成为中国汉族政权民族政策的通则。

近代以前,中国主要的外交关系便是与周边少数的民族的关系。这里的外交并非指现代意义上的国与国之间的关系,而是指汉民族与周边少数民族的关系。汉民族人口众多,且居于中原,土地肥沃,气候温热,物产较为丰富,而周边的少数民族地区特别是北方地区则地广人稀,土地较为贫瘠,气候较为严寒,生存较为不易。汉民族以农耕为主,而少数民族特别是北方少数民族则以游牧为主。习性、文化历史传承,社会形态,生活方式以及气候土地条件都存在较大的差异;而且少数民族族群较多,汉民族以一族之力必须应对复杂多变的族群关系,确实不易。但既然是邻居,世世代代相处,互相之间也就有了深入的了解,也积累了丰富的经验,各朝政策措施有传承也有变革,总结起来有几个特点:一是开疆拓土的政策。多表现于大一统的中央王朝较为强盛的时候。二是怀抚政策即利用政治和经济上的手段,安抚笼络其他民族的政策,既缓和民族矛盾,巩固中央政权,又促进了少数民族经济的发展,促进民族之间互相理解和交流。三是羁縻政策。以少数民族的部落划分地域,设立特殊的行政单位，政治上隶属于中央，经济上按时朝贡，其余一切事务均由少数民族首领处理。所谓的土官土吏，以夷制夷即是。四是汉化政策。因汉民族在政治、经济、军事、文化等方面的优势，每个朝代都有少数民族不断被汉化，他们讲汉语，着汉服，劝农桑，与汉民族杂居相处，与汉民族的文化心理融汇在一起。五是因俗以成治。因地域辽阔，民族众多，政治经济军事文化以及社会形态发展不平衡，从实际出发，因地制宜，制定不同地区，不同民族军事的政策，实施有效的统治，因俗以成治，既达到统一，又和多民族的和谐共处，共同发展。

历史上，夏商周与少数民族之关系主要有联姻，五服、怀柔、贡献、商服、封侯、贡纳、征伐、赎免、监控、封赐、服朝、贡献等。其中五服中的"要服"和"荒服"，即为羁縻政策的雏形。春秋战国时期，由于中原内乱，周边的少数民族，获得一个好的发展机会。我们从夏商周到春秋战国时期的少数民族政策可以看见，中国古代传统的民族政策大多已经形成。如怀柔政策，和亲政策，因俗成治政策等。秦朝统一后，在民族聚居地区设"道"，相当于秦朝县的特殊形态，实际上属于一种羁縻政策。秦始皇又"北击匈奴"，"南平百越"，增加其大一统的控制。秦朝制定民族法律，对少数民族赋税实行优惠，对偏远地区只要求贡献一些奇珍异宝即可，又通过修筑道路，组织大规模移民进行边疆屯垦，既加强了武力的控制，又促进了民族地区的社会经济的发展，增加了其向心力和凝聚力。汉承秦制，对少数民族政策进一步加以发展和完善。汉初百废待兴，为求得稳定的外部环境，中央设置"大鸿胪"一职，为九卿之一，专管少数民族事务。在边疆少数民族聚居区设置"道"，在归附地区，设有"都护""中郎将""校尉"等官职，负责少数民族事务。汉高祖征匈奴失败后，实行和亲政策，到了汉武帝时，随着国力的增强，开始武力征服，开疆拓土，征伐不断。虽然维护和加强了中央王朝的声威和国家统一，但也损耗了大量的国力。汉朝对于效忠的民族，则采取册封的政策，进行安抚笼络。值得一提的，汉朝大力推行移民政策，将汉人移往边疆地区，而将少数民族移到内地，既开发了边疆，又削弱和化解了少数民族的分裂势力。这一点被唐太宗所继承。魏晋南北朝时期，民族矛盾空前激烈，中原沦陷，北方朝代更迭频仍。即便如此，在汉对少数民族的关系上也实行敕封、讨伐、左郡左县、蛮府、胡汉分化以及汉化等政策，其实也是实行传统上因地制宜、刚柔相济的原则。隋唐时期是民族政策发展和完善的一个高峰期。特别是唐朝，是中国历史上民族融合较好的时期，这与唐朝实行的一系列民族政策分不开。比如唐初在总结历史经验基础上，在少数民族地区设置羁縻都督府、羁縻州、新民县，打破了少数民族各自为政的涣散局面，加强了国家的统一；又通过册封少数民族酋长，安抚柔弱，结以恩信，加强了中央的控制力。唐朝实行空前的和亲政策，以化解民族隔阂和矛盾，增加了民族之间的经济文化交流传播。唐朝对控制的少数民族地区征收赋税和接受朝贡，赋税多少按控制力程度而定，对于及时朝贡的给予表彰，逾期不供者进行谴责和声讨。另外在边疆少数地区，开展互市，设有专门的管理机构，满足不同民族生活上的需要，互利双赢，增加了民族间的融合。通过以上一系列措施使，使唐朝进入了一个民族大融合的历史高峰，不仅大唐文化的影响力，深入遥远的边疆，也使少数民族的文化在中原大地流行，而胡风的盛行也使唐朝成为中国历史最为开放，最为自信的王朝。

唐王朝是疆域空前辽阔的统一的多民族国家。《贞观政要·公平》篇载："弱水、流沙，并通輶轩之使；披发左衽，皆为衣冠之域。正朔所班，无远不届。"[①]唐太宗是这一统一多民族国家的奠基者，他在各族中享有崇高的威望，被称为"天至尊"、"天可汗"，是当时天下的共主，这与他推行的和亲德化、平等如一的开明民族政策是分不开的。

第一节　以德抚之，以威辅之

由于拥有广袤的黄河流域以及长江流域肥沃的平原，农耕文化日益成为繁衍生息在这一片广阔土地上的大汉民族主要的生产和生存方式。中国古代

① 吴兢著，裴汝诚、王义耀、郭子建、顾宏义译注《〈贞观政要〉译注》，上海古籍出版社2007年2月第1版，第170页。

的农耕文化是以自给自足的小农经济为主体的，它具有分散性、独立性、脆弱性和保守性，既很难形成商品经济为主体的社会里那种互通有无的契约精神以及相关的组织力量，以对抗和制衡中央集权，使得这一政权形式容易变得异常强大，也使得君主专制的中央集权可以连续几千年，甚至死灰复燃；同时，由于民众难以组织足够强大的力量来抵御外来势力特别是外族的侵扰，这在某种程度上可以解释中国古代社会汉民族与外族的关系中，特别是发生战争的情况下，大汉民族大部分处于守势的原因。也因为如此，他们会更加依附于一个强大的中央集权，以使得自己获得某种保护，并获得相对和平安定的社会生活环境。加上农业经济的特点，农作物耕作生长成熟周期较长的原因，使得大汉民族逐渐形成了安土重迁、保守偏安的性格。所以说，汉民族历来是爱好和平的民族，其中也有不得已的原因在。虽然从文化上，相对于周边少数民族而言，具有某种程度上优越性，但在与周边少数民族的长期关系中往往以和为主，特别是在国势较弱时，甚至不惜屈辱和亲，以求相安无事。

唐初，天下虽定，但疮痍未复，虽然军力不弱，但唐太宗极力推行抚民以静、与民休息的仁政。与此相关，在处理少数民族的关系上，首先实施的也是怀人以德、不战而屈人之兵的抚边政策，即中国传统上所谓的以德度之、远至迩安的政策。

首先是怀之以德，不战而屈人之兵。《贞观政要 · 征伐》篇云：“贞观初，岭南诸州奏言高州酋帅冯盎、谈殿阻兵反叛。诏将军蔺謩发江、岭数十州兵讨之。秘书监魏徵谏曰：‘中国初定，疮痍未复，岭南瘴疠，山川阻深，兵运难继，疾疫或起，若不如意，悔不可追。且冯盎若反，即须及中国未宁，交结远人，分兵断险，破掠州县，署置官司。何因告来数年，兵不出境？此则反形未成，无容动众。陛下既未遣使人就彼观察，即来朝谒，恐不见明。今若遣使，分明晓谕，必不劳师旅，自致阙庭。’太宗从之，岭表悉定。侍臣奏言：‘冯盎、谈殿，往年恒相征伐。陛下发一单使，岭外帖然。’太宗曰：‘初，岭南诸州盛言盎反，朕必欲讨之，魏徵频谏，以为但怀之以德，必不讨自来。既从其计，遂得岭表无事，不劳而定，胜于十万之师。’乃赐徵绢五百匹。”[①]首先是“中国初定，疮痍未复”，这是最现实的国情。据《贞观政要·征伐》篇记载：“武德九年冬，突厥颉利、突利二可汗，以其众二十万，至渭水便桥之北，遣酋帅执矢思力，入朝为觇，自张声势云：‘二可汗总兵百万，今已至矣。’乃请返命。太宗谓曰：‘我与突厥面自和亲，汝则背之，我无所愧。何辄将兵入我畿县，自夸强盛，我当先戮尔矣！’思力惧而请命。萧瑀、封德彝等，请礼而遣之。太宗曰：‘不然。今若放还，必谓我惧。’乃遣囚之。太宗曰：‘颉利闻我国家新有内难，又闻朕初即位，所以率其兵众，直至于此，谓我不敢拒之。朕若闭门自守，虏必纵兵大掠。强弱之势，在今一策。朕将独出，以示轻之，且耀军容，使知必战；事出不意，乖其本图。制服匈奴，在兹举矣。’遂单马而进，隔津与语，颉利莫能测。俄而六军继至，颉利见军容大盛，又知思力就拘，由是大惧，请盟而退。”[②]唐太宗虽以“虚者实之，实者虚之”的奇计令突厥颉利、突利的20万众不知虚实而退，但实际上也是冒了一次极大的危险，其中有大无如可奈何的原因在，其中最主要的便是：“国家新有内难”，又“闻朕初即位”，政权尚未稳固，中国初定，疮痍未复。其次便是“岭南瘴疠，山川阻深，兵运难继，瘟疫或起，若不如意，悔不可追”。再次就是反行未成。这些都是不轻易兴兵的具体原因。但最主要的是“魏徵频谏，以为但怀之以德，必不讨自来”。事实也证明如此。唐太宗“既从其计，遂得岭表无事，不劳而定，胜于十万之师”。其实这也是贞观初年唐太宗实行的征伐和抚边的核心思想，与其抚民以静的治国思想是一致的。又如《贞观政要·征伐》篇又载：“贞观四年，有司上言：‘林邑蛮国，表疏不顺，请发兵讨击之。’太宗曰：‘兵者，凶器，不得已而用之。故汉光武云：“每一发兵，不觉头须为白。”自古以来穷兵极武，未有不亡者也。苻坚自恃兵强，欲必吞晋室，兴兵百万，一举而亡。隋主亦必欲取高丽，频年劳役，人不胜怨，遂死于匹

① 吴兢著，裴汝诚、王义耀、郭子建、顾宏义译注《〈贞观政要〉译注》，上海古籍出版社2007年2月第1版，第256页。

② 吴兢著，裴汝诚、王义耀、郭子建、顾宏义译注《〈贞观政要〉译注》，上海古籍出版社2007年2月第1版，第255页。

夫之手。至如颉利，往岁数来侵我国家，部落疲于征役，遂至灭亡。朕今见此，岂得辄即发兵？但经历山险，土多瘴疠，若我兵士疾疫，虽克剪此蛮，亦何所补？言语之间，何足介意！'竟不讨之。"[①]同篇又载："贞观五年，康国请归附。时太宗谓侍臣曰：'前代帝王，大有务广土地，以求身后之虚名，无益于身，其民甚困。假令于身有益，于百姓有损，朕必不为，况求虚名而损百姓乎！康国既来归朝，有急难不得不救，兵行万里，岂得无劳于民？若劳民求名，非朕所欲。所请归附，不须纳也。'"[②]同篇又载："贞观十七年，太宗谓侍臣曰：'盖苏文弑其主而夺其国政，诚不可忍，今日国家兵力，取之不难，朕未能即动兵众，且令契丹、靺鞨搅扰之，何如？'房玄龄对曰：'臣观古之列国，无不强陵弱，众暴寡。今陛下抚养苍生，将士勇锐，力有余而不取之，所谓止戈为武者也。昔汉武帝屡伐匈奴，隋主三征辽左，人贫国败，实此之由，惟陛下详察。'太宗曰：'善！'"[③]唐太宗是中国历史上杰出的军事家，为建立大唐帝国南征北战，建立殊勋。但他不是一个以武力征服天下的好战分子，而是从腥风血雨般的历史兴亡中深刻地体会认识到"兵者，凶器，不得已而用之"这一中国传统的军事思想。而其根本的出发点，便是以民为本，抚民以静的仁政思想。所以当贞观五年康国请归附时，这本是既广土地，又有美名的历史事件，历代很多帝王都求之不得，但考虑到"康国既来归朝，有急难不得不救，兵行万里，岂得无劳于民？若劳民求名，非朕所欲"。其中贯穿着的便是"假令于身有益，于百姓有损，朕必不为，况求虚名而损百姓乎"的抚民以静的仁政思想。即使像贞观十七年，蓋苏文弑其主而夺其国政，令唐太宗感到"诚不可忍"，此时大唐帝国国力强盛，将士勇锐，但唐太宗还是"力有余而不取之"。因为他认识到"止戈为武"，和平是尚，抚养苍生，这种"兵者，凶器，圣人不得已而用之"、"止戈为

---

① 吴兢著，裴汝诚、王义耀、郭子建、顾宏义译注《〈贞观政要〉译注》，上海古籍出版社 2007 年 2 月第 1 版，第 257 页。

② 吴兢著，裴汝诚、王义耀、郭子建、顾宏义译注《〈贞观政要〉译注》，上海古籍出版社 2007 年 2 月第 1 版，第 257 页。

③ 吴兢著，裴汝诚、王义耀、郭子建、顾宏义译注《〈贞观政要〉译注》，上海古籍出版社 2007 年 2 月第 1 版，第 259 页。

武"、抚民以静的治国思想，是以历史的兴亡为教训和借鉴的。可见贞观君臣的治国理念，尤其是其无为而治的治国理论和仁政思想，乃是从实际中来。它不是一种理论性空洞的提倡，而是历史与现实的一种必然要求。贞观君臣们只是认识并顺应了这一要求而已。从隋主的"频年劳役，人不胜怨，遂死于匹夫之手"，"至如颉利，往岁数来侵我国家，部落疲于征役，遂至灭亡"到"汉武屡伐匈奴"导致强大帝国"人贫国败"，这些或是历史上典型而又人所共知的史实，或是贞观君臣们亲历所见者。特别是后者，比他们阅读历史上先贤的著作，从中获取治国的启示和理论，显得更有无可比拟的震撼力量。所以，贞观君臣们的治国理论，与其他时代的统治者们相比，显然具有更多的实践意义和价值，而非一种单纯的理论传统的继承和运用。

无疑地，吴兢始终赞同唐太宗贞观初年所接纳所推崇的"怀之以德"、"不劳而定"、"抚养苍生"、"兵凶战危，圣人所慎"的抚边思想。他在《贞观政要·征伐》篇中记载："贞观十六年，太宗谓侍臣曰：'北狄世为寇乱，今延陀倔强，须早为之所。朕熟思之，惟有二策：选徒十万，击而虏之，涤除凶丑，百年无患，此一策也。若遂其来请，与之为婚媾，朕为苍生父母，苟可利之，岂惜一女！北狄风俗，多由内政，亦既生子，则我外孙，不侵中国，断可知矣。以此而言，边境足得三丨年来无事。举此二策，何者为先？'司空房玄龄对曰：'遭隋室大乱之后，户口太半未复。兵凶战危，圣人所慎，和亲之策，实天下幸甚。'"①在征战与和亲，且战的利益可使"百年无患"，而和亲只是边境可达"三十年来无事"的抉择中，贞观君臣仍然选择了带有屈辱性的和亲政策。其原因一是"遭隋室大乱之后，户口太半未复"，二是他们共同认识到"兵凶战危，圣人所慎"的历史与现实的教诲。唐太宗从中也表示"朕为苍生父母，苟可利之，岂惜一女"！甚至为此要帝王本身作出牺牲和蒙上屈辱的阴影，也在所不惜。

吴兢对这种思想的表述和坚持，在贞观二十二年太宗将征讨高丽的事件上，表现得最为充分。他并非因为贞观后期国力渐盛，苍生得养而有任何的改

① 吴兢著，裴汝诚、王义耀、郭子建、顾宏义译注《〈贞观政要〉译注》上海古籍出版社2007年2月第1版，第258－259页。

变。显然,吴兢对这一真理不变的坚持是有着极其尖锐的针对性的,那就是以“仿贞观故事”开始其治国之旅的唐玄宗在取得“开元之治”的成就之后,开元中、后期,开始“渐不克终”,尤其在天宝年间,又重蹈前王骄矜黩武的覆辙,开启了民族关系的祸端,给周边少数民族和中原百姓都带来灾难。这是吴兢一直想要警示的主要原因。所以他在《贞观政要》中,不惜重彩浓墨,大段的引述贞观臣子们对唐太宗征伐高丽的诤谏:“贞观二十二年,太宗将重讨高丽。是时,房玄龄寝疾增剧,顾谓诸子曰:‘当今天下清谧,咸得其宜,惟欲东讨高丽,方为国害。吾知而不言,可谓衔恨入地。’遂上表谏曰:‘臣闻兵恶不戢,武贵止戈。当今圣化所覃,无远不暨。上古所不臣者,陛下皆能臣之;所不制者,皆能制之。详观古今,为中国患害,无过突厥。遂能坐运神策,不下殿堂,大小可汗,相次束手,分典禁卫,执戟行间。其后延陀鸱张,寻就夷灭;铁勒慕义,请置州县,沙漠已北,万里无尘。至如高昌叛涣于流沙,吐浑首鼠于积石,偏师薄伐,俱从平荡。高丽历代逋诛,莫能讨击。陛下责其逆乱,杀主虐人,亲总六军,问罪辽、碣。未经旬日,即拔辽东,前后虏获,数十万计,分配诸州,无处不满。雪往代之宿耻,掩崤陵之枯骨,比功校德,万倍前王。此圣主所自知,微臣安敢备说。且陛下仁风被于率土,孝德彰于配天。睹夷狄之将亡,则指期数岁;授将帅之节度,则决机万里。屈指而候驿,视景而望书,符应若神,算无遗策。擢将于行伍之中,取士于凡庸之末。远夷单使,一见不忘;小臣之名,未尝再问。箭穿七札,弓贯六钧。加以留情坟典,属意篇什,笔迈钟、张,词穷贾、马。文锋既振,则宫徵自谐;轻翰暂飞,则花葩竞发。抚万姓以慈,遇群臣以礼。褒秋毫之善,解吞舟之网。逆耳之谏必听,肤受之愬斯绝。好生之德,禁障塞于江湖;恶杀之仁,息鼓刀于屠肆。凫鹤荷稻粱之惠,犬马蒙帷盖之恩。降尊吮思摩之疮,登堂临魏徵之柩。哭战亡之卒,则哀动六军;负填道之薪,则情感天地。重黔黎之大命,特尽心于庶狱。臣心识昏愦,岂足论圣功之深远,谈天德之高大哉!陛下兼众美而有之,靡不备具,微臣深为陛下惜之重之,爱之宝之。《周易》曰:“知进而不知退,知存而不知亡,知得而不知丧。”又曰:“知进退存亡,而不失其正者,其惟圣人乎!”由此言之,进有退之义,存有亡之机,得有丧之理,老臣所以为陛下惜之者,盖谓此也。《老子》曰:“知足不辱,知止不殆。”臣谓陛下威名功德,亦可足矣;拓地开疆,亦可止矣。彼高丽者,边夷贱类,不足待以仁义,不可责以常理。古来以鱼鳖畜之,宜从阔略。必欲绝其种类,深恐兽穷则搏。且陛下每决死囚,必令三覆五奏,进素食,停音乐者,盖以人命所重,感动圣慈也。况今兵士之徒,无一罪戾,无故驱之于战阵之间,委之于锋刃之下,使肝脑涂地,魂魄无归,令其老父孤儿,寡妻慈母,望轊车而掩泣,抱枯骨而摧心,足变动阴阳,感伤和气,实天下之冤痛也。且兵,凶器;战,危事,不得已而用之。向使高丽违失臣节,而陛下诛之可也;侵扰百姓,而陛下灭之可也;久长能为中国患,而陛下除之可也。有一于此,虽日杀万夫,不足为愧。今无此三条,坐烦中国,内为旧主雪怨,外为新罗报仇,岂非所存者小,所损者大?愿陛下遵皇祖老子止足之诫,以保万代巍巍之名。发霈然之恩,降宽大之诏,顺阳春以布泽,许高丽以自新,焚凌波之船,罢应募之众,自然华夷庆赖,远肃迩安。臣老病三公,朝夕入地,所恨竟无尘露,微增海岳。谨罄残魂余息,豫代结草之诚。傥蒙录此哀鸣,即臣死骨不朽。’太宗见表,叹曰:‘此人危笃如此,尚能忧我国家。’虽谏不从,终为善策。”①房玄龄一代贤相,为成就贞观之治可谓鞠躬尽瘁,死而后已。他认为“当今天下清谧,咸得其宜,惟欲东讨高丽,方为国害”,若知而不言,自己“可谓衔恨入地”。房玄龄认为:“兵恶不戢,武贵止戈,当今圣化所覃,无远不暨。上古所不臣者,陛下皆能臣之;所不制者,皆能制之”,以至“沙漠已北,万里无尘”;对于“历代逋诛,莫能讨击”的高丽,唐太宗“责其逆乱,杀主虐人”,第一次“亲总六军,问罪辽、碣”时,便获得巨大的胜利。“雪往代之宿耻,掩崤陵之枯骨,比功校德,万倍前王”。其实这也是唐太宗对自己战必胜,攻必克的信心,使他发动征伐高丽之役。但房玄龄的言外之意显而易见,在如此之多的胜利战争的背后,也耗费着中国大量的物力、财力和人力。虽是“武贵止戈”,为维护一个帝国的和平稳固,不得不尔,但是“兵恶不戢”,“且兵,凶器;战,危事,不得已而用之”。现在

① 吴兢著,裴汝诚、王义耀、郭子建、顾宏义译注《〈贞观政要〉译注》上海古籍出版社 2007 年 2 月第 1 版,第 262 – 266 页。

的情形是高丽还没有到“不得已而用之”的地步。高丽原是大唐的属国。贞观十七年,高丽臣莫离支弑其君高武,独专国政,唐太宗于是有征辽之议。贞观十七年,新罗遣使者言百济攻其国四十余城,复与高丽连兵,阻碍新罗入朝,故乞兵救援。唐太宗命司农丞相里玄奖齑玺书赐高丽,劝莫离支使勿攻新罗被拒绝。唐太宗于是决定御驾亲征。从史实可知,唐太宗亲征高丽主要是逞一己之威风,处于维护“天可汗”面子的考虑。也就是说,并非亲征高丽的战争打不得,或者胜不了,而是不值得。所以,房玄龄说:“向使高丽违失臣节,而陛下诛之可也;侵扰百姓,而陛下灭之可也;久长能为中国患,而陛下除之可也。有一于此,虽日杀万夫,不足为愧。今无此三条,坐烦中国,内为旧主雪怨,外为新罗报仇,岂非所存者小,所损者大?”房玄龄并非反对正义或必要的战争,他反对的是于国于民无益,只逞君王威风,显摆要面子的战争。于是我们知道,房玄龄谏书开头所言唐太宗“比功校德,万倍前王”,言外之意便是,唐太宗功德威名已著,不必再为此劳师袭远,虚耗中国,务虚名而招实害了。更为重要的是,这样做是与缔造贞观之治之“伟业”的贞观君臣们一直坚持的以仁治国、静以养民的原则相违背。这也是房玄龄“危笃如此”仍冒死以闻的最为主要的原因。他说:“且陛下仁风被于率土,孝德彰于配天。……(陛下)抚万姓以慈,遇群臣以礼。褒秋毫之善,解吞舟之网。逆耳之谏必听,肤受之愬斯绝。好生之德,禁障塞于江湖;恶杀之仁,息鼓刀于屠肆。凫鹤荷稻粱之惠,犬马蒙帷盖之恩。……陛下兼众美而有之,靡不具备,微臣深为陛下惜之重之,爱之宝之。”虽不免夸张吹捧,但于贞观仁政而言,其基本原则确是如此。然而,这次亲征高丽,除了“所存者小,所损者大”的对战争的代价的务实计算之外,最基本的原则便是与贞观之治的治国思想相违背:“且陛下每决死囚,必令三覆五奏,进素食,停音乐者,盖以人命所重,感动圣慈也。况今兵士之徒,无一罪戾,无故驱之于战阵之间,委之于锋刃之下,使肝脑涂地,魂魄无归,令其老父孤儿,寡妻慈母,望辒车而掩泣,抱枯骨而摧心,足变动阴阳,感伤和气，实天下之冤痛也。”这基本上是儒家“以不忍人之心，行不忍人之政”[1]的继承和发展。同时，又以《周易》和《老子》之言，对唐太宗进行谏诤和微讽：“《周易》曰：‘知进而不知退，知存而不知亡，知得而不知丧。’又曰：‘知进退存亡，而不失共正者，其惟圣人乎！’由此言之，进有退之意，存有亡之机，得有丧之理，老臣所以为陛下惜之者，盖谓此也。《老子》曰：‘知足不辱，知止不殆。’臣谓陛下威名功德，亦可足矣；拓地开疆，亦可止矣。”进退存亡得失之间是辩证统一的，不可为贪一己之威名而违背圣言，置百姓于死地而不顾。当然站在唐太宗的角度上看，高丽这一行径于大唐帝国而言，尚不足让他兴师讨伐，但它胆敢挑战“万国衣冠拜冕旒”的“天可汗”的威严，实在是开了一个极坏的先例，假如不立刻加以制止，其他臣服的属国野心也会被高丽挑起，并形成燎原之势，到时再来御驾亲征并取得胜利，则显得难上加难。最后房玄龄“虽谏不从，终为善策”。吴兢显然是站在房玄龄这一边的。征高丽的结果也正如房玄龄所言，“所存者小，所损者大”，最后不了了之。贞观二十二年，女官充容徐氏之疏谏，则更体现吴兢编纂《贞观政要》之本意。充容徐氏要功德威名“足以咀嚼百王，网罗千代”的唐太宗“推功损已，让德不居”。她告诫唐太宗说：“守初保末，圣哲罕兼。是知业大者易骄，愿陛下难之，善始者难终，愿陛下易之。”她认为贞观后期的“军旅亟动”是“图未获之他众，丧已成之我军。虽除凶伐暴，有国成规，然黩武玩兵，先哲所戒”，并指出秦始皇、晋武帝“矜功恃大，弃德轻邦，图利忘害，肆情纵欲”，“遂使悠悠六合，虽广不救其亡，嗷嗷黎庶，因弊以成其祸。是知地广非常安之术，人劳乃易乱之源”。这一结论确实令人触目惊心！其中的借鉴意义是显而易见的。地广物博而不足恃，功德无双亦不足凭，只要“人劳”和自矜，这一切都将化为乌有。同时充容徐氏指出：“是以卑宫菲食，圣王之所安，金屋瑶台，骄主之为丽。故有道之君，以逸逸人；无道之君，以乐乐身。”希望唐太宗在“贞观已来，二十有余载，风调雨顺，年登岁稔，人无水旱之弊，国无饥荒之灾”的太平盛世之时，仍然对财力

---

[1] 焦循著《〈孟子〉正义》，影印本《诸子集成》第一册，上海书店 1986 年 7 月第 1 版，第 138 页。

"使之以时，则力不竭矣；用而息之，则心斯悦矣"①，这便是"贵在无为"的"为政之本"，是考察千王治乱之踪，百代安危之迹，兴亡衰乱之数，得失成败之机所得出的真理。充容徐氏最后又从人性"惟知之非难，行之不易，志骄于业著，体逸于时安"的弱点和惰性出发，进一步提醒唐太宗"抑志裁心，慎终成始，削轻过以添重德，择今是以替前非，则鸿名与日月无穷，盛业与乾坤永泰"，无论是房玄龄、女官充容徐氏还是作为史官的吴兢，他们都对贞观后期也就是唐太宗晚年"军旅亟动"，特别是御驾亲征高丽的战争，都持反对和批评的意见。唐太宗晚年的御驾亲征高丽，除了上文所指出的为了保护属国，甚至认为是为了拯救高丽人民于水火之中的动机之外，还有一个更为隐秘而难以明言的目的，那就是唐太宗想趁自己还能出征，还可指挥得动那些久经沙场、作战经验丰富的老将的时候，为新立的太子未来当政扫清一切可能存在的隐患和障碍。唐太宗晚年，由于太子李承乾与魏王李泰的太子之争，使他耗尽了心力，最后废了太子李承乾，也使魏王李泰夺位之谋不能得逞，立长孙皇后最小的儿子李治为太子。但这带来了一个新的问题，虽然李治因为年纪较小，在朝中没有形成足够强大的势力以影响唐太宗的皇位稳定，但史书上记录的李治性格懦弱，加上年纪较小缺乏经验，也给他未来的皇位带来了不稳定和不确定因素。因此，贞观后期，唐太宗的一大工作中心便是训练教导李治，如何当好皇帝，并为他的顺利继位和皇位巩固扫清种种的障碍，如临终前忽贬大将军李勣又让李治登位后招抚他，以收服这位当时在军队中享有崇高威望的大将军为己所用，又如逐渐清除朝廷中对李治可能产生不利因素的势力等等。而兴师动众并御驾亲征高丽就是为李治的顺利登基和皇位的稳定做出的最大手笔。房玄龄、女官充容徐氏，还有吴兢显然不理解唐太宗的这一苦衷，只是以"所存者小，所损者大"，空耗国力材资、百姓性命责之，甚至认为他与矜功恃大、图利忘害的秦皇汉武无异！虽然唐太宗最后一次征高丽并没有达到最后胜利的目的，他自己表面上也深表懊悔，但也确实收复辽东广阔的土地，从

---

① 吴兢著，裴汝诚、王义耀、郭子建、顾宏义译注《〈贞观政要〉译注》，上海古籍出版社2007年2月第1版，第266－269页。

此东北边境也较长的处于安定时期，为20年后唐高宗李治灭高丽打了良好的基础。从这一点上说，他为太子着想的目的确实达到了①。另一方面，房玄龄、女官充容徐氏的谏言与其说是在疏谏唐太宗，毋宁是吴兢在告诫唐玄宗。唐玄宗在开元前期，曾“依贞观故事”，励精图治，实行寻求“安国抚人之道”，“任贤用能，虚心纳谏，抑制奢靡，移风易俗”等治国之策，使“贞观之风，一朝复振”，可从开元中期开始，则好大喜功，到开元晚期及天宝年间，开始走上了昏庸的道路。如任用奸相，倦于万机，奢心侈欲，甚至高居无为，思慕神仙；经济的繁荣发展导致社会极大的变化，但制度的设立又没有及时跟上，诏令措施的随意性大大增加，致使政治黑暗，民怨沸腾，最后是“渔阳鼙鼓动地来，惊破霓裳羽衣曲”，安史乱起，给国家和民众带来巨大的灾难。这正是徐氏所言：“守初保末，圣哲罕兼。是知业大者易骄，……善始者难终，……”这何尝不是鉴古知今的历史学家吴兢对唐玄宗的警诫呢？何尝不是对不听警诫的唐玄宗最后的预言呢？

然而唐太宗对边境的少数民族并非一味地和绥迁就，否则，其和亲柔绥政策则会被认为是软弱可欺，并适足以成为贪得无厌者的理由和动力。这是征伐戡乱、屡建殊功的大唐皇帝李世民所不能容忍的。因此，恩威并重，以德抚之，以威辅之的政策成为贞观年间处理边境少数民族关系的原则。如《贞观政要·征伐》篇武帝九年冬，突厥颉利、突利二可汗以其众20万，至渭水便桥之北，直接威胁京师安全之事，便是典型的示威求和的范例。当时京都守兵不多，又“国家新有内难”，玄武门之变所造成的创伤和动荡尚未平复，突厥颉利、突利二可汗则兵锐强盛，背盟入侵，唐太宗实不足与之对抗，只能与之求和。但唐太宗使用的策略却不是苟合取安，委曲求全，因为这将导致突厥的贪图无厌，甚至可能在20万大兵压境之下，直接导致亡国。因此，当时的情形便是一不可以战，二不可以和，实在是进退维谷，凶险之至。唐太宗以其过人的智慧和胆略，力排萧瑀、封德彝等“请礼而遣之”的主张，首先面对颉利、突利

① 参见韩昇教授超星学术视频课“隋唐史”。

二可汗派来“入朝为觇，自张声势”的使者谴责突厥“面自和亲，汝则背之，我无所愧”，使自己站在正义和道义的一边，削弱突厥的军心和气势，又果断地囚禁使者，示之以威，因为“今若放还，必谓我惧”，无疑会鼓舞敌人的信心和斗志。其次，出敌意料，示之以战，打破敌人原来的计划和图谋。太宗说：“颉利闻我国家新有内难，又闻朕初即位，所以率其兵众，直至于此，谓我不敢拒之。朕若闭门自守，虏必纵兵大掠。强弱之势，在今一策。朕将独出，以示轻之，且耀军容，使知必战；事出不意，乖其本图。制服匈奴，在兹举矣。”唐太宗作为中国历史上著名的军事家，深知军事上先声夺人，实以虚之，虚以实之的策略，“单马而进，隔津与语，颉利莫能测。俄而六军继至，颉利见军容大盛，又知思力就拘，由是大惧，请盟而退”，从而使年轻的帝国避免了覆亡的危险。当然，唐太宗的出人意表的胆略和颉利可汗的“大惧”和“莫能测”，都是建立在对李世民十几年来赫赫战功的认识之上的。

唐太宗对边境少数民族使用武力，主要是在以下的几种情况下：祸害中国者，如突厥；鸱张叛涣者，如延陀、高罗；首鼠两端者，如吐浑；杀主虐人者，如高丽。所谓正义之师，师出有名；兵者凶器，圣人不得已而用之，体现了中国古代统治者的征伐理念，即维护了国家的安全，边境的和平，各民族的和谐相处，又不违背传统的用兵道德思想。与之相关，在具体的部署上，也贯彻着正义之师以仁义为上的思想策略。如《贞观政要·征伐》载：“贞观十四年，兵部尚书侯君集伐高昌，及师次柳谷，候骑言：‘高昌王麴文泰死，克日将葬，国人咸集，以二千轻骑袭之，可尽得也。’副将薛万均、姜行本皆以为然。君集曰：‘天子以高昌骄慢，使吾恭行天讨，乃于墟墓间以袭其葬，不足称武，此非问罪之师也。’遂按兵以待。葬毕，然后进军，遂平其国。”[①]问罪之师，正大光明，“乃于墟墓间以袭其葬，不足称武”。这并非一般的迂阔之谈，而是以具体的战略战术，体现大唐帝国正义之师的形象，大大地鼓舞了士气，并削弱了非义之师的反抗斗志。

---

① 吴兢著，裴汝诚、王义耀、郭子建、顾宏义译注《〈贞观政要〉译注》，上海古籍出版社 2007 年 2 月第 1 版，第 258 页。

在克敌制胜的准备和决断上,《贞观政要》体现了几种的思想。首先是虽安不忘战的用兵理念。如《贞观政要·征伐》中云:"太宗《帝范》曰:'夫兵甲者,国家凶器也。土地虽广,好战则民凋;中国虽安,忘战则民殆。凋非保全之术,殆非拟寇之方,不可以全除,不可以常用。故农隙讲武,习威仪也;三年治兵,辨等列也。是以勾践轼蛙,卒成霸业;徐偃弃武,终以丧邦。何也?越习其威,徐忘其备也。孔子曰:"以不教民战,是谓弃之。"故知弧矢之威,以利天下,此用兵之职也。'"[①]《帝范》是贞观二十二年正月唐太宗所著,以赐太子。共十二篇,有《君体》《建亲》《求贤》《审官》《纳谏》《去谗》《戒盈》《崇俭》《赏罚》《务农》《阅武》《崇文》等篇。吴兢所引的这段话中显示了作为开创大唐帝国和贞观之治的缔造者唐太宗,对于好战和忘战,保全之术与拟寇之方的辩证关系的理性认识:不可好战,"好战则民凋";不可忘战,中国虽安,"忘战则民殆",因此,在保全之术与拟寇之方的关系中,保持"不可以全除,不可以常用"的平衡关系。唐太宗最后引用孔子的话说:"以不教民战,是谓弃之。"并导出了"故知弧矢之威,以利天下"的结论,战争的目的,就是要有利于天下,有利于人民,而不是为了满足统治者个人和集团的政治经济上的目的和野心。正是从这一点出发,唐太宗一方面在推行和绥怀柔政策的同时,并不忘"农隙讲武,以习威仪也;三年治兵,以辨等列也"的措施,为征伐战争的胜利打下了坚实的基础,准备了强大的力量。

其次,《贞观政要》赞扬了唐太宗在征伐战争中的符应若神,算无遗策以及对将士的识拔和抚爱。这是战争取胜的关键。战争的主要因素是人。房玄龄在贞观二十二年谏唐太宗讨高丽的谏表中称赞唐太宗"坐运神策"、"符应若神,算无遗策",虽未免夸张,但也从中可以看出唐太宗"运筹帷幄之中,决胜千里之外"的对"廊胜"的重视以及所取得的"上古所不臣者,陛下皆能臣之;所不制者,皆能制之"、"比功校德,万倍前王"的功绩。更为重要的是,唐太宗对于将士,则"擢将于行伍之中,取士于凡庸之末",显示其不拘一格的卓

---

① 吴兢著,裴汝诚、王义耀、郭子建、顾宏义译注《〈贞观政要〉译注》,上海古籍出版社 2007 年 2 月第 1 版,第 261 页。

识。加上“抚万姓以慈，遇群臣以礼”，“逆耳之谏必听，肤受之愬斯绝”，爱抚士卒，“吮思摩之疮”，“哭战亡之卒，则哀动六军；负填道之薪，则情感天地”，悲悯抚慰，在国内营造了一派和谐稳定的气象，并使得将士们能奋勇争光，乐为之死，所谓众志成城，加上自己神武英声的个人魅力，所谓“箭穿七札，弓贯六钧”[①]，可谓战无不胜，所向无敌。唐太宗为了每一次战争的胜利，都作出了胜利所必须做的各种充分的准备。

在有关御驾亲征的问题上，吴兢主张主上不可轻易出征，若须亲征，则必须做到攻必克，战必胜。如在《贞观政要·征伐》篇云：“贞观十九年，太宗将亲征高丽，开府仪同三司尉迟敬德奏言：‘车驾若自往辽左，皇太子又监国定州，东西二京，府库所在，虽有镇守，终是空虚，辽东路遥，恐有玄感之变。且边隅小国，不足亲劳万乘，若克胜，不足为武，傥不胜，翻为所笑。伏请委之良将，自可应时摧灭。’太宗虽不从其谏，而识者是之。”[②]一是国都所重，主上不可亲离，隋炀帝曾亲征高丽，杨玄感遂起兵东都，使隋代陷入大乱之中，即是明鉴。当然，贞观十九年来，经过励精图治，国泰民安，自非荒淫昏君隋炀帝统治下的隋末所能比，但御驾亲征不可轻用，国都的稳定重于边境的扰乱，却是不争的事实。二是边隅小国，若无必胜之把握，以一大国之君，亲自挂帅征讨，则会引起政治经济军事等方面的负面影响。所谓“若克胜，不足为武，傥不胜，翻为所笑”。有如大人与小孩子打架，胜之不仅不武，而且还可耻。御驾亲征如果被打败，则不止是全国之耻辱，而且“安危难测”，所以若是万不得已必须御驾亲征，则“事须克捷”。又如《贞观政要·征伐》篇云：“贞观十八年，太宗以高丽莫离支贼杀其主，残虐其下，议将讨之。谏议大夫褚遂良进曰：‘陛下兵机神算，人莫能知。昔隋末乱离，克平寇难，及北狄侵边，西蕃失礼，陛下欲命将击之，群臣莫不苦谏，唯陛下明略独断，卒并诛夷。今闻陛下将伐高丽，意皆荧

---

① 吴兢著，裴汝诚、王义耀、郭子建、顾宏义译注《〈贞观政要〉译注》，上海古籍出版社2007年2月第1版，第263页。

② 吴兢著，裴汝诚、王义耀、郭子建、顾宏义译注《〈贞观政要〉译注》，上海古籍出版社2007年2月第1版，第260页。

惑。然陛下神武英声，不比周、隋之主，兵若渡辽，事须克捷，万一不获，无以威示远方，必更发怒，再动兵众，若至于此，安危难测。'太宗然之。"[①]虽然高丽莫离支贼杀其王，残虐其下，征讨符合民心，但高丽历来难讨，隋炀帝曾因此亡国。唐太宗虽然兵机神算，神武英声，但褚遂良仍感到"熒惑"，并提出解决"熒惑"的问题："兵若渡辽，事须克捷，万一不获，无以威示远方，必更发怒，再动兵众，若至于此，安危难测。"战争涉及政治、经济、军事、外交甚至人类的尊严等问题，作为"九天阊阖开宫殿，万国衣冠拜冕旒"的"天可汗"，对于属国的征讨可谓牵一发而动全身，胜则可以威示远方，败则可能引起其他属国的背叛；而出于稳定和威严考虑，则"必更发怒，再动兵众。若至于此，安危难测"，引起连锁的恶性循环。褚遂良实际上透露出一种可怕的情形，即作为上国"天可汗"的唐太宗，其对属国的征讨实际上是输不起的，一次都输不起，因此，战必胜、攻必克这一似乎违背战争规律的原则才成为上国和"天可汗"所必须遵行的征伐四夷的原则以及所不得不面临的一种无奈。当然上文已经指出，唐太宗贞观后期的征高丽有为太子李治扫除障碍的长远打算的因素。

对于出征的将领，吴兢则称赞那种勇于争先，"不以贼遗君父"的忠勇精神。如《贞观政要·征伐》篇载："礼部尚书江夏王道宗从太宗征高丽，诏道宗与李勣为前锋。及济辽水克盖牟城，逢贼兵大至，军中佥欲深沟保险，待太宗至，徐进。道宗议曰：'不可。贼赴急远来，兵实疲顿，恃众轻我，一战可摧。昔耿弇不以贼遗君父，我既职在前军，当须清道以待舆驾。'李勣大然其议。乃率骁勇数百骑，直冲敌阵，左右出入，勣因合击，大破之。太宗至，深加赏劳。道宗在阵损足，帝亲为针灸，赐以御膳。"[②]忽逢贼兵大至，深沟保险，以待大军，也不失为一种稳妥的应敌方式，但作为前锋的江夏王道宗能够透过"贼兵大至"这一表面现象，看到并抓住"贼赴急远来，兵实疲顿，恃众轻我，一战可

① 吴兢著，裴汝诚、王义耀、郭子建、顾宏义译注《〈贞观政要〉译注》，上海古籍出版社2007年2月第1版，第259－260页。

② 吴兢著，裴汝诚、王义耀、郭子建、顾宏义译注《〈贞观政要〉译注》，上海古籍出版社2007年2月第1版，第260－261页。

摧”的实质和战机，于是“乃率骁勇数百骑，直冲敌阵，左右出入，勠因合击，大破之”，既有“我既职在前军，当须清道以待舆驾”的勇于承担责任的忠诚，又有料敌机先，抓住战机的智慧和勇气，真可谓是前锋将帅的一种典范。

当然，吴兢在《贞观政要》中也记载了唐太宗在征伐上的反面教训。这集中体现在贞观二十二年征高丽的事件上。吴兢记载了病笃中的房玄龄的谏表和充容徐氏的谏疏。房玄龄认为：“当今天下清谧，咸得其宜，唯欲东讨高丽，方为国害。”而充容徐氏则对这一国害加以具体描述：“……窃见顷年以来，力役兼总，东有辽海之军，西有昆丘之役，士马疲于甲胄，舟车倦于转输，且召募役戍，去留怀死生之痛；因风阻浪，人米有漂溺之危。一夫力耕，年无数十之获；一船致损，则倾覆数百之粮。是犹运有尽之农功，填无穷之巨浪，图未获之他众，丧已成之我军。虽除凶伐暴，有国成规，然黩武玩兵，先哲所戒。昔秦皇并吞六国，反速危祸之基；晋武奄有三方，翻成覆败之业。岂非矜功恃大，弃德轻邦，图利忘害，肆情纵欲？遂使悠悠六合，虽广不救其亡，嗷嗷黎庶，因弊以成其祸。是知地广非常安之术，人劳乃易乱之源。愿陛下布泽流人，矜弊恤乏，减行役之烦，增雨露之惠。”关于唐太宗亲征高丽的原因，学术界有不少的探讨。其主要原因，一是国力的强盛和周边少数民族的臣服，使唐太宗和朝廷主战派们产生了必胜的信心，也滋生了不容属国违逆的尊严和虚荣心；二是高丽确有违逆之罪，伤害了“天可汗”“天至尊”的面子。如贞观十七年，高丽臣莫离支弑其君高武，而独专国政，太宗于是有征辽之议。同年，新罗遣使言百济攻其国四十余城，复与高丽连兵，谋绝新罗入朝之路，乞兵求援。唐太宗命司农丞相玄奖赍玺书赐高丽，使勿攻新罗，莫离支竟不从。玄奖还，具言其状，太宗于是欲征之。房玄龄提出，高丽并非违失臣节，侵扰百姓，或久长能为中国患，若是如此，唐太宗之征讨才具有实际的政治、经济和军事上的意义，高丽只是内政上出现由弑君产生的政权更替，这一更替并未产生其对天朝上国的依附关系；其次，高丽与新罗之敌百济结成联盟，不听朝廷特使和解的劝告，使唐太宗很没面子。由此可见，唐开元十七年后，唐太宗之征高丽也，维护天朝上国面子的成分多，而实际政治、经济和军事上的意义少，甚至如充容徐氏所说，是劳民伤财，祸害百姓，黩武穷兵的亡国之役。这对于以百姓之心为心，以务实理性为政治理念的贞观君臣们而言，显然觉得这是对其一贯原则的违背。当然，上文指出为太子未来的政权清除隐患，唐太宗是不大能明言的。

第二节　结以恩信，爱之如一

唐太宗的安边政策，除了和亲政策之外，对于被征服和归附的民族，则实行团结、恩怀德惠和相对平等的民族政策，从而较为稳固地维护了一个和谐统一的多民族国家的稳定。

首先采取的是“全其部落”、“不离土俗”、以德怀之的政策。突厥是我国北方境内的一个古老民族，北周时期日趋强大，建立了“控弦数十万”的军队①。隋初突厥贵族集团分裂为东西两部。东突厥被隋文帝击败，纳贡称臣；西突厥一度衰乱。隋末丧乱，东西突厥趁机复振，一跃而为雄踞漠北，力控西域，势倾中夏的强大军事力量②。隋末起义军中，多有引以为援者。杜佑说：“（突厥）又更强盛，……薛举、窦建德、王世充、刘武周、梁师都、李轨、高开道之徒，虽僭尊号，俱北面称臣，受其可汗之号。东尽契丹，西尽吐谷浑、高罗诸国，皆臣之。控弦百万，戎狄之盛，近代未有也。大唐起义太原，刘文静聘其国，引以为援。”③刘文静以财帛金宝作为向突厥借兵的交换条件。突厥可汗始毕遣其特勒康稍利等献马千匹，会于绛郡，又遣两千骑助军，从平京城。赵克尧、许道勋在《唐太宗传》中认为：“两千胡骑，微不足道，唐初不过借其声威，以作奥援而已。可见，李渊初起的力量是严重不足的，这可说是他称臣突厥的主要原因。”④由于中国方乱，即便武德年间天下初定，国力依旧衰弱，突厥可汗始毕则不断欺凌唐朝。《旧唐书·突厥传》载：“及高祖即位，前后赏赐，不可胜纪。始毕自恃其功，益骄踞，每遣使者至长安，颇多横恣，高祖以中

① 魏徵等撰《隋书》，中华书局 2019 年 1 月第 1 版，第 2099 页。
② 赵克尧、许道勋著《唐太宗传》，人民出版社 1984 年 10 月第 1 版，第 227 页。
③ 杜佑纂《通典》，中华书局 1984 年 2 月第 1 版，第 1069 页上。
④ 赵克尧、许道勋著《唐太宗传》，人民出版社 1984 年 10 月第 1 版，第 228 页。

原未定,每优容之。"所谓"优容",就是恣其所为,不敢违抗。武德二年二月,始毕可汗去世,"高祖为之举哀,废朝三日,诏百官就馆吊其使者,又遣内使舍人郑德挺往吊处罗,赙物三万段。"[①]赵克尧、许道勋认为,"诏'百官'吊丧的隆重仪式是示以国君礼节的反映,以丝织品三万段孝敬嗣位的处罗可汗,这无疑是变相的纳贡称臣的继续。"[②]武德三年六月,处罗可汗率军助李世民攻刘武周,"至并州,总管李仲文出迎劳之,留三日,城中美妇人多为所掠,仲文不能制"[③]。"不能制"实为不敢制。同年秋天,处罗可汗死,高祖"罢朝"致哀,诏百官就馆吊其使者。即位者为颉利可汗。他继承父兄之业,兵强马壮,益轻唐朝[④]。据《旧唐书·突厥传》记载:"高祖以中原初定,不遑外略,每优容之,赐与不可胜计,颉利言辞悖傲,求请无厌。"[⑤]赵克尧、许道勋甚至认为,"所谓颉利'言辞悖傲',流露了他想君临中原的野心"[⑥]。武德四年四月,双方军队在雁门首次发生冲突,开始交恶,唐初对突厥的"优容"政策才逐渐发生变化。总之,从隋大业十三年六月晋阳起兵至唐武德四年双方交恶,前后近四年时间,唐向突厥可汗始毕、处罗、颉利分别称臣纳贡。这是唐初君臣的一大耻辱。贞观四年李靖大破突厥,唐太宗闻之大喜,对近臣说:"朕闻'主忧臣辱,主辱臣死'。往者国家草创,太上皇以百姓之故,称臣于突厥,未尝不痛心疾首。"[⑦]据陈寅恪先生考证:"太宗实为当时主谋称臣于突厥之人。"[⑧]李世民多次借兵突厥,组成联军,他与突厥关系密切。这一点也直接影响他在突厥内附后如何处置双边关系的态度。在多次借兵中,李世民分别与始毕、处罗、颉利、突利等并肩作战,关系密切。他屈辱借兵,受制于人,除了当时斗争的策略性之外,主

---

① 刘昫等撰《旧唐书》,中华书局 1975 年 5 月第 1 版,第 5153 – 5154 页。

② 赵克尧、许道勋著《唐太宗传》,人民出版社 1984 年 10 月第 1 版,第 228 页。

③ 刘昫等撰《旧唐书》,中华书局 1975 年 5 月第 1 版,第 5154 页。

④ 赵克尧、许道勋著《唐太宗传》,人民出版社 1984 年 10 月第 1 版,第 228 页

⑤ 刘昫等撰《旧唐书》,中华书局 1975 年 5 月第 1 版,第 5155 页。

⑥ 赵克尧、许道勋著《唐太宗传》,人民出版社 1984 年 10 月第 1 版,第 228 页。

⑦ 刘肃撰《大唐新语》,中华书局 1984 年 6 月第 1 版,第 105 – 106 页。

⑧ 陈寅恪著《寒柳堂集》,生活·读书·新知三联书店 2001 年 4 月第 1 版,第 116 页。

要是与唐初国力不足有关。统一后的唐王朝虽然比以前强大，但远不足与突厥抗衡，故长久处于挨打的局面。唐太宗励精图治，如加强军事训练，提高士兵战斗力，扩大府兵队伍等。与此同时，随着被突厥征服的属国铁勒部的回迄、薛延陀等相继反抗（薛延陀还与唐朝结成军事联盟），大大削弱了东突厥的军事力量；这些属国的失去，又加深了突厥贵族集团内部的矛盾[①]。赵克尧、许道勋在《唐太宗传》中说："唐太宗利用矛盾，分化瓦解，拉拢突利，使原先突利与颉利之间的矛盾更加激化。贞观二年，突利终于背弃颉利，暗地相约唐王朝出兵进攻颉利，从而使唐太宗赢得了里应外合的有力战机。"[②]据《旧唐书·突厥传》载，武德七年，颉利、突利率众入侵，当时关中暴雨成灾，粮道不通，李世民只得使用智退的战术。其间他亲率万骑奔驰敌阵，义正词严地指责颉利背约入侵，与颉利单独决战，甚至愿以万骑与颉利大军决一死战，使多疑的颉利不敢贸然进军。李世民又故意与突利并骑近前，窃窃私语。颉利与突利叔侄间原有嫌隙，李世民如此布下疑团，颉利便怀疑突利与秦王密约，叔侄互不信任，不得不退兵，也埋下了叔侄最后反目，使唐军里应外合有利战机的因果；加上颉利暴虐日甚，天灾人祸，贞观三年冬十一日，唐太宗在做好充分准备的前提下，主动反击，合军十万，分几路出击突厥，并于贞观四年正月，取得了定襄大捷，颉利匆匆狼狈而逃窜。接着又在云中取得大胜，"由是酋长率部落五万降于李勣"[③]，后在李靖与李勣的乘胜追击下，颉利可汗众叛亲离，于贞观四年三月被大同道行军副总管张宝相生俘。唐太宗终于统一了唐王朝的北部边境，在不到半年的时间里，征服了骄横不可一世的东突厥，把西起阴山、北至大漠的广阔地带纳入了版图[④]。可是，在举国同庆的同时，朝廷又发生了一次激烈的争论，这一次的争论，与我们以上所述的唐初和突厥的关系性质紧密相关，也直接影响到贞观年间的民族政策。

---

① 赵克尧、许道勋著《唐太宗传》，人民出版社 1984 年 10 月第 1 版，第 229、230、232、235 页。

② 赵克尧、许道勋著《唐太宗传》，人民出版社 1984 年 10 月第 1 版，第 235 页。

③ 欧阳修、宋祁等撰《新唐书》，中华书局 1975 年 2 月第 1 版，第 3818 页。

④ 赵克尧、许道勋著《唐太宗传》，人民出版社 1984 年 10 月第 1 版，第 238 页。

《贞观政要·安边》云:“贞观四年,李靖击突厥颉利,败之,其部落多来归降者。诏议安边之策,中书令温彦博议:‘请于河南处之。准汉建武时,置降匈奴于五原塞下,全其部落,得为捍蔽,又不离其土俗,因而抚之,一则实空虚之地,二则示无猜之心,是含育之道也。’太宗从之。秘书监魏徵曰:‘匈奴自古至今,未有如斯之破败,此是上天剿绝,宗庙神武。且其世寇中国,万姓冤仇,陛下以其为降,不能诛灭,即宜遣发河北,居其旧土。匈奴……非我族类,……不顾恩义,其天性也。秦、汉患之者若是,故时发猛将以击之,收其河南以为郡县。陛下以内地居之,且今降者几至十万,数年之后,滋息过倍,居我肘腋,甫迩王畿,心腹之疾,将为后患,尤不可处以河南也。’温彦博曰:‘天子之于万物也,天覆地载,有归我者则必养之。今突厥破除,余落归附,陛下不加怜愍,弃而不纳,非天地之道,阻四夷之意,臣愚甚谓不可,宜处之河南。所谓死而生之,亡而存之,怀我厚恩,终无叛逆。’魏徵曰:‘晋代有魏时,胡部落分居近郡,江统劝逐出塞外,武帝不用其言,数年之后,遂倾瀍、洛。前代覆车,殷鉴不远。陛下必用彦博言,遣居河南,所谓养兽自遗患也。’彦博又曰:‘臣闻圣人之道,无所不通。突厥余魂,以命归我,收居内地,教以礼法,选其酋首,遣居宿卫,畏威怀德,何患之有?且光武居河南单于于内郡,以为汉藩翰,终于一代,不有叛逆。’又曰:‘隋文帝劳兵马,费仓库,树立可汗,令复其国,后孤恩失信,围炀帝于雁门。今陛下仁厚,从其所欲,河南、河北,任情居住,各有酋长,不相统属,力散势分,安能为害?’给事中杜楚客进曰:‘北狄……难以怀德,易以威服。今令其部落散处河南,逼近中华,久必为患。至如雁门之役,虽是突厥背恩,自由隋主无道,中国以之丧乱,岂得云兴复亡国以致此祸?夷不乱华,前哲明训,存亡继绝,列圣通规。臣恐事不师古,难以长久。’太宗嘉其言,方务怀柔,未之从也,卒用彦博策,自幽州至灵州,置顺、祐、化、长四州都督府以处之,其人居长安者近且万家。”①同篇又云:“自突厥颉利破后,诸部落首领来降者,皆拜将军中郎将,布列朝廷,五品以上百余人,殆与朝士相半。惟拓拔不

① 吴兢著,裴汝诚、王义耀、郭子建、顾宏义译注《〈贞观政要〉译注》,上海古籍出版社 2007 年 2 月第 1 版,第 271 - 272 页。

至，又遣招慰之，使者相望于道。凉州都督李大亮，以为于事无益，徒费中国，上疏曰：'臣闻欲绥远者必先安近，中国百姓，天下根本，四夷之人，犹于枝叶，扰其根本以厚枝叶，而求久安，未之有也。自古明王化中国以信，驭夷狄以权。故《春秋》云："戎狄豺狼，不可厌也；诸夏亲昵，不可弃也。"自陛下君临区宇，深根固本，人逸兵强，九州殷富，四夷自服。今者招致突厥，虽入提封，臣愚稍觉劳费，未悟其有益也。然河西民庶，镇御藩夷，州县萧条，户口鲜少，加因隋乱，减耗尤多。突厥未平之前，尚不安业，匈奴微弱以来，始就农亩，若即劳役，恐致妨损。以臣愚惑，请停招慰。且谓之荒服者，故臣而不纳。是以周室爱民攘狄，竟延八百之龄；秦王轻战事胡，故四十载而绝灭，汉文养兵静守，天下安丰；孝武扬威远略，海内虚耗，虽悔轮台，追已不及。至于隋室，早得伊吾，兼统鄯善，且既得之后，劳费日甚，虚内致外，竟损无益。远寻秦、汉，近观隋室，动静安危，昭然备矣。伊吾虽已臣附，远在藩碛，民非夏人，地多沙卤。其自竖立称藩附庸者，请羁縻受之，使居塞外，必畏威怀德，永为藩臣，盖行虚惠而收实福矣。近日突厥，倾国入朝，既不能俘之江淮，以变其俗，入置于内地，去京不远，虽则宽仁之义，亦非久安之计也。每见一人初降，赐物五匹，袍一领，酋长悉授大官，禄厚位尊，理多糜费。以中国之租赋，供积恶之凶虏，其众益多，非中国之利也。'太宗不纳。"①对颉利部落归降的安抚政策，典型地体现了唐太宗努力促进民族融合和平等的开明的民族政策。

由于自然条件和生产方式的不同，汉民族以农耕为主，周边少数民族特别是北方少数民族多以游牧为主；农耕则安土重迁，互相聚族而居，由此产生了相应的仁义礼仪等文化观念和制度；游牧则轻去就，重自由，而缺少相应的较为固定的社会制度，社会形态的发展较为缓慢。重仁义礼仪之制则使个体生命趋向于维护和谐的社会关系并于其中寻找个体生命的价值，而游牧文化相对自由的特点则使其个体生命较少受社会关系的束缚，而趋向于重视个体生命欲望的满足。也正因为如此，为了族群的安全，互相侵扰甚至杀戮，较易成

① 吴兢著，裴汝诚、王义耀、郭子建、顾宏义译注《〈贞观政要〉译注》，上海古籍出版社 2007 年 2 月第 1 版，第 273－274 页。

为游牧文化较可接受的价值观念和取向。加上北方自然气候寒冷，土地较为贫瘠，物产不如中原丰饶，自然条件和生存较为恶劣和艰苦，又有马上之便利，所有这一切，无形中会增加游牧民族的掠夺性和侵略性。站在以农耕文化为基础而建立起来的仁义礼仪观念和制度的衡量标准上，或者站在以中原为中心的汉民族农耕文化的强势上，加上边境上长期的矛盾和侵扰，以游牧文化为中心的游牧民族和周边少数民族，较易成为被否定和鄙视的对象。这种否定和鄙视，不能只简单归结为大汉民族主义的结果，而应视为两种不同文化长期对峙、矛盾、冲突之所致，当然这其中包含着地域性歧视以及自给自足的小农经济造成的狭窄和保守的思想观念。

以上之所以不厌其烦的叙述唐初高祖和太宗对突厥的臣服和屈辱，以及在这一过程中突厥所表现出来的唯利是图、不讲信义、残暴骄横，是为了说明唐初或贞观君臣中，对突厥的仇视除了传统文化上的原因外，更有着他们刻骨铭心的伤痛经历。由此也可见出，唐太宗最终采取"绥之以德"、"爱之如一"的恩怀与德惠的民族政策，其所表现出来的博大胸襟和历史的超越性。

贞观四年，多年成为边患的突厥终被平定，突厥部落多来归降。唐太宗诏议安边之策。由于涉及今后国家安全的大事，所以君臣对此极为重视，纷呈安边之策，展开一场激烈的争论。多数朝臣建议采取"分其种落"，迁徙河南（北方河套地区），散居州县与汉民族杂居，以便"各使耕织"的政策[①]。《旧唐书·突厥传》载："颉利之败也，其部落或走薛延陀，或走西域，而来降者甚众。诏议安边之术。朝士多言突厥恃强，扰乱中国，为日久矣。今天实丧之，穷来归我，本非慕义之心。因其归命，分其种落，俘之河南兖、豫之地，散居州县，各使耕织，百万胡虏可得化为百姓，则中国有加户之利，塞北可常空矣。"[②]也就是《旧唐书·温大雅传》中所说的"各使耕田，变其风俗。百万胡虏，可得化而为汉"[③]之意，用农耕文化的生产方式和生活方式及其价值观念，改变其游牧

---

① 赵克尧、许道勋著《唐太宗传》，人民出版社1984年10月第1版，第265页。
② 刘昫等撰《旧唐书》，中华书局1975年5月第1版，第5162页。
③ 刘昫等撰《旧唐书》，中华书局1975年5月第1版，第2361页。

文化的价值观念。这是征服者不顾突厥族的生产特点与生活习惯的一种强制性的同化方式，显然不顾客观历史条件所造成的不同地域文化特点与民族习性，成功与否不得而知，但不受欢迎则是肯定的，这既不利于民族团结，也违背了唐太宗“因民之心而治之”的治国思想，因此没有得到唐太宗的采纳。同时，颜师古、李百药和窦静有一共同之处，就是因突厥之离散，分立各部之酋长，“国分则弱而易制，势敌则难相吞灭，各自保全，必不能抗衡中国。”使其弱则不能与中国抗衡，强则互相牵制，亦不能与中国抗衡。窦静则加上假以王侯之号，妻以宗女，以固其心①。然而最有代表性的是中书令温彦博和秘书监魏徵的观点。魏徵的安边之策是从传统的观念和历史的角度出发的，他认为“强必寇盗，弱则卑伏，不顾恩义，其天性也”，“且其世寇中国，万姓冤仇”。给事中杜楚客亦言：“北狄……难以怀德，易以威服”。因此，他们都激烈反对内徙突厥，把他们安置在河南一带的朔方之地。“今降者几至十万，数年之后，滋息过倍，居我肘腋，甫迩王畿，心腹之疾，将为后患，尤不可处以河南也”。并举历史之事例，“晋代有魏时，胡部落分居近郡，江统劝逐出塞外，武帝不用其言，数年之后，遂倾瀍、洛。前代覆车，殷鉴不远。陛下必用彦博言，遣居河南（北方河套以南地区），所谓养兽自遗患也。”五胡乱华，确实是华夏民族的一大惨痛，加上突厥在唐初对唐朝的横暴不仁，魏徵的观点既有理论，又有实证，确实很有说服力。因此，凉州都督李大亮也反对太宗的招慰政策。他也以传统观点上的华夷之辩为依据，说：“欲绥远者必先安近，中国百姓，天下根本，四夷之人，犹于枝叶，扰其根本以厚枝叶，而求久安，未之有也。自古明王化中国以信，驭夷狄以权。故《春秋》云：‘戎狄豺狼，不可厌也；诸夏亲昵，不可弃也。’”认为“近日突厥，倾国入朝，既不能浮之江淮，以变其俗，入置于内地，去京不远，虽则宽仁之义，亦非久安之计也。每见一人初降，赐物五匹，袍一领，酋长悉授大官，禄厚位尊，理多糜费。以中国之租赋，供积恶之凶虏，甚众益多，非中国之利也”。魏徵与李大亮的安边之策，有理论有依据，但都是

---

① 司马光等编著，胡三省音注，“标点《资治通鉴》小组”校点《资治通鉴》，中华书局1956年6月第1版，第6076页。

狭窄的大汉民族主义的思想观念，对周边的少数民族采取提防退守的政策。既不能从根本上结以恩信，那么总有边烽又起，边患不断之时。这又与唐太宗的以恩信结人，以德惠绥远，对华、夷“爱之如一”的思想和治国方略不相符。以往唐太宗对魏徵的诤谏，无不言听计从，唯有这次反常。可见在贞观初唐太宗对自己治国思想和方略的坚定性和一致性。当然，这也与贞观初年社会残破、国力不振的现实直接相关。

温彦博的安边之策则是从实际利益出发，以天子天覆地载的胸襟和化育万物的仁政思想，来对待归附的突厥部落。温彦博的安边之策有几大特点：一、处突厥于河南之地，全其部落，得为捍蔽，又不离其土俗，因而抚之。又选其酋首，遣居宿卫，畏威怀德，无有后患。这一措施，尊重突厥族的生产方式、风俗习惯，给予突厥族以某种限度的“自治”权利，从而结以恩信，以团结一视同仁的政策代替隔离、歧视的政策。所谓“一则实空虚之地，二则示无猜之心”。二、反对魏徵等人认为的匈奴人“强必寇盗，弱则卑伏，不顾恩义，其天性也”的落后思想观念，认为华夷之间不是只有争战，而是可以共存共荣，和谐相处的，而且突厥“死而生之，亡而存之”，也会“怀我厚恩，终无叛逆”，因为“圣人之道，无所不通”。相信突厥族归化后不乱的思想，吴兢是十分赞同的。他在《贞观政要·孝友》篇中载：“贞观中，有突厥史行昌直玄武门，食而舍肉，人问其故，曰：‘归以奉母。’太宗闻而叹曰：‘仁孝之性，岂隔华夷？’赐尚乘马一匹，诏令给其母肉料。”[①]“仁孝之性，岂隔华夷”？这对于游牧民族的传统偏见而言，是较为符合人性实际的进步民族观。三、体现了“天子之于万物也，天覆地载，有归我者则必善之”的化育之道。与之相反，“今突厥破除，余落归附，陛下不怜愍，弃而不纳，非天地之道，阻四夷之意”，既违背唐太宗“从人所欲”“以百姓心为心”的仁政思想和民族团结政策，又阻碍了突厥其他部落和民族的归附之路，后果不堪设想。温彦博又举汉光武帝成功的附纳政策为证：“光武居河南单于于内郡，以为汉藩翰，终于一代，不有叛逆。”对于反对者魏

① 吴兢著，裴汝诚、王义耀、郭子建、顾宏义译注《〈贞观政要〉译注》，上海古籍出版社 2007 年 2 月第 1 版，第 153 页。

徵所举的晋初迁徙少数民族于中原，导致永嘉之乱的例子，历史事实是，晋武帝把迁徙的少数民族作为压迫和奴役的对象，而不是“绥之以德”，因此反而加深了民族之间的矛盾。温彦博的化育之道，正是要化解缓和民族矛盾，避免民族悲剧的重演。至于群臣提出的“分其种落”、“变其风俗”的办法，与温彦博的“全其部落”、“不离土俗”也截然不同，那是一种强制性的并带有歧视性的民族同化政策。唐太宗后内迁约十万户突厥族进入中原，其中有一万家居住长安，又任命许多突厥人担任五品以上的将军、中郎将，占在朝武官半数，对团结长期为敌的突厥人起了极大的深远的作用。

唐太宗的民族政策，如果放在更大的历史背景上考察，是有其历史必然性的。南北朝时期，北朝陷入战乱动荡的状态，改朝换代十分频繁，先后经历了五胡十六国时代，而之所以如此，乃在于民族之间互相残杀十分残酷，导致民族之间的仇恨十分深重，民族的反抗十分强烈，因此王朝也大都十分短暂。但前秦的苻坚不同，他对归降的民族实行安抚宽容的政策，从而变得十分强大，统一了北方，也成为当时最为强大的帝国，差一点吞并了东晋，统一中国。但随着淝水之战的惨败，归附的其他民族也随之反叛，前秦王朝崩溃。后来从北魏以至代之而立的北周统一了北方，也与他们实行民族之间的合作和较为平等的民族政策有关，使其他民族乐为之用，不同民族间相处较为和谐。杨坚代北周后建立隋朝，隋灭南朝的陈，最终统一了中国。以史为鉴的唐太宗和作为史官的吴兢，对这些前朝的历史不可能不熟知。唐太宗的曾祖父本身就是西魏的八柱国之一，其子李昞在北周出任安州总管，柱国大将军，袭封唐公，加上随之建立的大唐王朝，本身也是众多民族大融合的产物，因此我们也就可以在更广阔的历史背景上来理解唐太宗，他的以德抚之、结以恩信、爱之如一的民族政策了。

第三节　高度自治的郡县制

突厥内徙后，唐太宗以创设羁縻府州的方式来管理他们，以种落为主，由本族酋长治理，使“绥之以德”的民族团结思想政策得到切实的实施。

《新唐书·地理志》载:“唐兴,初未暇于四夷,自太宗平突厥,西北诸藩及蛮夷稍稍内属,即其部落列置州县。”[①]关于这一点《贞观政要》有详细的记载。《贞观政要·安边》篇载云:“贞观十四年,侯君集平高昌之后,太宗欲以其地为州县。魏徵曰:‘陛下初临天下,高昌王先来朝谒,自后数有商胡,称其遏绝贡献,加之不礼大国诏使,遂使王诛载加。若罪止文泰,斯亦可矣。未若因抚其民,而立其子,所谓伐罪吊民,威德被于遐外,为国之善者也。今若利其土壤以为州县,常须千余人镇守,数年一易,每来往交替,死者十有三、四,遣办衣资,离别亲戚,十年之后,陇右空虚,陛下终不得高昌撮谷尺布以助中国。所谓散有用而事无用,臣未见其可。’太宗不从,竟以其地置西州,仍以西州为安西都护府,每岁调发千余人,防遏其地。黄门侍郎褚遂良亦以为不可,上疏曰:‘臣闻古者哲后临朝,明王创业,必先华夏而后夷狄,广诸德化,不事遐荒。是以周宣薄伐,至境而反;始皇远塞,中国分离。陛下诛灭高昌,威加西域,收其鲸鲵,以为州县。然则王师初发之岁,河西供役之年,飞刍挽粟,十室九空,数郡萧然,五年不复。陛下每岁遣千余人,而远事屯戍,终年离别,万里思归。去者资装,自须营办,既卖菽粟,倾其机杼。经途死亡,复在言外。兼遣罪人,增其防遏。所遣之内,复有逃亡,官司捕捉,为国生事。高昌涂路,沙碛千里,冬风冰冽,夏风如焚,行人遇之多死。《易》云:“安不忘危,治不忘乱。”设令张掖尘飞,酒泉烽举,陛下岂能得高昌一人菽粟而及事乎?终须发陇右诸州,星驰电击。由斯而言,此河西者方于心腹,彼高昌者他人手足,岂得糜费中华,以事无用?陛下平颉利于沙塞,灭吐浑于西海。突厥余落,为立可汗;吐浑遗萌,更树君长。复立高昌,非无前例,此所谓有罪而诛之,既服而存之。宜择高昌可立者,征给首领,遣还本国,负戴洪恩,长为藩翰。中国不扰,既富且宁,传之子孙以贻后代。’疏奏,不纳。至十六年,西突厥遣兵寇西州,太宗谓侍臣曰:‘朕闻西州有警急,虽不足为害,然岂能无忧乎?往者初平高昌,魏徵、褚遂良劝朕立麴文泰子弟,依旧为国,朕竟不用其计,今日方自悔责。昔汉高祖遭平城之

① 欧阳修、宋祁等撰《新唐书》,中华书局 1975 年 2 月第一版,第 1119 页。

围，而赏娄敬；袁绍败于官渡，而诛田丰。朕恒以此二事为诫，宁得忘所言者乎？'"[①]赵克尧、许道勋说："东突厥归附之后，除了部分迁居内地，余部仍居原处。唐太宗在其原地设置羁縻府州，……在行政管辖方面，任命本族首领为都督或刺史，统率原来部众。如封阿尼那苏泥失为怀德郡王、北宁州都督，封突利可汗为北平郡王、右武侯大将军、顺州都督，封阿史那思摩为北开州都督，封改恶从善的颉利可汗初为右卫大将军，次为虢州刺史，后又顺颉利之意，仍复颉利为正三品的右大将军之职。唐太宗如此礼待降酋，自然收到明显效果，贞观四年八月，突厥欲谷设自动归附就是一例：'欲谷设，突利之弟也。颉利败，欲谷设奔高昌，闻突利为唐所礼，遂来降。'唐太宗从突厥族设置羁縻府州取得成功经验后，又推广到其他少数民族部落。在贞观年间，对所谓'南蛮'、'西戎'、'北狄'数以百计的种族，均与回纥一样'置州府以安之，以名爵玉帛以恩之''以威惠羁縻之'。"[②]于是分别对西北、东北等地区行使了国家主权。赵、许认为："总之，唐太宗统一西北、东北边疆，设置羁縻府州的主要功绩是在于形成了一个疆域辽阔、统一的多民族国家。正如他在《遗诏》里所说的：'前王不辟之土，悉请衣冠；前史不载之乡，并为州县。'"[③]赵、许对唐太宗推行羁縻府州的政策，给予了积极的肯定，认为首先有助于统一边疆，把中原地区的郡县制推广到了边疆地区又比郡县制具有相对的"自治权"；其次，提高了唐王朝中央政府的威望，使唐王朝成了真正意义上的"天朝上国"，唐太宗成为"天可汗"、"天至尊"。唐王朝成为疆域空前辽阔的国家，贞观十四年的版图是："东极于海，西至焉耆，南尽林邑，北抵大漠，皆为州县，凡东西九千五百一十里，南北一万九百一十八里。"[④]在这片广袤的国土上形成了一个统一多民族的国家。史载："弱水、流沙，并通輶轩之使；被发左衽，皆为衣冠之域。

① 吴兢著，裴汝诚、王义耀、郭子建、顾宏义译注《〈贞观政要〉译注》，上海古籍出版社 2007 年 2 月第 1 版，第 275－277 页。

② 赵克尧、许道勋著《唐太宗传》，人民出版社 1984 年 10 月第 1 版，第 268－269 页。

③ 赵克尧、许道勋著《唐太宗传》，人民出版社 1984 年 10 月第 1 版，第 269 页。

④ 范祖禹撰《唐鉴》，上海古籍出版社 1981 年 10 月第 1 版，第 58－59 页。

正朔所班，无远不届。”①然而，唐太宗的招慰羁縻政策，从开始就遭到一些大臣的反对。如凉州都督李大亮就以为“于事无益，徒费中国”。当时是“自突厥颉利破后，诸部落首领来降者，皆拜将军中郎将，布列朝廷，五品以上百余人，殆与朝士相半。惟拓拔不至，又遣招慰之，使者相望于道”②。这些反对意见中，比较一致的是“绥远者必先安近，中国百姓，天下根本，四夷之人，犹于枝叶，扰其根本以厚枝叶，而求久安，未之有也”的观点，以魏徵为代表性。他们显然受传统儒家华夷之辨的思想影响较大，而唐代的安边政策则有其自西魏北周以来的良好历史经验的汲取以及作为一个多民族国家的帝王最具现实意义的一种选择。

高昌辖境乃当今新疆吐鲁番地区，是通向天山南路、北路的出口，“丝绸之路”途径西域南、中、北三道，即鄯善、高昌、伊吾三道，均为西域门户，自汉以来，始终是一个重要的军事与交通要地。唐初的麴氏高昌王朝是以汉人为主体，受到汉族政治、经济、文化的影响很深，经济、文化水平都较高，语言文字、风俗习惯、经书刑法、宗教信仰等也与中原相近。时臣服于西突厥的高昌垄断了西域的商路，损害了日益扩大西域经济、文化交流的唐王朝的利益，麴文泰甚至阻隔西域诸国与唐通商③。其实在唐武德年间和贞观初年，唐王朝与高昌的关系曾经不错，麴文泰也常入贡来朝，其妻宇文氏请预宗亲，唐太宗诏赐李氏，封常乐公主。文泰也积极地向唐王朝提供情报，“西域诸国所有动静，辄以奏闻”④，但麴文泰依恃西突厥的乙毗咄陆可汗的军事力量以及险恶的地理环境，开始与唐交恶，阻碍西域诸国来朝贡者，又事人阙礼，离间邻邦，高昌之恶，不可不伐，伐则必胜，胜则必平。唐太宗的一系列政策措施，也好似箭在弦上，势所必然。然而，在征伐高昌和平定之后的管理上，唐太宗都受到

---

① 吴兢著，裴汝诚、王义耀、郭子建、顾宏义译注《〈贞观政要〉译注》，上海古籍出版社 2007 年 2 月第 1 版，第 170 页。

② 吴兢著，裴汝诚、王义耀、郭子建、顾宏义译注《〈贞观政要〉译注》，上海古籍出版社 2007 年 2 月第 1 版，第 273 页。

③ 赵克尧、许道勋著《唐太宗传》，人民出版社 1984 年 10 月第 1 版，第 243、244 页。

④ 刘昫等撰《旧唐书》，中华书局 1975 年 5 月第 1 版，第 5294 页。

一些大臣的反对。反对的意见也大体相同:“时公卿近臣,皆以为行经沙碛,万里用兵,恐难得志,又界居绝域,纵得之,不可以守,竞以为谏。”[①]唐太宗力排众议,任命大将侯君集为交河道行军大总管,契苾何力为葱山道副大总管,出征七千里,逾越二千里流沙,其中地无水草,寒风如割,热浪似焚,人迹罕至,但唐军仅用半年时间,攻下高昌。麴文泰惊惧发病而死,其子麴智盛即位为王,也投降被擒,唐军全部收回了高昌三州五县二十二城[②]。之后,唐太宗按照管理归附少数民族地区的一贯方法,对高昌也“欲以其地为州县”,却遭到第一谏臣魏徵的强烈反对,而吴兢特别详细地记叙了魏徵反对的意见以及唐太宗最后的反悔,既体现史家实录的精神,也是别有深意的。

贞观之治的一个重要组成部分,就是对周边少数民族地区实行设置羁縻州府的管理方式,取得了巨大的成功。各族首领无不以到长安朝“天可汗”唐太宗而感到骄傲:“是时四夷大小君长争遣使入献见,道路不绝,每元正朝贺,常数百千人。”[③]贞观二十一年正月,唐太宗接受铁勒部回纥等族酋长建议,在回纥以南,突厥以北开设“参天可汉道”。贞观后期,回纥等族目睹了唐太宗羁縻州府政策的成功执行,十分羡慕,纷纷请求:“生荒陋地,归身圣化,天至尊赐官爵,与为百姓,依唐若父母然。”[④]贞观二十二年,唐太宗面对四夷君长争相入朝的盛况,告谓大臣曰:“汉武帝穷兵三十余年,疲敝中国,所获无几,岂如今日绥之以德,使穷发之地尽为编户乎!”[⑤]奇怪的是,《贞观政要》中很少有“九天阊阖开宫殿,万国衣冠拜冕旒”的盛世景象与设置羁縻州府有必然联系的相关载录,更找不到对这一政策大家赞扬的片言只语,这对于力图以贞观故事为开、天榜样的吴兢而言,却是别有深意的。在一片“天可汗”“天至尊”

---

① 刘昫等撰《旧唐书》,中华书局 1975 年 5 月第 1 版,第 5295 页。

② 赵克尧、许道勋著《唐太宗传》,人民出版社 1984 年 10 月第 1 版,第 244、245 页。

③ 司马光等编著,胡三省音注,“标点《资治通鉴》小组”校点《资治通鉴》,中华书局 1956 年 6 月第 1 版,第 6253 页。

④ 欧阳修、宋祁等撰《新唐书》,中华书局 1975 年 2 月第 1 版,第 6113 页。

⑤ 司马光等编著,胡三省音注,“标点《资治通鉴》小组”校点《资治通鉴》,中华书局 1956 年 6 月第 1 版,第 6253 页。

的喝彩与陶醉之中,吴兢更多地载录了对造成这一盛况的羁縻州府之法的批评意见。对于太宗欲以高昌之地为州县,魏徵不顾主流的意见和它行之有效的政策,提出"因抚其民,而立其子",即历史传统做法中的"伐罪吊民"以使"威德被于遐外"的措施,因为如果"利其土壤以为州县",则须派兵把守,军费巨大,军人死伤,家属伤痛,十年以后,陇右一带就会空虚,而结果却是"陛下终不得高昌撮谷尺布以助中国。所谓散有用而事无用"。褚遂良反对的意见也大体相同,但讲得更为急切而具体,也更为传统,所谓"古者哲后临朝,明王创业,必先华夏而后夷狄,广诸德化,不事遐荒"。他认为:河西之地为征高昌之役,已是"十室九空,数郡萧然,五年不复",如果再役此地人民,以为高县之守兵,则可谓涂炭百姓,"此河西者方于心腹,彼高昌者他人手足,岂得糜费中华,以事无用"?而且,伐罪吊民,以复其国,也同样有成功的先例,"突厥余落,为立可汗;吐浑遗萌,更树君长。复立高昌,非无前例,此所谓有罪而诛之,既服而存之。宜择高昌可立者,征给首领,遣还本国,负戴洪恩,长为藩翰。中国不扰,既富其宁,传之子孙以贻后代"。魏徵曾以传统的匈奴人不可德化的歧视和偏见,反对东突厥内附,对此,吴兢曾站在温彦博的立场上,加以反对,认为"天子之于万物,天覆地载",反对魏徵等的"唯我独尊"的狭窄民族观,并指出"仁孝之性,岂隔华夷"!显示其作为良史的正直和通达。这对于熟知百代往事深知胡汉恩仇,受儒家尊王攘夷熏陶的史官而言,是颇为不易的。同时,在唐太宗设置羁縻州府大获功效,颂声一片之时,又着重载录了魏徵、褚遂良反对的意见和唐太宗最后的"方自悔责"之话,又显示其一切从具体出发,具体问题具体分析和处理的理性务实的精神以及他的特立独行的个性。这与他在唐玄宗东封泰山的盛举之时,在开元盛世的一片颂声之中,尖锐地批评玄宗"庶政之阙"的剀切忠悃之情是一致的。

这里需要指出的是,魏、褚虽有"先华夏后夷狄""不事遐荒"的思想,但更多的时候是出于对边区服役民众疾苦的同情,是贞观政治中"以百姓之心为心"的民本思想的体现。因此,当贞观十六年,西突厥遣兵寇西州,与两年前魏、褚的预见不谋而合时,唐太宗就有过与魏徵、褚遂良相同的观点和作法。

《贞观政要·征伐》篇载："贞观五年，康国请归附。时太宗谓侍臣曰：'前代帝王，大有务广土地，以求身后之虚名，无益于身，其民甚困。假令于身有益，于百姓有损，朕必不为，况求虚名而损百姓乎！康国既来归朝，有急难不得不救，兵行万里，岂得无劳于民？若劳民求名，非朕所欲。所请归附，不须纳也。'"① 虽然贞观初年国力虚弱，与贞观中后期较为强大的国力不同，但"若劳民求名，非朕所欲"的仁政思想却基本上是保持一致的。

有意思的是，虽然贞观四年唐太宗曾大力支持推行温彦博对突厥归顺内附的建议，并取得了良好的功效，可在贞观十三年，唐太宗却因突利可汗弟中郎将阿史那结社率阴结所部，并推拥突利子贺罗鹘夜犯御营的一次突发性事件，而后悔当时不听从魏徵的意见。《贞观政要·安边》篇载："十三年，太宗幸九成宫，突利可汗弟中郎将阿史那结社率阴结所部，并拥突利子贺罗鹘夜犯御营，事败，皆捕斩之。太宗自是不直突厥，悔处其部众于中国，还其旧部于河北，建牙于故定襄城，立李思摩为乙弥泥熟俟利苾可汗以主之，因谓侍臣曰：'中国百姓，实天下之根本，四夷之人，乃同枝叶，扰其根本以厚枝叶，而求久安，未之有也。初不纳魏徵言，遂觉劳费日甚，几失久安之道。'"②《资治通鉴》卷一百九十五则有更详细的记载。表面上看，这简直是一次安边思想和政策的大倒退！但若细研，可以发现，这只是一次从权应变的行为，根本大政方针没有改变。因一无赖的不满而犯跸，导致整个部落从北河之南被迁出，实际上是唐太宗不必要的反应过激，而其所以反应过激，首先是因为事态本身的严重性。首事者乃突厥突利可汗之弟，又拥突利之子参加夜袭，关系非常敏感，而造成的结果也很严重："结社率恐晓，遂犯行宫，踰四重幕，弓矢乱发，卫士死者数十人。折冲孙武开等帅众奋击，久之，乃退，驰入御厩，盗马二十余

① 吴兢著，裴汝诚、王义耀、郭子建、顾宏义译注《〈贞观政要〉译注》，上海古籍出版社2007年2月第1版，第257页。

② 吴兢著，裴汝诚、王义耀、郭子建、顾宏义译注《〈贞观政要〉译注》，上海古籍出版社2007年2月第1版，第275页。

匹,北走,渡渭,欲奔其部落,追获,斩之。”[①]使皇上和未来的太子李治逃过了一劫。其次,朝廷里历来就存在着对归附的突厥部落安置于河南以及对来降的部落首领皆拜将军中郎将、布列朝廷的政策坚持表示反对者,近臣魏徵是其代表,而结社率的犯跸事件刚好可以给这些反对的意见提供一个极好的事证:即使皇上对归附者再好,崇位厚禄地恩怀他们,可其人面兽心、不顾恩义的本性依旧无法改变。唐太宗似乎也责悔了自己的抚边之策,他对侍臣说:“中国,根干也;四夷,枝叶也;割根干以奉枝叶,木安得滋荣!朕不用魏徵言,几致狼狈。”但细加分析,唐太宗的这几句与魏徵等有本质上的不同。魏徵等的谏言奏疏中带有很强烈的民族歧视的色彩,把华夏与四夷对立起来,非此即彼,即使有暂时的和平共荣,也是一方的妥协忍让,是一种不得已的非常态。但在唐太宗责悔的话语中,并无以上这种思想倾向。他只是指出,在政治经济的发展和稳定上,必须有个根本和主次之分,这根本便是“中国”,这一根本稳定发展了,其他地区才能够稳定发展,不能够“割根干以奉枝叶”,糜费中国以抚慰四夷。这从中央的大计方针上是正确的。而实际上,唐太宗在整个贞观时期,也从未改变其抚慰收纳周边少数民族的政策。其实,魏徵在大政方针上与唐太宗也并无二致,他只是在处理具体的事件中与唐太宗有不同的看法而已。如唐太宗忆及初即位时,有人劝他“耀兵振武,慑服四夷。惟有魏徵劝朕:‘偃革兴文,布德施惠,中国既安,远人自服’。朕从此语,天下大宁,绝域君长,皆来朝贡,九夷重译,相望于道”[②],而很多部落及其首领,也并非人面兽心、不顾恩义。如乙弥泥熟俟利苾可汗李思摩帅所部建牙于河北,“上御齐政殿饯之,思摩涕泣,奉觞上寿曰:‘奴等破亡之余,分为灰壤,陛下存其骸骨,复立为可汗,愿万世子孙恒事陛下。……又以左屯卫将军阿史那忠为左贤王,……上遇

① 司马光等编著,胡三省音注,“标点《资治通鉴》小组”校点《资治通鉴》,中华书局1956年6月第1版,第6147页。

② 吴兢著,裴汝诚、王义耀、郭子建、顾宏义译注《〈贞观政要〉译注》,上海古籍出版社2007年2月第1版,第176页。

之甚厚，妻以宗女，及出塞，怀慕中国，见使者必泣涕请入侍。”①纵观贞观时期，由于唐太宗始终坚持和实行结以恩信、爱之如一的民族政策，使很多少数民族首领感恩戴德，甚至不惜出生入死，以死图报。

然而，贞观后期，唐太宗对少数民族的绥之以德、爱之如一的民族意识和政策，也如他的其他开明政治一样，出现了渐不克终的弊端。赵克尧、许道勋在《唐太宗传》中，对此总结了四条：一是贞观后期、特别是晚年较多地对边疆用兵，本族兵力不足，就逼迫少数民族打仗，加重了各族人民的负担。二是吸取了消极的教训，对某些突厥族的不信任感有所滋长。三是唐太宗执行德化政策，其目的是利用少数民族守边、安边，为唐王朝世作藩屏，长保边塞，是一种以夷制夷的权谋策略。四是为了获取勇将契苾何力，先答应薛延陀和亲，当何力已经放回，就践踏了诺言，也违背了早年以仁义诚信为治的政治诺言，以致引起了群臣的非议②。这说明唐太宗以及贞观臣子们虽然以儒家的仁政德惠对待周边少数民族，但也始终摆脱不了儒家以汉族为正统、以夷族为附庸的大汉民族主义的观念，同时也证明了人治制度的脆弱性。

本章小结

在中国初定，疮痍未复的唐初，唐太宗首先实行“但怀之以德，必不讨自来”、“不劳而定”的抚边政策，与其抚民以静的治国思想相一致。一切从抚养出发，不务广土地，不求身后之虚名，即使在攻必克、战可胜的情形之下，不惜选择带有屈辱性的和亲政策。他们吸取历史教训，深知“兵凶战危，圣人所慎”、“地广非常安之术，人劳乃易乱之源”；同时，他们恩威并重，以德抚之，以威辅之，不让和亲柔缓的政策成为贪得无厌者的理由和动力。他们安不忘战，不轻启战端，但攻必克，战必胜，推崇符应若神、算无遗策，抚爱和识拔将士。

① 司马光等编著，胡三省音注，“标点《资治通鉴》小组”校点《资治通鉴》，中华书局1956年6月第1版，第6149页。

② 赵克尧、许道勋著《唐太宗传》，人民出版社1984年10月第1版，第279、280页。

对于被征服和归附的民族，则实行团结恩怀、德惠抚之以及相对平等的民族政策，“全其部落”、“不离土俗”、天覆地载、归必养之，摒弃民族歧视，对华、夷“爱之如一”。他们废弃“因抚其民，而立其子”的传统作法，创设羁縻府州，把中原地区的郡县制推广到了边疆少数民族地区又比中原具有相对的“自治性”，从而提高了唐王朝中央政府的威望，使唐王朝成了真正意义上的“天朝上国”；同时，对归附者又以崇位厚禄恩怀他们，使很多少数民族首领感恩戴德，甚至不惜出生入死，以报大唐之恩。遗憾的是，贞观后期的唐太宗对周边少数民族的德惠政策，也如他在贞观初期的开明政治一样，出现了“渐不克终”的弊端。

第七章　余论

除了以上所论之外，吴兢在《贞观政要》中，还涉及尊师重儒尚礼，刑法宽简慎恤等问题。

李唐王朝虽起于陇西军事集团，但在取得政权之后，特别是从贞观之年开始，便实行了"偃武修文"的政治，其中突出的表现便是尊师崇儒。这与前章所论唐太宗与臣子们讨论创业与守成何者为难，而最终唐太宗赞同守业为难有着直接的关系。

中国自古就有尊师重儒的传统，把它看做是道义存废、国家兴亡的大事。"师"乃智慧的长者、文化传承和积淀的标志性人物，韩愈所说的"传道、授业、解惑"者。曾子曰："用师者王，用友者霸，用徒者亡。"[①]《吕氏春秋·劝学》云："是故古之圣王，未有不尊师者也。尊师，则不论其贵贱贫富矣。"[②]又云："圣人生于疾学，不疾学，而能为魁士名人者，未之尝有也。疾学在于尊师，师尊，则言信矣，道论矣。"[③]并得出"欲成功、必疾学、必尊师"的结论。法家主张

① 参见肖群忠著《君德论——〈贞观政要〉研究》，甘肃人民出版社1995年9月第1版，第224－225页。

② 高诱注《吕氏春秋》，影印本《诸子集成》第六册，上海书店1986年7月第1版，第36页。

③ 高诱注《吕氏春秋》，影印本《诸子集成》第六册，上海书店1986年7月第1版，第36页。

以吏为师。儒家则主张以圣贤为师。孔子说:“见贤思齐焉,见不贤而内省也。”[①]“温故而知新,可以为师矣。”[②]“当仁,不让于师。”[③]主张在继承中有所创新和超越。孟子在以圣贤为师的这一点继承了孔子的思想。他说:“圣人百世之师也。”[④]主张能者为师:“故汤之于伊尹,学焉而后臣之。”[⑤]“贤者以其昭昭,使人昭昭。”[⑥]重视人的主观能动者,认为只要奋发有为,人人均可为尧舜。荀子在继承了孔孟的思想之外,强调:“国将兴,必贵师而重傅”、“国将衰,必贱师而轻傅”[⑦]。他还强调益者为师:“非我而当者,吾师矣”[⑧]。荀子在《儒效》篇说:“故人无师无法,而知则必为盗,勇则必为贼,云能则必为乱,察则必为怪,辩则必为诞。人有师有法,而知则速通,勇则速威,云能则速成,察则速尽,辩则速论。故有师法者,人之大宝也;无师法者,人之大殃也。”[⑨]充分强调师在一个人一生中的至关重要的作用。

唐太宗基本上继承了中国传统上尊师重教的思想。但是,除了能者为师,益者为师外,他更侧重从国家兴亡的角度去强调尊师重儒的作用。与荀子一

---

① 刘宝楠著《〈论语〉正义》,影印本《诸子集成》第一册,上海书店 1986 年 7 月第 1 版,第 83 页。

② 刘宝楠著《〈论语〉正义》,影印本《诸子集成》第一册,上海书店 1986 年 7 月第 1 版,第 29 页。

③ 刘宝楠著《〈论语〉正义》,影印本《诸子集成》第一册,上海书店 1986 年 7 月第 1 版,第 348 页。

④ 焦循著《〈孟子〉正义》,影印本《诸子集成》第一册,上海书店,1986 年 7 月第 1 版,第 574 页。

⑤ 焦循著《〈孟子〉正义》,影印本《诸子集成》第一册,上海书店,1986 年 7 月第 1 版,第 154 页。

⑥ 焦循著《〈孟子〉正义》,影印本《诸子集成》第一册,上海书店 1986 年 7 月第 1 版,第 577 页。

⑦ 王先谦著《〈荀子〉集解》,影印本《诸子集成》第二册,上海书店 1986 年 7 月第 1 版,第 336 页。

⑧ 王先谦著《〈荀子〉集解》,影印本《诸子集成》第二册,上海书店 1986 年 7 月第 1 版,第 12 页。

⑨ 王先谦著《〈荀子〉集解》,影印本《诸子集成》第二册,上海书店 1986 年 7 月第 1 版,第 90 – 91 页。

样，他往往把尊师重儒与家国兴亡紧密联系在一起。如《贞观政要·政体》篇载："贞观二年，太宗问黄门侍郎王珪曰：'近代君臣治国，多劣于前古，何也？'对曰：'古之帝王为政，皆志尚清静，以百姓之心为心。近代则唯损百姓以适其欲，所任用大臣，复非经术之士。汉家宰相，无不精通一经，朝廷若有疑事，皆引经决定，由是人识礼教，治致太平。近代重武轻儒，或参以法律，儒行既亏，淳风大坏。'太宗深然其言。自此百官中有学业优长、兼识政体者，多进其阶品，累加迁擢焉。"[①]《贞观政要·尊敬师傅》篇载："贞观六年，诏曰：'朕比寻讨经史，明王圣帝，曷尝无师傅哉？前所进令遂不睹三师之位，意将未可。何以然？黄帝学大颠，颛顼学录图，尧学尹寿，舜学务成昭，禹学西王国，汤学威子伯，文王学子期，武王学虢叔。前代圣王，未遭此师，则功业不著乎天下，名誉不传乎载籍。况朕接百王之末，智不同圣人，其无师傅，安可以临兆民者哉？《诗》不云乎："不愆不忘，率由旧章。"夫不学，则不明古道，而能政致太平者未之有也！可即著令，置三师之位。'"[②]同篇又载："贞观十一年，以礼部尚书王珪兼为魏王师。太宗谓尚书左仆射房玄龄曰：'古来帝子，生于深宫，及其成人，无不骄逸，是以倾覆相踵，少能自济。我今严教子弟，欲皆得安全。王珪我久驱使，甚知刚直，志存忠孝，选为子师。卿宜语泰：每对王珪，如见我面，宜加尊敬，不得懈怠。'珪亦以师道自处，时议善之也。"[③]以上所引，可以概括为几个要点：首先，治国优劣与否与尊儒有关。东汉中叶之后，尤其是魏晋南北朝时期，儒学衰微，淳风大坏，统治者唯损百姓以适其欲，所任用大臣，复非经术之士，以致杀伐篡逆相续，改朝换代频仍。贞观君臣从中寻找出来的原因便是"重武轻儒，或参以法律，儒行既亏，淳风大坏"。相反，"古之帝王为政，皆志尚清静，以百姓之心为心"，而其所以能如此，便是与儒家主张的仁政礼

① 吴兢著，裴汝诚、王义耀、郭子建、顾宏义译注《〈贞观政要〉译注》，上海古籍出版社2007年2月第1版，第11－12页。

② 吴兢著，裴汝诚、王义耀、郭子建、顾宏义译注《〈贞观政要〉译注》，上海古籍出版社2007年2月第1版，第105页。

③ 吴兢著，裴汝诚、王义耀、郭子建、顾宏义译注《〈贞观政要〉译注》，上海古籍出版社2007年2月第1版，第106页。

治息息相关,比如“汉家宰相,无不精通一经,朝廷者有疑事,皆引经决定,由是人识礼教,治致太平”。也正是在这一思想的指导下,唐太宗十分重视经籍图书的搜集与整理,并完成了经学的统一。如《贞观政要·崇儒学》篇载:“贞观四年,太宗以经籍去圣久远,文字讹谬,诏前中书侍郎颜师古于秘书省考定《五经》。及功毕,复诏尚书左仆射房玄龄集诸儒重加详议。时诸儒传习师说,舛谬已久,皆共非之,异端蜂起。而师古辄引晋、宋已来古本,随方晓答,援据详明,皆出其意表,诸儒莫不叹服。太宗称善者久之,赐帛五百匹,加授通直散骑常侍,颁其所定书于天下,令学者习焉。太宗又以文学多门,章句繁杂,诏师古与国子祭酒孔颖达等诸儒,撰定《五经》疏义,凡一百八十卷,名曰《五经正义》,付国学施行。”①唐太宗最终于贞观七年十一月,“颁其(颜师古)所定书于天下,令学者习焉”②,即以政府法定的经典形式,颁行全国。同时,由孔颖达领衔,辅之以颜师古、司马才章、王恭、王琰等名儒,加上国子司业助教、太子博士、助教以及四门博士、助教等二十几人,对《五经》义疏进行统一,对南北经学作了一次大总结。经过两年的努力,终于在贞观十四年,编成了一百八十卷的《五经》义疏,作为国子监的试用教材。唐太宗特下诏大加褒奖。《五经正义》的颁行,对于儒学的推行,思想的统一和政治教化,都取得了极大的作用。

其次,尊师崇儒是致治的关键,治世的标志。唐太宗直接地说:“明王圣帝,曷尝无师傅哉?”没有师傅,则前代圣王“功业不著乎天下,名誉不传乎载籍”;相反,“秦之胡亥,用赵高作傅,教以刑法,及其嗣位,诛功臣,杀亲族,酷暴不已,旋踵而亡。故知人之善恶,诚由近习。”③这是历史的深刻教训:尊师崇儒直接关系到家国的盛衰兴亡。

---

① 吴兢著,裴汝诚、王义耀、郭子建、顾宏义译注《〈贞观政要〉译注》,上海古籍出版社 2007 年 2 月第 1 版,第 215 页。

② 吴兢著,裴汝诚、王义耀、郭子建、顾宏义译注《〈贞观政要〉译注》,上海古籍出版社 2007 年 2 月第 1 版,第 215 页。

③ 吴兢著,裴汝诚、王义耀、郭子建、顾宏义译注《〈贞观政要〉译注》,上海古籍出版社 2007 年 2 月第 1 版,第 105 页。

再次，人之智虑有限，加上天性的弱点，则需师傅教诲琢磨，方能成器，方为正人；对于握有权力之人，则更需如此。因为权力往往容易使人自我膨胀，容易产生自己比人自高一等的错觉；加上权势之所在，必是利争之所在，人情之遮蔽伪诈，势所必然，也大大地影响了权力拥有者的基本判断。唐太宗说："上智之人，自无所染，但中智之人无恒，从教而变，况太子师保，古难其选。"又说："古来帝子，生于深宫，及其成人，无不骄逸，是以倾覆相踵，少能自济。我今严教子弟，欲皆得安全。"散骑常侍刘洎上书，其中也说："……至若生乎深宫之中，长乎妇人之手，未曾识忧惧，无由晓风雅。虽复神机不测，天纵生知，而开物成务，终由外奖。"[①]《贞观政要・崇儒学》篇亦载："太宗尝谓中书令岑文本曰：'夫人虽禀定性，必须博学以成其道，亦犹蜃性含水，待月光而水垂；木性怀火，待燧动而焰发；人性含灵，待学成而为美。是以苏秦刺股，董生垂帷。不勤道艺，则其名不立。'文本对曰：'夫人性相近，情则迁移，必须以学饬情以成其性。《礼》云："玉不琢不成器，人不学不知道。"所以古人勤于学问，谓之懿德。'"[②]很明显，对人性缺陷和能力局限的体认是贞观君臣们尊师崇儒的出发点，而只有尊师崇儒，才能最大限度地改变人之恶习，使之"学成而为美"，这对于自小长于深宫之中，不谙人间痛苦忧虑的帝王之子而言，显得犹为重要。因为在人治的制度之下，它将直接导致家国的盛衰兴亡。这是历史所告诉于贞观君臣们的。

正是因为充分认识到尊师崇儒的重要性，贞观君臣才能真正从心灵上、礼仪上和政策上做到尊师崇儒。吴兢在《贞观政要》中特立《尊敬师傅》和《崇儒学》两篇，可见其在吴兢心目中地位。在尊师方面，如《贞观政要・尊敬师傅》篇载："贞观三年，太子少师李纲，有脚疾，不堪践履。太宗赐步舆，令三卫举入东宫，诏皇太子引上殿，亲拜之，大见崇重。纲为太子陈君臣父子之道，问寝

---

① 吴兢著，裴汝诚、王义耀、郭子建、顾宏义译注《〈贞观政要〉译注》，上海古籍出版社 2007 年 2 月第 1 版，第 105、106、107 页。

② 吴兢著，裴汝诚、王义耀、郭子建、顾宏义译注《〈贞观政要〉译注》，上海古籍出版社 2007 年 2 月第 1 版，第 216 页。

视膳之方，理顺辞直，听者忘倦。太子尝商略古来君臣名教，竭忠尽节之事。纲懔然曰：'托六尺之孤，寄百里之命，古人以为难，纲以为易。'每吐论发言，皆辞色慷慨，有不可夺之志，太子未尝不耸然礼敬。"[①]同篇又载："贞观十一年，以礼部尚书王珪兼为魏王师。太宗谓尚书左仆射房玄龄曰：'……我今严教子弟，欲皆得安全。王珪我久驱使，甚知刚直，志存忠孝，选为子师。卿宜语泰：每对王珪，如见我面，宜加尊敬，不得懈怠。'珪亦以师道自处，时议善之也。"[②]同篇又载："贞观十七年，太宗谓司徒长孙无忌、司空房玄龄曰：'三师以德道人者也。若师体卑，太子无所取则。'于是诏令撰太子接三师仪注：太子出殿门迎，先拜三师，三师答拜，每门让三师。三师坐，太子乃坐。与三师书，前名，'惶恐'；后名，'惶恐再拜。'"[③]唐太宗欲太子及诸王尊敬师傅，诏令撰太子接三师仪注，欲魏王李泰见师面如见己面。他对太子少师李纲尊重有加；而其尊师仍在对德行的高举和尊重，希望通过尊师而使太子及诸王"式瞻礼度，有所裨益"，"足以长仁益德，使为圣君"，以兴盛家邦、和睦亲族。贞观二年，唐太宗对房玄龄说："做人非常需要学问。我过去因为群凶争夺天下的局势尚未平定，亲自东征西讨，忙于打仗，没有空闲读书。近来天下安静，我又身处殿堂之上，不能自己拿起书卷来看，就由人读来听。关于君臣父子、政治教化的种种道理，都写在书本里了。古人说：'人不好好学习，就像是面墙而立，一无所见，遇到事情也就没有解决的能力。'这确实不是空话。由此反思自己年轻时的所作所为，就觉得很不对了。"[④]唐太宗的尊师也与他的经历和他的"为人须有学问"的思想有关。作为以武力征服天下的君王，他更深切感到仁

---

① 吴兢著，裴汝诚、王义耀、郭子建、顾宏义译注《〈贞观政要〉译注》，上海古籍出版社2007年2月第1版，第104页。

② 吴兢著，裴汝诚、王义耀、郭子建、顾宏义译注《〈贞观政要〉译注》，上海古籍出版社2007年2月第1版，第106页。

③ 吴兢著，裴汝诚、王义耀、郭子建、顾宏义译注《〈贞观政要〉译注》，上海古籍出版社2007年2月第1版，第106页。

④ 吴兢著，裴汝诚、王义耀、郭子建、顾宏义译注《〈贞观政要〉译注》，上海古籍出版社2007年2月第1版，第199页

义礼教和文化知识对他的重要性。

与此相关,唐太宗对儒学、儒士非常尊崇。《贞观政要·崇儒学》篇载:"太宗初践阼,即于正殿之左,置弘文馆,精选天下文儒,令以本官兼署学士,给以五品珍膳,更日宿直,以听朝之隙引入内殿,讨论坟典,商略政事,或至夜分乃罢。又诏勋贤三品以上子孙为弘文学生。"[①]同篇又载:"贞观二年,诏停周公为先圣,始立孔子庙堂于国学,稽式旧典,以仲尼为先圣,颜子为先师,两边俎豆干戚之容,始备于兹矣。是岁大收天下儒士,赐帛给传,令诣京师,擢以不次,布在廊庙者甚众。学生通一大经已上,咸得署吏。国学增筑学舍四百余间,国子、太学、四门、广文亦增置生员,其书、算各置博士、学生,以备众艺。太宗又数幸国学,令祭酒、司业、博士讲论,毕,各赐以束帛。四方儒生负书而至者,盖以千数。俄而吐蕃,及高昌、高丽、新罗等诸夷酋长,亦遣子弟请入于学。于是国学之内,鼓箧升讲筵者,几至万人,儒学之兴,古昔未有也。"[②]同篇又载:"贞观十四年诏曰:'梁皇侃、褚仲都,周熊安生、沈重,陈沈文阿、周弘正、张讥,隋何妥、刘炫,并前代名儒,经术可纪,加以所在学徒,多行其讲疏,宜加优赏,以劝后生,可访其子孙见在者,录姓名奏闻。'二十一年诏曰:'左丘明、卜子夏、公羊高、穀梁赤、伏胜、高堂生、戴圣、毛苌、孔安国、刘向、郑众、杜子春、马融、卢植、郑玄、服虔、何休、王肃、王弼、杜预、范宁等二十有一人,并用其书,垂于国胄,既行其道,理合褒崇,自今有事于太学,可并配享尼父庙堂。'其尊儒重道如此。"[③]李渊、李世民出身于关陇集团的将门,对于儒学不是很熟悉的。唐王朝建立后,他们深知周、孔之教对于治理天下的作用,开始重视儒教。武德二年,令国子学立周公、孔子庙各一所,四时致祭,广求其后。武德七年,以周公为先圣,孔子配享。武德九年,封孔子的后代为褒圣侯。唐太宗即位

① 吴兢著,裴汝诚、王义耀、郭子建、顾宏义译注《〈贞观政要〉译注》,上海古籍出版社2007年2月第1版,第211页。

② 吴兢著,裴汝诚、王义耀、郭子建、顾宏义译注《〈贞观政要〉译注》,上海古籍出版社2007年2月第1版,第211–212页。

③ 吴兢著,裴汝诚、王义耀、郭子建、顾宏义译注《〈贞观政要〉译注》,上海古籍出版社2007年2月第1版,第212–213页。

后，曾说："周孔儒教非乱代之所行，商韩刑法，实清平之粃政。道既不同，固不可一概也。"魏徵接着说："（商鞅、韩非那一套）权救于当时，固非致化之通轨。"[①]他们共同得出结论：治天下要靠儒家的"王道"。所以贞观二年六月，唐太宗说："朕所好者，唯尧、舜、周、孔之道，以为如鸟有翼，如鱼有水，失之则死，不可暂无耳。"[②]《旧唐书·儒学传》序云："古称儒学家者流，本出于司徒之官，可以正君臣，明贵贱，美教化，移风俗，莫若于此焉。"[③]这是一套极力维护君主专制制度下社会和谐的政治伦理之理论。

正是在这样的思想和前提下，贞观二年，唐太宗诏停周公为先圣，"始立孔子庙堂于国学"，"以仲尼为先圣，颜子为先师"，并照旧典仪式，西边陈放"俎豆干戚"加以顶礼膜拜。此年广泛征集天下著名儒士，赏赐他们以钱帛并提供驿传方便，让他们都到京师来，打破常规，破格提升，在朝廷任官。学生如能读通《礼记》《左传》等大经中的一种，就能任职入仕。又扩大国子监的办学规范，增加生贡。唐太宗"又数幸国学，令祭酒、司业、博士讲论，毕，各赐以束帛"。影响所及，连吐蕃、高昌、高丽、新罗等四夷之国，也派子弟前来入学，可谓盛况空前。贞观四年，下诏令各州县都置孔子庙。贞观十一年，又下诏尊孔子为宣父，在兖州特设庙殿，专门供养。

除此之外，唐太宗还敬仰和尊重历代名儒和经学大师，或优赏其学徒，荫官其子孙；或配享孔子庙，规定"并用其书，垂于国胄，既行其道，理合褒崇"。赵克尧、许道勋说："这里，值得注意的是，唐太宗不囿于经学派别的门户之见，不管是今文学家还是古文学家，不管是王学还是郑学，不管是南学还是北学，都是同样对待，一概尊崇。这无疑是当时统一经学的历史潮流的反映。因为天下已经统一，要奖励后学，尊儒重道，形成广泛的读经风习，就必须废弃经

① 魏徵著，王方庆集《魏郑公谏录》（丛书集成初编），中华书局 1985 年新 1 版，第 26 页。

② 司马光等编著，胡三省音注，"标点《资治通鉴》小组"校点《资治通鉴》，中华书局 1956 年 6 月第 1 版，第 6054 页。

③ 刘昫等撰《旧唐书》，中华书局 1975 年 5 月第 1 版，第 4939 页。

学上的派别争斗,来一番兼收兼蓄。”[①]

另一个崇儒重道的措施就是重建弘文馆。武德四年十月,秦王李世民创办了文学馆,收聘贤才,罗致文士,有“十八学士”之称。在天策府之外,增加了文士的顾问和决策,开始在以后统一战争,特别是玄武门事变中发挥了积极的作用。唐太宗即位后,在弘文殿左边设置了弘文馆,以取代文学馆。贞观三年,移馆于纳义门西。据《唐六典》记载,弘文馆的职责是“或典校理,或司撰著,或兼训生徒”[②]。弘文馆并非纯学术机构,据《资治通鉴》卷一九二记载:“(唐太宗)精选天下文学(即儒学)之士虞世南、褚亮、姚思廉、欧阳询、蔡允恭、萧德言等,以本官兼学士,令更日宿直,听朝之隙,引入内殿,讲论前言往行,商榷政事,或至夜分乃罢。”[③]此段记载与《贞观政要》大体相同,只是吴兢更加入了“给予五品珍膳”,更显皇帝的优渥礼待。弘文馆学士可以参与议定礼仪、律令和朝廷制度,商略政事及古今成败之事,显示唐太宗以古为用、以史为鉴的治国思想[④]。元代史学家胡三省指出:“唐太宗以武定祸乱,出入行间,与之俱者,皆西北骁武之士。至天下既定,精选弘文馆学生(生,疑为士),日夕与之议论商榷者,皆东南儒生也。然则欲守成者,舍儒何以哉!”[⑤]除西北武士之外,他们也深受唐太宗的信任。如贞观七年,唐太宗十分重用虞世南,“太宗每机务之隙,引之谈论,共观经史。世南虽容貌懦弱,如不胜衣,而志性抗烈,每论及古先帝王为政得失,必存规讽,多所补益。及高祖晏驾,太宗执丧过礼,哀容毁悴,久替万机,文武百寮,计无所出,世南每入进谏,太宗甚嘉纳之,益所亲礼。尝谓侍臣曰:‘朕因暇日,每与虞世南商榷古今,朕有一言之

---

① 赵克尧、许道勋著《唐太宗传》,人民出版社 1984 年 10 月第 1 版,第 284 页。

② 司马光等编著,胡三省音注,“标点《资治通鉴》小组”校点《资治通鉴》,中华书局 1956 年 6 月第 1 版,第 6138 页

③ 司马光等编著,胡三省音注,“标点《资治通鉴》小组”校点《资治通鉴》,中华书局 1956 年 6 月第 1 版,第 6023 页。

④ 赵克尧、许道勋著《唐太宗传》,人民出版社 1984 年 10 月第 1 版,第 285 页。

⑤ 司马光等编著,胡三省音注,“标点《资治通鉴》小组”校点《资治通鉴》,中华书局 1956 年 6 月第 1 版,第 6023 页。

善，世南未尝不悦，有一言之失，未尝不怅恨。其恳诚若此，朕用嘉焉。群臣皆若世南，天下何忧不治？’太宗尝称世南有五绝：一曰德行，二曰忠直，三曰博学，四曰词藻，五曰书翰。及卒，太宗举哀于别次，哭之甚恸。”①

另外，在贞观君臣的治国思想中，对礼之用也非常重视。

中国是一个礼仪之邦。礼一般指外在的礼仪礼节和相关的制度、法律。按照孔子的思想，“礼”根植于“仁”之中，是产生于具有氏族血缘关系的长幼尊卑的一套次序，是人性常情的自然流露，而并非是一种人为强制的规范。中国古代的政治伦理化，主要是氏族血缘宗法关系的政治化。因此，后来“礼”演变成封建等级关系，即上下有等，尊卑有序，贤贱有别。《礼记·曲礼上》曰：“人有礼则安，无礼则危。”②又云：“夫礼者，所以定亲疏、决嫌疑、别同异、明是非也。”③《论语·颜渊》曰：“君子敬而无失，与人恭而有礼，四海之内，皆兄弟也。”④《论语·宪问》曰：“上好礼，则民易使也。”⑤《荀子·礼论》曰：“人生而有欲，欲而不得，则不能无求。求而无度量分界，则不能不争。争则乱，乱则穷。先王恶其乱也，故制礼义以分之，以养人之欲，给人之求。使欲必不穷乎物，物必不屈于物，两者相持而长，是礼之所起也。”⑥可见礼是维护社会和谐、社会秩序（这里指封建秩序）的一种制度，以及个体生命修身的一种道德规范。其主要目的是明尊卑、正风俗。要求社会中的每个成员按照自己的身份和地位所应有的礼节礼仪，互相来往，分别对待，以符合封建等级制度的上下有别、尊卑有序的礼俗，这自然从制度上取消了个体人格的平等，与西方人

---

① 吴兢著，裴汝诚、王义耀、郭子建、顾宏义译注《〈贞观政要〉译注》，上海古籍出版社 2007 年 2 月第 1 版，第 31 页

② 胡平生、张萌著《〈礼记〉译注》，中华书局 2017 年 11 月第 1 版，第 7 页。

③ 胡平生、张萌著《〈礼记〉译注》，中华书局 2017 年 11 月第 1 版，第 4 页。

④ 刘宝楠著《〈论语〉正义》，影印本《诸子集成》第一册，上海书店 1986 年 7 月第 1 版，第 264 页。

⑤ 刘宝楠著《〈论语〉正义》，影印本《诸子集成》第一册，上海书店 1986 年 7 月第 1 版，第 329 页。

⑥ 王先谦著《〈荀子〉集解》，影印本《诸子集成》第二册，上海书店 1986 年 7 月第 1 版，第 231 页。

推崇的生而平等的观念有别。同时,“礼者,卑己以崇人也”,它在某种程度也起着维护个体生命尊严和消除社会矛盾的作用,以维护君主专制统治的长治久安。

唐太宗对礼的重视,主要表现在任人唯贤而非任人唯亲,礼贤下士,以礼待臣等方面。这在上文相关章节中已有论述,此处不再重复。除此之外,《贞观政要》特立“礼乐”一篇,主要是一些礼仪上繁琐而严格的规定,包括第宅、车马、婚嫁、丧葬、祭祠等,通过这些规定以论等级、讲尊卑、别贵贱。其中也有涉及一些贞观新乐的制定,以适应典仪、燕乐的需要。因其在《贞观政要》的治国治理论系统中,并非主要内容,故此不加深论。

与此相关,《贞观政要》也涉及“孝”,但篇幅不多。孝是中华民族家庭伦理、社会伦理和政治伦理的核心。被誉为传统道德伦理起点及诸德之首。最初的孝,起源于敬天、敬祖的祭祀活动。《礼记》中说:“祭者,所以追养继孝也。”“万物本乎天,人本乎祖,此所以配上帝也。郊之祭也大,报本反始也。”[①]又说:“祭之为物也大矣!其教之本与?……是故君子之教也,必由其本,顺之至也。祭其是与?故曰:‘祭者教之本也已。’”[②]祭祀时,要颂扬祖先之德和善育之恩,并用一定的仪式礼节来体现这种思本追善之情。因此,有人重视祭祀是因为其有教化孝道的作用。商之前,孝为敬天之义,周人则加上敬祖之意,到了孔子那里,孝才有了“善事父母”之义。孔子认为孝是对亲人先辈的善养,是一种道德义务。孟子扩大了孝的意义,不仅使仁、义、礼、智受孝悌之影响和制约,而且把孝悌看作是儒家的最高理想,即所谓“尧舜之道,孝悌而已矣。”[③]孟子之后,孝被政治化、社会化,认为人世间的一切事物和德行皆以孝为起点为核心。如《礼记》说:“夫孝德之始也。”[④]又说:“居处不庄,非孝也;事君不忠,非孝也;莅官不敬,非孝也;朋友不信,非孝也;战陈无勇,非孝

---

① 胡平生、张萌著《〈礼记〉译注》,中华书局2017年11月第1版,第489页。

② 胡平生、张萌著《〈礼记〉译注》,中华书局2017年11月第1版,第936－937页。

③ 焦循著《〈孟子〉正义》,影印本《诸子集成》第一册,上海书店1986年7月第1版,第480页。

④ 方向东撰《大戴礼记汇校集解》,中华书局2008年7月第1版,第645页。

也。五者不遂，灾及于亲，敢而不敬乎！……仁者，仁此者也；礼者，履此者也；义者，宜此者也；信者，信此者也；强者，强此者也。乐自顺此生，刑自反此作。”[1]不仅如此，教化也必须以孝悌为根本。如《礼记》中说：“立爱自亲始，教民睦也；立敬自长始，教民顺也；教以慈睦，而民贵有亲；教以敬长，而民贵用命。孝以事亲，顺以听命，错诸天下，无所不行。”[2]又说：“夫孝，置之而塞乎天地，薄之而横乎四海，放诸后世而无朝夕，推而放诸东海而准，推而放诸西海而准，推而放诸南海而准，推而放诸北海而准。《诗》云：‘自西自东，自南自北，无思不服。’此之谓也。”[3]甚至断一树，杀一兽，不以其时，非孝也。后代又以不孝入罪。“泛孝主义”不仅把孝看成是一切人伦之本，德政之基，甚至抬高到“天道”的高度，乃天经地义人行之总结。

教化在中国传统文化既然如此重要，那么对于贞观君们而言，又是如何呢？李唐有鲜卑血统，李渊之母乃鲜卑人独孤信之女，与隋文帝杨坚之妻为同胞姐妹，加上李唐祖先乃来自西魏军事集团。由西魏至北周、隋，以军人立家，因此，传统儒家之孝道，对于一个生活于北朝异族政权下的军人世家子弟而言，显然并非是其主要的立家立身之本。李唐政权又直接从隋朝杨氏侵夺而来，这对于传统观念中的“以孝为忠”亦为一大悖离。这种情形有点像西晋的晋武帝，既不得不提倡以孝治天下，但自己的政权来路不正，恰恰是违背孝道，篡夺自己为官的前朝政权而来。加上唐太宗杀兄屠弟逼父，才抢得了帝位。因此，提倡这一贯穿政治、人伦、天道最核心的孝悌之道，对唐太宗而言，是十分难堪和尴尬的。这或许也是吴兢避讳之处。所以，作为儒家思想十分浓厚的历史学家，既懂得孝对一个国家，一个人的重要性，但又在《贞观政要》中，只留下片言只语，十分简单。《贞观政要·孝友》一章中，仅记载了五条有关孝悌方面的，且无一条直接涉及几乎每一章都是中心的唐太宗，只是记载唐太宗对房玄龄、虞世南、韩王元嘉、霍王元轨和突厥史行昌等人的孝悌之行加以

① 胡平生、张萌著《〈礼记〉译注》，中华书局2017年11月第1版，第914页。
② 胡平生、张萌著《〈礼记〉译注》，中华书局2017年11月第1版，第903页。
③ 胡平生、张萌著《〈礼记〉译注》，中华书局2017年11月第1版，第915页。

奖赏而已。在《贞观政要·任贤》中仅记载唐太宗“及高祖晏驾，太宗执丧过礼，哀容毁悴，久替万机。”[①]又在《贞观政要·封建》篇里，记载李百药上书称赞太宗十分恭敬太上皇，孝心可比于舜，亲询太上皇起居，为太上皇试尝御膳，美德可比文王。我们可以相信，这些都是唐太宗真实感情的流露。除了父子情深的血缘关系外，李氏父子创业维艰的历程，也非一般父子关系所能比的。然而，历史的事实是，他是一个在孝悌的大节上大逆不道的人。或许这便是中国传统文化中提倡伦理与政治合一的又一次悖论！当然，也有一些研究者提出古代君王大肆提倡孝道，除了政治教化之外，还有经济上的原因。历朝很少有养老抚幼制度性措施，而必须靠自己家人或亲人解决这些经济问题。因此，提倡孝悌之道以让家人或亲人担负起这两大责任。如此说来，冠冕堂皇的天道人伦之最高价值的孝道，其中却蕴含着君王和政府在经济上的不负责任以及在社会管理上的一大缺失。

孔子是教书出身的，在以官为本位的传统社会中，地位不是很高，他只能借尧、舜、禹及周公之名立教，一方面为其思想学说壮大声威和影响，另一方面，说明他是也只能是一个君子专制制度的维护者。无论是学说核心中的“仁”，还是作为人性的自然流露或外在表现形式的“礼”，无不以论证君子专制制度的合理性为目的，“君君，臣臣，父父，子子”，便是这一政治伦理最为纲要性的表达。因此，以孔子为核心的儒家学说，无不受到中国古代君主的欢迎，虽然他们大都是内法外儒并杂霸王之道。唐太宗也不例外。然而唐太宗的推崇儒家学说，还有其更为深远的历史上的原因。东汉中叶以后，由于朝政腐败，儒家思想和学说开始衰微，魏晋时代更沦为从属地位。当时以道家思想为核心的玄学之风大为畅行，儒家的思想和价值观念甚至沦为反面教材，名士代替儒士成为最受推崇的社会明星。与此相关，社会道德和家庭伦理也开始堕落，“魏文慕通达而天下贱守节”，与此带来的结果是，国家分崩离析，篡乱相继，兄弟互相杀戮，男女纵欲成风，加上外族侵扰，致使神州陆沉。虽然期间

---

① 吴兢著，裴汝诚、王义耀、郭子建、顾宏义译注《〈贞观政要〉译注》，上海古籍出版社 2007 年 2 月第 1 版，第 31 页。

也有一些敢于逆时代潮流的人，依然坚守儒家伦理道德，但也不能起到根本性改变的作用。在北方沦入异族互相杀戮的屠宰场之后，南方的宋齐梁陈，这种局面不仅没有得到根本的好转，反而每况愈下，君臣兄弟之间互相杀戮成风，而朝代短暂，篡弑频仍。即使为后代同时也为唐人所推崇的魏晋风度，到了西晋以后也逐渐变成在老庄任自然的旗号下，任纵放荡其人性中最为动物性的本能欲望的社会行为。而这一切，原因是多方面的，但是儒家思想和伦理观念的衰落和沦丧是其文化上的一个带有根本性的原因。

唐朝大一统的帝国建立之后，作为一个大有作为的国君，以唐太宗为核心的贞观君臣们，对历史兴亡教训的反思和总结，自然成为他们治国思想理论体系建立的起点。而尊儒重教崇礼，也必成为这个继三百多年大乱之后的统一王朝的一个历史性选择。虽然唐代的思想较为开放、自由，传统上儒、道、佛三家思想可以并行不悖，但是作为国家的主流意识形态，贞观君臣们选择了以维护专制等级制度而构建的儒家学说和理论。而大有深意的是，作为以为唐玄宗提供治理经验为己任的史官吴兢，在《贞观政要》一书中大肆推崇儒家学说，而对其他佛、道二家，鲜有提及，其实也是大有针对性的，那就是针对武则天朝的佞佛和针对唐玄宗的迷信道教。魏晋南北朝惨痛的历史教训，使作为史官的吴兢不得不把儒家学说作为《贞观政要》的一大推崇的思想核心。这既是贞观君臣们的共识，同时也是吴兢与贞观君臣们的一个共识。

吴兢在《贞观政要》中，对贞观刑法的主要思想也做了相应的论述，主要有刑法宽简论、公平正义论和慎刑恤典论等。

关于中国古代德与刑关系的理论，经历了一个长期演变和发展的过程，但焦点之处始终是以德为主还是以刑为主的争议，前者以儒家为代表，后者以法家为代表。我认为两家之间的共同点大于分歧，因为他们都主张德与刑不可或缺，差别只在于主次问题而已。

一般认为，西周时期确立了“以德配天、明德慎罚”的思想。主张道德教化与刑罚相结合，从而形成了“礼”“刑”结合的宏观法制特色。这一思想深深根植于中国传统政治的法律理念之中，被后世奉为政治法律制度理想的原则和典范。孔子说："道之以德，齐之以礼，有耻且格。"[①]孟子强化以"仁"和"礼"教化为主的思想，认为"无礼仪则上下乱"，仁义原则是制定法令和政策的依据。荀子则强调礼是"强国之本"。他们都有一个共同点，即强调教化预防为主，刑罚为辅。如果没有伦理道德的教育和认识，也包括法律意识的教育，一个人确实比较容易触犯刑罚，所谓不教而陷民于罪网中。因此，儒家认为这是为政者的首要义务和责任。与孔、孟认为"性善"不同，法家主张的严刑峻法主要基于人性之私和人性之恶的认识，但他们也强调了仁义孝悌的重要性。如管仲主张："治国使众莫如法，禁淫止暴莫如刑。"[②]同时把"礼""义""廉""耻"作为国之四维，四维不张国乃灭亡。被认为重刑主义者代表的商鞅及其门徒认为诗书礼乐、孝悌仁义等为"国之虱"，只要这些东西一多，其国必削，但又赞同"为人臣忠，为人子孝，少长有礼，男女有别"的社会伦常秩序，并认为"重法"的目的乃在于"偃武事，行文教，……以申其德"[③]。韩非子主张"不务德而务法"，使"民以法禁而不以廉止"，认为仁义爱惠之不足用，只有严刑重罚才可以治国，"故法之为道，前苦而长利；仁之为道，偷乐而后穷。圣人权其轻重，出其大利，故用法之相忍，而弃仁人之相怜也"[④]。但韩非子也认为"臣事君，子事父，妻事夫，三者顺则天下治，三者逆则天下乱，此天下之常道也，明王贤臣而弗易也"[⑤]。法家重法的一个基本观点是，道德教化有时会失效，解决不了根本问题，还不如用刑罚使人遵从道德来得效果好、速度快。儒法各强调自己注重的某个环节，而作为一个国君，每个环节都很重要，都不可

① 刘宝楠著《〈论语〉正义》，影印本《诸子集成》第一册，上海书店 1986 年 7 月第 1 版，第 22 页。

② 戴望著《〈管子〉校正》，影印本《诸子集成》第五册，上海书店 1986 年 7 月第 1 版，第 345 页。

③ 严可均校《商君书》，影印本《诸子集成》第五册，上海书店 1986 年 7 月第 1 版第 29 页。

④ 王先谦著《〈韩非子〉集解》，影印本《诸子集成》第五册，上海书店 1986 年 7 月第 1 版，第 321 页。

⑤ 王先谦著《〈韩非子〉集解》，影印本《诸子集成》第五册，上海书店 1986 年 7 月第 1 版，第 358 页。

忽视,教化导之于前,刑罚惩治于后,让人畏威而不敢轻易犯法。中国古代的君王,也大都以内法外儒,杂以霸王之道治国。秦朝弃仁义,推行严刑峻法,导致国家灭亡。汉初以行黄老思想治国,实行与民休息的政策,形成文、景之治。汉代中期以后,在西周"以德配天,礼刑并用"的基础上,确立了"德主刑辅,礼刑并用"的基本策略,为"礼律结合"的中国古代法制奠定了理论基础。唐代承袭礼法并用的法治传统,使得唐律实现了"一准乎礼"的礼与律的有机统一,成为中国古代法系的典范。

"审慎周详"的贞观法制,主要体现在《武德律》和《贞观律》中。唐太宗即位后,为了完善"务在宽简,取便于时"的《武德律》,曾让群臣讨论致治于立法的原则,结果出现了宽严两种不同的主张:"有劝以威刑肃天下者,魏徵以为不可,因为上言王政本于仁恩,所以爱民厚俗之意,太宗欣然纳之,遂以宽仁治天下,而于刑法尤慎。"[①]主张威刑严法为立法之本的是封德彝,而主张慎刑宽法的则是魏徵。最后,唐太宗采纳了魏徵的建议,以"王政"替代隋末暴政,立法上主张"仁本刑末"的思想,以宽仁立法。用魏徵的话说叫做"仁义,理之本也;刑罚,理之末也""专尚仁义,当慎刑恤典",以纠隋末暴政所造成的百姓怨嗟、天下大溃的局面。

先说刑法宽简论。《贞观政要·任贤》篇载:房玄龄"明达吏事,饰以文学,审定法令,意在宽平"[②]。《贞观政要·赦令》篇载:"贞观十年,太宗谓侍臣曰:'国家法令,惟须简约,不可一罪作数种条。格式既多,官人不能尽记,更生奸诈,若欲出罪即引轻条,若欲入罪即引重条。数变法者,实不益道理,宜令审细,毋使互文。'"[③]《贞观政要·刑法》篇载:"贞观元年,太宗谓侍臣曰:'死者不可再生,用法务在宽简。古人云,鬻棺者欲岁之疫,非疾于人,利于棺售故耳。今法司核理一狱,必求深刻,欲成其考课。今作何法,得使平允?'谏

---

① 欧阳修、宋祁等撰《新唐书》,中华书局1975年2月第1版,第1412页。

② 吴兢著,裴汝诚、王义耀、郭子建、顾宏义译注《〈贞观政要〉译注》,上海古籍出版社2007年2月第1版,第22页。

③ 吴兢著,裴汝诚、王义耀、郭子建、顾宏义译注《〈贞观政要〉译注》,上海古籍出版社2007年2月第1版,第247页。

议大夫王珪进曰：‘但选公直良善人，断狱允当者，增秩赐金，即奸伪自息。’诏从之。”①同篇又载：“贞观十六年，太宗谓大理卿孙伏伽曰：‘夫作甲者欲其坚，恐人之伤；作箭者欲其锐，恐人不伤。何则？各有司存，利在称职故也。朕常问法官刑罚轻重，每称法网宽于往代。仍恐主狱之司，利在杀人，危人自达，以钓声价，今之所忧，正在此耳！深宜禁止，务在宽平。’”②刑法宽简论的立法依据除了鉴于隋末繁苛之政导致家国倾覆的历史教训，因而采取仁政德治的治国理念之外，还从三个方面着眼：一是死者不可再生，所以“用法务在宽简”；二是司法部门为了完成自己的考核成绩，往往把案子办得严峻苛刻，为纠此弊，平允宽简尤为重要；三是如果律文条款一多，官人不易记住，容易生出奸诈，“若欲出罪即引轻条，若欲入罪即引重条”，所以国家法令一定要订得简单明确。以上三点，可谓从时代背景、法官心里和操作程序上，论述贞观刑法宽简论的理论依据。

另一方面，贞观君臣虽然主张刑法宽简，但同时又不轻下赦令。据《贞观政要·赦令》篇载：“贞观七年，太宗谓侍臣曰：‘天下愚人者多，智人者少，智者不肯为恶，愚人好犯宪章。凡赦宥之恩，惟及不轨之辈。古语云：“小人之幸，君子之不幸。”“一岁再赦，善人喑哑。”凡养稂莠者伤禾稼，惠奸宄者贼良人，昔“文王作罚，刑兹无赦”。又蜀先主尝谓诸葛亮曰：“吾周旋陈元方、郑康成之间，每见启告治乱之道备矣，曾不语赦。”故诸葛亮治蜀十年不赦，而蜀大化，梁武帝每年数赦，卒至倾败。夫谋小仁者，大仁之贼，故我有天下已来，绝不放赦。今四海安宁，礼义兴行，非常之恩，弥不可数。将恐愚人常冀侥幸，惟欲犯法，不能改过。’”③同篇又载：“长孙皇后遇疾，渐危笃。皇太子启后曰：‘医药备尽，今尊体不瘳，请奏赦囚徒，并度人入道，冀蒙福祐。’后曰：‘死生有

① 吴兢著，裴汝诚、王义耀、郭子建、顾宏义译注《〈贞观政要〉译注》，上海古籍出版社2007年2月第1版，第234页。

② 吴兢著，裴汝诚、王义耀、郭子建、顾宏义译注《〈贞观政要〉译注》，上海古籍出版社2007年2月第1版，第245页。

③ 吴兢著，裴汝诚、王义耀、郭子建、顾宏义译注《〈贞观政要〉译注》，上海古籍出版社2007年2月第1版，第246页。

命，非人力所加。若修福可延，吾素非为恶者；若行善无效，何福可求？赦者国之大事，佛道者，上每示存异方之教耳。常恐为理体之弊，岂以吾一妇人而乱天下法？不能依汝言。’”[①]太宗之言，可谓深得赦令之要。赦令所惠，乃好犯宪章之愚人，而“天下愚人者多，智人者少”，所以赦宥是“小人之幸，君子之不幸”，“一岁再赦，善人喑哑”，对劝善惩恶，端正社会风气无益有害，又启犯法愚人侥幸之心，这是谋小仁而贼大仁，树私恩而害公德，使刑法失去了应有的公正性和神圣性。加上“今四海安宁，礼义兴行，非常之恩，弥不可数”，因此，唐太宗说自己自有天下以来，绝少放赦，与刑法宽简论并不矛盾，而有其内在的共通之处。也正是因为如此，深明大义的长孙皇后，在疾笃之时，并不听从皇太子的建议，以“奏赦囚徒，并度人入道”来“冀蒙福祐”，维护了天下之法的公正性和神圣性。

再说刑法的公平正义。君德的内外无私、公平正义更加主要地体现在律令的制定和实施上。对于法律法规，《贞观政要》主要体现了两点精神。一、“仁义，理之本也；刑罚，理之末也”。《贞观政要·公平》篇载：“贞观十一年，时屡有阉宦充外使，妄有奏，事发，太宗怒。”魏徵因此上疏，其中云：“臣闻道德之厚，莫尚于轩、唐；仁义之隆，莫彰于舜、禹。欲继轩、唐之风，将追舜、禹之迹，必镇之以道德，弘之以仁义，举善而任之，择善而从之。不择善任能，而委之俗吏，既无远度，必失大体，惟奉三尺之律，以绳四海之人，欲求垂拱无为，不可得也。故圣哲君临，移风易俗，不资严刑峻法，在仁义而已。故非仁无以广施，非义无以正身。惠下以仁，正身以义，则其政不严而理，其教不肃而成矣。然则仁义，理之本也；刑罚，理之末也。为理之有刑罚，犹执御之有鞭策也，人皆从化，而刑罚无所施；马尽其力，则有鞭策无所用。由此言之，刑罚不可致理，亦已明矣。故《潜夫论》曰：‘人君之治莫大于道德教化也。民有性、有情、有化、有俗。情性者，心也，本也；化俗者，行也，末也。是以上君抚世，先其本而后其末，顺其心而履其行。心情苟正，则奸慝无所生，邪意无所载矣。是故

① 吴兢著，裴汝诚、王义耀、郭子建、顾宏义译注《〈贞观政要〉译注》，上海古籍出版社 2007 年 2 月第 1 版，第 248 页。

上圣无不务治民心，故曰“听讼，吾犹人也，必也使无讼乎？”道之以礼，务厚其性而明其情。民相爱，则无相伤害之意；动思义，则无畜奸邪之心。若此，非律令之所理也，此乃教化之所致也。圣人甚尊德礼而卑刑罚，故舜先敕契以敬敷五教，而后任咎繇以五刑也。凡立法者，非以司民短，而诛过误也，乃以防奸恶而救祸患，检淫邪而内正道。民蒙善化，则人有士君子之心；被恶政，则人有怀奸乱之虑。故善化之养民，犹工之为曲豉也。六合之民，犹一廕也，黔首之属，犹豆麦也，变化云为，在将者耳！遭良吏，则怀忠信而履仁厚；遇恶吏，则怀奸邪而行浅薄。忠厚积，则致太平；浅薄积，则致危亡。是以圣帝明王，皆敦德化而薄威刑也。德者，所以循己也，威者，所以治人也。民之生也，犹铄金在炉，方圆薄厚，随镕制耳。是故世之善恶，俗之薄厚，皆在于君。世之主诚能使六合之内、举世之人，感忠厚之情而无浅薄之恶，各奉公正之心，而无奸险之虑，则醇醲之俗，复见于兹矣。’后王虽未能遵，专尚仁义，当慎刑恤典，哀敬无私，故管子曰：‘圣君任法不任智，任公不任私。’故王天下，理国家。”①垂拱无为而治，是历代帝王理想的治世典范。而欲达此，不外乎仁义刑罚两端。仁义为理之本，刑罚为理之末。因为“惠下以仁，正身以义，则其政不严而理，其教不肃而成”，“人皆从化，而刑罚无所施；马尽其力，则有鞭策无所用”。所以正如东汉王符的《潜大论》所言：“人君之治莫大于道德教化也，……心情苟正，则奸慝无所生，邪意无所载矣。是故上圣无不务治民心。”道德教化，使民为善，而离于奸恶淫邪，法虽公平正义，亦无所施为。这是圣帝明王之政，太平盛世之基，是更高一个层次上的公平正义。不教而使民陷于网罗，这才是社会最大的不公。因此，作为君德之一的公平正义，当从道德教化入手，以道德教化为上。

二、国法大于君主。《贞观政要·公平》篇载：“贞观元年，吏部尚书长孙无忌尝被召，不解佩刀入东上阁门，出阁门后，监门校尉始觉。尚书右仆射封德彝议，以监门校尉不觉，罪当死，无忌误带刀入，徒二年，罚铜二十斤。太宗从之。大理少卿戴胄驳曰：‘校尉不觉，无忌带刀入内，同为误耳。夫臣子之于尊极，

---

① 吴兢著，裴汝诚、王义耀、郭子建、顾宏义译注《〈贞观政要〉译注》，上海古籍出版社2007年2月第1版，第159、161－163页。

不得称误,准律云:"供御汤药、饮食、舟船,误不如法者,皆死。"陛下若录其功,非宪司所决;若当据法,罚铜未为得理。'太宗曰:'法者非朕一人之法,乃天下之法,何得以无忌国之亲戚,便欲挠法耶?'更令定议。德彝执议如初,太宗将从其议,胄又驳奏曰:'校尉缘无忌以致罪,于法当轻,若论其过误,则为情一也,而生死顿殊,敢以固请。'太宗乃免校尉之死。是时,朝廷大开选举,或有诈伪阶资者,太宗令其自首,不首,罪至于死,俄有诈伪者事泄,胄据法断流以奏之。太宗曰:'朕初下敕,不首者死,今断从流,是示天下以不信矣。'胄曰:'陛下当即杀之,非臣所及,既付所司,臣不敢亏法。'太宗曰:'卿自守法,而令朕失信耶?'胄曰:'法者国家所以布大信于天下,言者当时喜怒之所发耳!陛下发一朝之忿,而许杀之,既知不可,而置之以法,此乃忍小忿而存大信,臣窃为陛下惜之。'太宗曰:'朕法有所失,卿能正之,朕复何忧也?'"[①]同篇又载贞观十一年,魏徵针砭时政,切言上疏,其中云:"贞观之初,志存公道,人有所犯,一一于法。纵临时处断或有轻重,但见臣下执论,无不忻然受纳。民知罪之无私,故甘心而不怨;臣下见言不忤,故尽力以效忠。"魏徵接着说:"故《体论》云:'夫淫泆盗窃,百姓之所恶也,我从而刑罚之,虽过于当,百姓不以我为暴者,公也。怨旷饥寒,亦百姓之所恶也,遁而陷之法,我从而宽宥之,百姓不以我为偏者,公也。我之所重,百姓之所憎也;我之所轻,百姓之所怜也。是故赏轻而劝善,刑省而禁奸。'由此言之,公之于法,无不可也,过轻亦可。私之于法无可也,过轻则纵奸,过重则伤善。圣人之于法也公矣,然犹惧其未也,而救之以化,此上古所务也。后之理狱者则不然:未讯罪人,则先为之意,及其讯之,则驱而致之意,谓之能;不探狱之所由,生为之分,而上求人主之微旨以为制,谓之忠。其当官也能,其事上也忠,则名利随而与之,驱而陷之,欲望道化之隆,亦难矣。凡听讼理狱,必原父子之亲,立君臣之义,权轻重之序,测浅深之量。悉其聪明,致其忠爱,疑则与众共之。疑则从轻者,所以重之也,故舜命咎繇曰:'汝作士,惟刑之恤。'又复加之以三讯,众所善,然后断之。

---

① 吴兢著,裴汝诚、王义耀、郭子建、顾宏义译注《〈贞观政要〉译注》,上海古籍出版社 2007 年 2 月第 1 版,第 155 - 156 页。

是以为法,参之人情。故《传》曰:‘小大之狱,虽不能察,必以情。’而世俗拘愚苛刻之吏,以为情也者取货者也,立爱憎者也,右亲戚者也,陷怨仇者也。何世俗小吏之情,与夫古人之悬远乎?有司以此情疑之群吏,人主以此情疑之有司,是君臣上下通相疑也,欲其尽忠立节,难矣。凡理狱之情,必本所犯之事以为主,不严讯,不旁求,不贵多端,以见聪明,故律正其举劾之法,参伍其辞,所以求实也,非所以饰实也,但当参伍明听之耳,不使狱吏锻炼饰理成辞于手。孔子曰:‘古之听狱,求所以生之也;今之听狱,求所以杀之也。’故析言以破律,任案以成法,执左道以必加也。又《淮南子》曰:‘沣水之深十仞,金铁在焉,则形见于外。非不深且清,而鱼鳖莫之归也。’故为上者以苛为察,以功为明,以刻下为忠,以讦多为功,譬犹广革,大则大矣,裂之道也。夫赏宜从重,罚宜从轻,君居其厚,百王通制。刑之轻重,恩之厚薄,见思与见疾,其可同日言哉!且法,国之权衡也,时之准绳也。权衡所以定轻重,准绳所以正曲直。今作法贵其宽平,罪人欲其严酷,喜怒肆志,高下在心,是则舍准绳以正曲直,弃权衡而定轻重者也。不亦惑乎?诸葛孔明,小国之相,犹曰:‘吾心如秤,不能为人作轻重。’况万乘之主,当可封之日,而任心弃法,取怨于人乎?”[①]以上所引,可归纳为以下几个方面。首先,“法者非朕一人之法,乃天下之法”,“法者国家所以布大信于天下”。这是律令公平正义的核心精神,虽是皇亲国戚,也一视同仁,不可挠法。即使是皇帝本身,亦当守法,不可把自己的意志置于国法之上,更不可因一时喜怒,挠法失信于天下。吴兢反复强调,国法大于国君,太宗也随时改正自己,从法尊法。当然,这自然是法律令仪的理想境界。但由于君主专制制度人治的色彩,律令在制定和执行之间的过程中,缺乏严密的监督体系,使得律令的书面条文与实际的执行有着极大的差距,特别是国君拥有无上的特权,其旨意和任情喜怒也随时在影响甚至干扰着司法的公正性。从以上所引亦可见出,唐太宗是随时可以“更令定议”的,甚至将自己的面子置于法律之上。所幸在这几个事例中,唐太宗都能从善如流,屈己从法。但也总

① 吴兢著,裴汝诚、王义耀、郭子建、顾宏义译注《〈贞观政要〉译注》,上海古籍出版社2007年2月第1版,第163、164－166页。

让人感觉不是理所当然,而是很庆幸唐太宗一时的明智。而这本身就是一个大问题。可见在君主专制的传统社会里,法律的公平正义是不可能真正实现的。正如魏徵在贞观十一年的上疏中所言:“取舍在于爱憎,轻重由乎喜怒。爱之者,罪虽重而强为之辞;恶之者,过虽小而深探其意。法无定科,任情以轻重;人有执论,疑之以阿伪。”又云:“今作法贵其宽平,罪人欲其严酷,喜怒肆志,高下在心,是则舍准绳以正曲直,弃权衡而定轻重者也。不亦惑乎?”贞观之初,尚能志存公道,纵临时处断或有轻重,但见臣下执论,无不忻然受纳,可是随着时间的推移,君权干涉司法公正的现象逐年严重,以至“取舍在于爱憎,轻重由乎喜怒”,“法无定科,任情以轻重;人有执论,疑之以阿伪”,以致“受罚者无所控告,当官者莫敢正言”,任心弃法,取怨于人,甚至有些事情,虽然并没有予以重罪的法律依据和条文,就在法律之外寻找根据,加以重责,这样的处理十有六七,“君私于上,吏奸于下,求细过而忘大体,行一罚而起众奸,此乃背公平之道,乖泣辜之意,欲其人和讼息,不可得也”。魏徵上疏是在贞观十一年,是贞观之治的中期,法律的公平正义已受到特权如此严重的干扰和践踏,确实让人触目惊心。虽然唐太宗览疏之后,做了一番自我批评和反省,对魏徵也加以褒扬,但也说明在君主专制制度下,法律的公正性是很脆弱的,是很难得到确实保障的。

另一方面,从以上引文可以看出《贞观政要》在阐述法律的公正上有其独特之处。魏徵引用《体论》的话说:“夫淫泆盗窃,百姓之所恶也,我从而刑罚之,虽过乎当,百姓不以我为暴者,公也。怨旷饥寒,亦百姓之所恶也,遁而陷之法,我从而宽宥之,百姓不以我为偏者,公也。我之所重,百姓之所憎也;我之所轻,百姓之所怜也。”只要出于公心,情理法体察得当,法加以重罚的,正是百姓所憎恶的;我加以宽宥的,正是百姓所怜悯的,这是一种更高层次上的公正。因为“凡听讼理狱,必原父子之亲,立君臣之义,权轻重之序,测浅深之量。悉其聪明,致其忠爱,疑则与众共之。疑则从轻者,所以重之也。”所以舜命令皋陶说:“你担任司法官,要怜悯刑狱。”“是以为法,参之人情”,“小大之狱,虽不能察,必以情”。司法要体恤人情,这似乎是互相矛盾的。但这正是司法的另一种更高意义上的公平，这一“情”并非私情，正如魏徵上疏奏所言，“世俗拘愚苛刻之吏，以为情也者取货者也，立爱憎者也，右亲戚者也，陷怨仇者也。何世俗小吏之情，与夫古人之悬远乎？有司以此情疑之群吏，人主以此情疑之有司，是君臣上下通相疑也，欲其尽忠立节，难矣”。法是为了维护合理的情不受侵犯和危害而设立的，所以，在遇到疑问和障碍不能识断时，“必以情”而断之，这是一种更高境界的维护法的公平性和神圣性。但是法律的实施必须通过具有情感倾向的人来实施，这就给法律的公正性和神圣性带来了某种程度上的障碍，也为“世俗拘愚苛刻之吏”贪赃枉法，所谓的“取货”“立爱憎”“右亲戚”“陷怨仇”等，提供了借口和机会。而“惟刑之恤”、“必以情”的执法典训，无疑也会被这些贪赃枉法者所利用，所以魏徵才会在此特别提醒，指出其与法的公正公平原则相违背。

作为一国之君，其主要的职责，乃在于维护社会的公平正义。因为他是代天而理万物者，这是一种神圣的职责。正是从这一点出发，即使是国君之旨意与社会的公平正义及相关的法律法规有违，也应得到及时的修正。当然，这是理想的社会和制度。在以强力（包括武力和借助武力的道德力量）取得政权并以强力维护政权的中国古代社会里，社会的公平正义是无从谈起的。即使制订的法律法规，也是首先以维护统治阶级的利益为其根本出发点的，但无论如何，不管是社会政治制度还是法律法规，在其制订出来之后，对其严格的维护和执行也相对地体现了一个王朝和一个社会相对文明和开明的程度。假如连维护自身利益的制度和法律法规都遵守不了，或肆意加以破坏，那么，一个王朝堕落的情形简直难以形容。在《贞观政要》中，在体现法律法规的公平正义方面，正是典型地体现了君主专制社会中少有的开明和文明的情形。总之，在专制制度的政体下，君王之意与法律条文之间的矛盾冲突是不可避免永远存在着的。吴兢在《贞观政要》中，极力主张把君王的主观意志置于法律法规之下，认为法乃天下之法，非帝王一人或一家之法，因此，它是至高无上的，即使是天下之主的皇帝，也必须遵从和服从，这是较为开明和先进的法学观念和公平正义的社会理想。

最后，吴兢在《贞观政要》中，反复强调了慎刑恤典论。《贞观政要·刑法》篇载："（张）蕴古，初以贞观二年自幽州总管府记室兼直中书省，表上《大宝箴》，文义甚美，可为规诫。"其中云："《书》曰：'无偏无党。'一彼此于胸臆，捐好恶于心想。众弃而后加刑，众悦而后命赏。弱其强而治其乱，伸其屈而直其枉。"同篇又载："贞观元年，太宗谓侍臣曰：'死者不可再生，用法务在宽简。古人云，鬻棺者欲岁之疫，非疾于人，利于棺售故耳。今法司核理一狱，必求深刻，欲成其考课。今作何法，得使平允？'谏议大夫王珪进曰：'但选公直良善人，断狱允当者，增秩赐金，即奸伪自息。'诏从之，太宗又曰：'古者断狱，必讯于三槐、九棘之官，今三公、九卿，即其职也。自今以后，大辟罪，皆令中书、门下四品已上及尚书九卿议之，如此，庶免冤滥。'由是至四年，断死刑，天下二十九人，几致刑措。"同篇又载："贞观五年，诏曰：'在京诸司，比来奏决死囚，虽云三覆，一日即了，都未暇审思，三奏何益？纵有追悔，又无所及。自今后，在京诸司奏决死囚，宜二日中五覆奏，天下诸州三覆奏。'又手诏敕曰：'比来有司断狱，多据律文，虽情在可矜而不敢违法，守文定罪，或恐有冤。自今门下省复有据法合死，而情在可矜者，宜录状奏闻。'"①以上所引，始终贯穿着"众弃而后加刑"的刑法理念。贞观元年，唐太宗就以"死者不可再生"为诫，引用古者断狱反复决议的传统，决定从此以后，"大辟罪，皆令中书、门下四品已上及尚书九卿议之"，以"庶免冤滥"。又，贞观五年，大理丞张蕴古"身为法官，与囚博戏，漏泄朕言"而致太宗大怒被误斩，太宗事后甚为悔恨，并责问房玄龄竟无一言谏诤："今不问则不言，见事都不谏诤，何所辅弼？"②（《贞观政要·刑法》）并因此下诏，规定凡是判处死刑的，虽已下令处决，也都要再经过五次复审重奏，有按照法令应当处死而情有可原的，应将案情抄录奏报。同年又下诏，重申此一规定，同时又指出，在京城的各执法官署，近来奏请处决死囚

① 吴兢著，裴汝诚、王义耀、郭子建、顾宏义译注《〈贞观政要〉译注》，上海古籍出版社2007年2月第1版，第234、236、238、239页。

② 吴兢著，裴汝诚、王义耀、郭子建、顾宏义译注《〈贞观政要〉译注》，上海古籍出版社2007年2月第1版，第235页。

时，虽然也复奏了三次，但一天之内就审理完结，都未有时间仔细思考，三次复奏又有何益？“纵有追悔，又无所及”，从今以后，“在京诸司奏决死囚，宜二日中五覆奏，天下诸州三覆奏”，既要反复覆奏，又要有充分的时间来“审思”，充分显示出唐太宗的“慎刑恤典论”的思想。

以上所论可知，从夺天下到治平天下，李唐王朝开始实行“偃武修文”的政治。贞观时期尤甚如此。为此，唐太宗继承了中国传统上尊师重教的思想，除了能者为师、益者为师外，贞观君臣更强调从国家兴亡的角度强调尊师重儒的作用，把尊师重儒与家国兴衰紧密联系在一起。他们总结历史，认为治国优劣与否与尊师崇儒紧密相关，尊师崇儒是致治的关键。他们认识到人之智虑有限，加上天性弱点，所以需要师傅教诲和琢磨，方为正人；对于拥有权力之人，则更需如此。因此，他们从心灵上、礼仪上和政策制度上做到尊师崇儒。他们尊孔子为“至圣先师”，并广招天下名儒，予以政治上和经济上的优待，并扩大国子监的办学规模，增加生员。唐太宗还敬仰和尊重历代名儒和经学大师。他重建弘文馆，与天策府一起，成为李世民一文一武的顾问决策机构，在唐初统一战争和玄武门政变中发挥了重要作用。另外，吴兢还对贞观刑法的主要思想做了论述，主要是传统儒家的刑法宽简论、公平正义论和慎刑恤典论。这与承隋末大乱后的贞观君臣们实行的一系列仁政礼治的政治思想是相一致的。

结 语

《贞观政要》一书,始终贯穿着作为正统史学家吴兢以史为鉴、辨得失、知兴亡、居安思危、慎始如终的中国史官文化的忧患意识,特别是他所处的时代和记载的时代经历过和正在经历着巨大的历史转折,这其中包括:一是强大的隋朝瞬间土崩瓦解的历史惨状,还可追溯到魏晋南北朝三百多年动荡血腥的历史;二是贞观之后开元之前历经武周王朝、中宗直至睿宗朝的祸变再三、动乱不已的历史;三是经过开元初唐玄宗任贤致治向开元中后期德消政易转变的历史。这几重历史转折点叠合在吴兢的思想之中,无疑加深了他沉重的历史忧患意识。所以,整部《贞观政要》始终贯穿一系列仁政德治的思想理论和具体方略之中的,正是这一沉重的史官文化的忧患意识。对于贞观初期与贞观中后期,开元初期与开元中后期德消政易,忧患意识中的防微杜渐,安不忘危,治不忘乱,存必虑亡,慎始如终,也显得更有历史感和现实意义。在"君民一体"论中,吴兢更强调统治者与被统治者利益的一致性,"可爱非君,可畏非民,天子者,有道则人推而为主;无道则人弃而不用",这"道"便是"民足君足"、"以百姓之心为心"、"节俭于身,恩加于人"、"忧民所忧,乐民所乐",这"道"便是君民腹股心体互为一体的关系。吴兢这一思想虽然没有超出传统思想特别是儒家"民本"思想的范畴,但在《贞观政要》一书中,通过贞观君臣之口,却显得更为鲜活,更有感染力和现实针对性。但是,无论是吴兢,还是贞观君臣,他们更强调君与民、统治者与被统治者之间利益的一致性,而忽略他们之间同时也具有利益冲突和矛盾的一面，而这一面往往更为本质。这种忽略，从儒家代表人物孔、孟的思想中就已经存在。如孔、孟思想中的“仁爱”“泛爱”“推己及人之爱”等，作为个人的道德修养，无疑是正确的也应该加以提倡的，但他们把伦理推及政治，以为政治也能也可如此，若然，则“天下可运于掌”，实行王道，天下无敌！但是，他们混淆了亲亲之爱与他人之爱的性质不同，正如他们混淆了伦理与政治的不同一样。爱家人与爱素不相识的人，无论从难易程度和性质而言，都是不一样的。爱都是必须做出让步，做出牺牲的，亲亲之爱还好说（其实有的已经不易），但对于他人对于陌生人而言，要做出牺牲和让步则更显得并非易事。何况，个人生命的有限性和脆弱性，使人在利益面前，不得不考虑到甚至首先考虑到自己的生存和利益。即使儒家推崇的仁政德治的思想，其最为本质最为根本的目的，也是为了维护统治者自身的利益，区别只在于着眼于眼前利益或一时利益与长远利益整体利益的差别而已，利他之中也有着利己的动机和谋略。无论是吴兢还是贞观君臣们，他们始终没有超越历史和时代的局限性。因此，在承认和维护君主专制的前提下，他们无法看到这一点，或者不愿意捅破这一点。这种局限性同样也存在于他们对君臣关系的看法之中。他们也更强调其君臣统一性，而忽略其矛盾性。他们把国家的仁政礼治寄托在君王的道德完美上，寄托在君臣相得、君臣尽情上，明显带有浓厚的理想主义色彩。而忽略了这一过程中所引起的另一个的缺失，即道德自觉与人的私己欲望以及人性脆弱和缺陷之间，君主专制制度的特权与道德、君臣相待以礼与君权至高无上之间的不可调和的多重矛盾。然而，对君臣相待以礼的强调，本身就蕴含着对君权至高无上的不满意和限制，君臣一体蕴含着君王对臣子人格尊严的尊重。这一风气既是魏晋重视个体生命价值高扬个性自由时代的余响，又是门阀士族受到打击之后，在科举制度不断完善的过程中，庶族阶层登上新的历史舞台的一种自信、自负和充满希望的新时代气象；同时，这又是大唐帝国空前统一和空前开放的盛世的博大胸襟在《贞观政要》一书中的反映。这种意识和观念，也同样贯穿在吴兢和贞观君臣们的任贤致治、纳谏与进谏、征伐与抚边、尊师崇儒以及刑法宽减慎刑恤典等一系列治国思想和措施之中。中国历史上备受推崇的垂拱无为、百姓安乐之政,正由择善任能而来。这一点,吴兢和贞观君臣并无超出历史上任贤致治的范畴。但唐太宗对贤才的渴求,对任人公平,使人如器的坚守,在《贞观政要》中得到最大程度的强调。这也是从至乱到至治的历史和现实需要。问题是,国家的兴盛和长治久安,关键在于得人,而得人的关键在于制度,即一个完善的评价和监督体系,否则,在君主专制制度之下,一切的人才贤才,最终都免不了成为奴才的命运。这也是作为专制君主的唐太宗以及生活于那个专制制度下的臣子们所看不到也难以超越的历史局限性,其中也包括历史学家吴兢自己。与此相关,纳谏和进谏的困境也在这里。虚心纳谏与尽情直谏构成了"贞观之治"政治开明最为亮丽的一道风景。它较大限度地弥补和消除了君主专制度的缺失以及君臣作为一个人的人格和心理上的私己性、脆弱性和有限性等缺失,通过制度所引起的负面影响和作用,较大限度地容纳了不同甚至是反对的意见,以确保大到治国方略措施,小到君王私家琐事,都运行在一个较为客观、公正,符合社情民意的轨道上。但是,由于君主专制制度的性质,贞观君臣作为个体生命的存在,他们的喜怒哀乐,好恶取舍,加上权力过分集中,上下等级分明等根本性的因素,势必使纳谏与进谏也抹上了脆弱性、随机性,甚至任性的浓厚色彩,历史上包括《贞观政要》对虚心纳谏和敢于面折廷诤的君臣们的推崇,其实也从侧面反映了这种现象以及相关制度在实际中的难得以及后代向往中理想的色彩。因为难得,所以具有特殊性而并非具有一般性普遍性;也因为难得和特殊,所以倍加推崇,因为推崇所以带有理想化的主观色彩。此外,唐太宗实行的抚边政策,是与其仁政礼治、抚民以静的治国思想体系相一致的,但也恩威并重,以德抚之,以威辅之。对于不归顺和悖逆的民族加以征讨,被征服和归附的民族,则实行恩怀与德惠以及相对平等、因俗成治的民族政策,摒弃民族歧视,对华、夷"爱之如一",并取得极大的成就,使贞观时期以至后面的开元、天宝时期,成为中国历史上最自信最开放的时代,而其中的原因,除了仁政德治的传统政治思想之外,又与魏晋南北朝三百多年的民族大冲撞大融合的历史相关,与李唐皇室具有根深蒂固的少数民族血缘和文化传统相关,也与魏晋以还较为开放自由的政治和思想潮流以及作为大一统帝国治平需要的现实紧密相关!遗憾的是,正如赵克尧、许道勋所指出的，无论是贞观君臣还是吴兢，始终没有冲破儒家华夷之辨和以汉民族为正统周边少数民族为附庸的大汉民族主义。其推行的一系列政策，最终也是为了更加有效地役使他们，或达到以夷制夷的目的，而且贞观后期也出现渐不克终的弊端。

此外，为了治平天下，李唐王朝“偃武修文”。唐太宗继承了中国传统上尊师重教的思想，并把它们同家国兴亡紧密联系在一起，认为这是致治的关键，并从历史上和人性上认识尊师崇儒的必要性和重要性。他们从心灵上和一系列的礼仪和政策上，实行了尊崇和优待历史上和现实中的儒士们。此外，《贞观政要》所涉及的刑法宽简论、慎刑恤典论以及贯穿其中的公平正义的精神，既继承了以儒家为主的法制思想传统，又与隋末大乱的废墟中建立一个大一统稳定的帝国需要紧密相关，与贞观君臣实行的一系列仁政礼治的思想和措施一脉相承。

如果说，《贞观政要》与中国古代相关的政治思想有什么不同之处，其实就是时代的不同。盛唐是一个浪漫的时代，是一个新的庶族阶层开始登上历史舞台的时代，因此，也是一个充满希望和浪漫理想的时代。多元与开放构建了大唐帝国黄金时代的强盛。吴兢对《贞观政要》的编撰，是带着朝野士庶急切希望唐玄宗“依贞观故事”，原遵前轨，慎始如终，以致太平之业，让贞观之风复振的目的。因此，《贞观政要》的编撰本身也难免带着理想化的色彩。虽然其中也包含着作为一名严谨的史学家吴兢客观理性的批判精神，但是，作为一本理想化的历史和政治教科书，其中蕴含着的更多的是吴兢对大唐盛世的仁政礼治的理论建构。正如我们文中所具体分析的，其历史的局限性在所难免。但是，《贞观政要》贯穿始终的沉重的历史忧患意识是与大唐盛世的心态交集融合在一起的。忧患，给了它厚重强大的触动民族心灵深处理性反思的力量；而盛世的心态，又赋予它融汇百川的博大胸襟、开阔视界和激情澎湃的感性力量。

《贞观政要》其实就是一部盛唐充满冷静理性反思的力量与时代浪漫理想的激情交汇融合在一起的史诗。

参考文献

1. 十三经注疏　中华书局　1980
2. 高亨注　周易古经今注　中华书局　1984
3. 黄寿祺、张善文撰　周易译注　上海古籍出版社　2004
4. 李民、王健著　尚书译注　上海古籍出版社　2004
5. 朱熹　诗经集传　中华书局　1962
6. 刘毓庆、李蹊译注　诗经　中华书局　2011
7. 左丘明　杜预集解　春秋经传集解　上海人民出版社　1977
8. 杨伯峻　春秋左传注　中华书局　1981
9. 左丘明　蒋翼骋点校　左传　岳麓书社　1988
10. 左丘明　徐文浩集解　国语集解　上海中华书局民国十九年铅印一函
11. 左丘明　国语　上海书店　1987
12. 胡平生、张萌译注　礼记　中华书局　2017
13. 方向东撰　大戴礼记汇校集解　中华书局　2008
14. 诸子集成　上海书店　1986
15. 墨子　孙诒让注　墨子间诂　上海书店　1986
16. 墨子　吴毓江注　墨子校注　中华书局　1993
17. 老聃　王弼注　老子道德经　上海书店　1986
18. 老聃　魏源注　老子本义　上海书店　1986

19. 孔子　刘宝楠正义　论语正义　上海书店　1986

20. 孔子　程树德集解　论语集解　中华书局　1990

21. 庄子　魏源集解　庄子集解　上海书店　1986

22. 庄子　王先谦集解　庄子集解　中华书局　1987

23. 孟轲　焦循正义　孟子正义　上海书店　1986

24. 荀子　王先谦集解　荀子集解　中华书局　1988

25. 韩非子　王先谦集解　韩非子集解　上海书店　1986

26. 刘向辑录　高诱注　战国策　上海古籍出版社　1978

27. 吕不韦　高诱注　吕氏春秋　上海书店　1986

28. 商鞅　严可均校　商君书　上海书店　1986

29. 王符　潜夫论　上海书店　1986

30. 管仲　戴望校正　管子校正　上海书店　1986

31. 尸佼　汪继培辑　尸子　中华书局　1991

32. 张元济、王云五编　逸周书校注　台湾商务印书馆　2013

33. 严可均辑　全上古三代秦汉三国六朝文　中华书局　1987

34. 刘安　高诱注　淮南子　上海书店　1986

35. 司马迁　南朝宋裴駰集解、唐司马贞索隐、唐张守节正义　史记　上海古籍出版社　1986

36. 司马迁　史记　中华书局　2011

37. 班固　唐颜师古注　汉书　上海古籍出版社　1986

38. 魏徵等　隋书　中华书局　2019

39. 刘昫等　旧唐书　中华书局　1975

40. 欧阳修、宋祁等　新唐书　中华书局　1975

41. 刘餗　程毅中点校　隋唐嘉话　中华书局　1979

42. 刘肃　大唐新语　中华书局　1984

43. 宋敏求编　洪丕谟、张伯元、沈敖大点校　唐大诏令集　学林出版社　1992

44. 司马光等　资治通鉴　中华书局　1956
45. 王夫之　舒士彦点校　读通鉴论　中华书局　1975
46. 魏徵　王方庆集　魏郑公谏录　中华书局　1985
47. 范祖禹　唐鉴　上海古籍出版社　1981
48. 王溥　唐会要　中华书局　1955
49. 王溥　五代会要　中华书局　1998
50. 杜佑　王文锦、王永兴等校　通典　中华书局　1988
51. 杜佑　通典　中华书局　1988
52. 宋白　续通典　商务印书馆　1936
53. 李林甫等　唐六典　文渊阁四库全书本
54. 刘知几　史通　上海书店影印四部备用本
55. 马端临　文献通考　中华书局　1986
56. 长孙无忌等　刘俊义笺解　唐律疏议笺解　中华书局　1996
57. 欧阳询等　艺文类聚　中华书局　1982
58. 李昉等　太平御览　中华书局　1960
59. 李昉等　太平广记　中华书局　1961
60. 王钦若等　册府元龟　中华书局　1960
61. 傅璇琮等　唐才子传校笺　中华书局　1987
62. 徐松　登科记考　中华书局　1984
63. 赵超　新唐书宰相世系表集校　中华书局　1984
64. 唐太宗　帝范　内蒙古人民出版社　1999
65. 吴兢　贞观政要　岳麓书社　1994
66. 吴兢　谢保成集校　贞观政要集校　中华书局　2003
67. 吴兢　裴汝诚等译注　贞观政要译注　上海古籍出版社　2007
68. 吴兢　王娟译注　贞观政要译注　上海三联书店　2018
69. 吴兢　骈宇骞译注　贞观政要　中华书局　2019
70. 王仁裕等　丁如明辑校　开元天宝遗事十种　上海古籍出版社 1985

71. 李肇　国史补　上海古籍出版社　1979
72. 王谠　周勋初校证　唐语林校证　中华书局　1987
73. 赵翼　廿二史札记　丛书集成初编本
74. 钱大昕　廿二史考异　丛书集成初编本
75. 彭定求等编　全唐诗　中华书局　1960
76. 陈尚君辑　全唐诗补编　中华书局　1992
77. 陈贻焮等　增订注释全唐诗　文化艺术出版社　2001
78. 董诰等编　全唐文　上海古籍出版社　1990
79. 胡寄窗　中国经济思想史　上海人民出版社　1963
80. 范文澜　中国通史简编(第三编)　人民出版社　1965
81. 严耕望　唐史研究论丛　新亚研究所　1969
82. 曾仕强　中国管理学　东大图书公司　1977
83. 陈寅恪　陈寅恪文集　(第1—7册)上海古籍出版社　1980
84. 陈寅恪　万绳楠整理　陈寅恪魏晋南北朝讲演录　黄山书社　1987
85. 王亚南　中国官僚政治研究　中国社会科学出版社　1981
86. 吕思勉　隋唐五代史　上海古籍出版社　1984
87. 许道勋、赵克尧　《唐太宗传》　人民出版社　1984
88. 许道勋、赵克尧　《唐玄宗传》　人民出版社　1993
89. 李泽厚　中国古代思想史论　人民出版社　1985
90. 任继愈主编　中国哲学发展史　人民出版社　1985
91. 马逸诺等译校　马克思恩格斯与俄国政治活动家通信集　人民出版社　1987
92. 刘泽华　中国传统政治思想反思　三联书店　1987
93. 刘泽华等　中国古代政治思想史　南开大学出版社　2001
94. 李树桐　唐史索隐　台北商务印书馆　1988
95. 钱穆　任继愈主编　中国道教史　上海人民出版社　1990
96. 钱穆　中国历代政治得失　上海三联书店　2001

97. 邓德龙　中国历代官制　武汉大学出版社　1990
97. 田余庆　东晋门阀政治　北京大学出版社　1992
99. 刘俊义　日本学者研究中国史论著选译　中华书局　1992
100. 韩国磬　中国古代法制史研究　人民出版社　1993
101. 唐长孺　魏晋南北朝隋唐史三论　武汉大学出版社　1993
102. 唐长孺　魏晋南北朝史论丛　河北教育出版社　2000
103. 曹聚仁　中国学术思想史随笔　　三联书店　1994
104. 刘俊义　日本青年学者论中国史(六朝隋唐卷)　上海古籍出版社　1995
105. 王颖楼　隋唐官制　四川大学出版社　1995
106. 肖群忠　君德论——贞观政要研究　甘肃人民出版社　1995
107. 安立志　《贞观政要》与领导艺术　上海古籍出版社　1999
108. 周勋初　唐人轶事汇编　上海古籍出版社　1995
109. 钱大群、艾永明　唐代行政法律研究　江苏人民出版社　1996
110. 苏东水　东方管理　山西经济出版社　1984
111. 苏东水　中国国民经济管理学　山东人民出版社　1996
112. 苏东水　管理心理学　复旦大学出版社　1998
113. 阎步克　士大夫政治演生史稿　北京大学出版社　1996
114. 张大可、何乃光主编　中华文化与智慧谋略　华文出版社　1996
115. 朱大谓、刘驰　魏晋南北朝社会生活史　中国社会科学出版社　1996
116. 白寿彝等　中国通史　上海人民出版社　1997
117. 葛兆光　中国思想史　复旦大学出版社　1998
118. 陈明光　唐代财政史新编(增订本)　中国财政经济出版社　1999
119. 约翰·麦克里兰　西方政治思想史　海南出版社　1999
120. 徐大同等　西方政治思想史　天津人民出版社　2006
121. 袁行霈等　中国文学史　高等教育出版社　1999

122. 岑仲勉　隋唐史　河北教育出版社　2000

123. 催瑞德　剑桥中国隋唐史　中国社会科学出版社　2000

124. 冯友兰　中国哲学史　华东师范大学　2000

125. 林继中　唐诗:日丽中天　广西师范大学出版社　2000

126. 李玉洁　先秦诸子思想研究　中州古籍出版社　2000

127. 潘承烈、虞祖尧等　中国古代管理思想之今用　中国人民大学出版社　2001

128. 李斌城等　唐代文化　中国社会科学出版社　2002

129. 吴宗国等　盛唐政治制度研究　上海辞书出版社　2003

130. 吴宗国等　中国古代官僚政治制度研究　北京大学出版社　2004

131. 刘后滨　唐代中书门下体制研究——公文形态、政务运行与制度变迁　齐鲁书社　2004

132. 皮锡瑞　经学历史　中华书局　2004

133. 黄永年　《六至九世纪中国政治史》　世纪出版集团　2004

134. 纪宝成等　中国古代治国通论　中国人民大学出版社　2006

135. 林志华　浅评《贞观政要》中的"居安思危"思想　安徽大学学报(哲学社会科学版)　1985 年第 1 期

136. 杨希义　《贞观政要》勘误十例　古籍整理研究学刊　1987 年第 2 期

137. 李万生　关于《贞观政要》的成书时间问题　贵州师范大学学报(社会科学版)　1993 年第 1 期

138. 谢保成　再论《贞观政要》的成书问题——日本学者原田种成的"两次进书说"难以成立　史学史研究　1997 年第 4 期

139. 闫质杰　吴兢与《贞观政要》　辽宁大学学报 1998 年第 4 期

140. 祝清凯　发掘管理理论　再现哲理光辉——《贞观政要》的用人之道探析　地质科技管理　1998 年增刊

141. 刘长征、王秋华　从《贞观政要》看唐太宗的用人和纳谏　临沂师范

学院学报　2000 年第 5 期

142. 姬建敏　吴兢的文章实践和理论　河南师范大学学报（哲学社会科学版）　2001 年第 1 期

143. 徐元善　论《贞观政要》的行政伦理观　徐州师范大学学报（哲学社会科学版）　2002 年第 4 期

144. 艾新强　从《贞观政要》看魏徵的治国主张　广西社会主义学院学报　2005 年第 2 期

145. 许晓鸿　《贞观政要》对加强党的执政能力建设的借鉴意义　探索　2006 年第 2 期

146. 唐少莲　唐太宗的治道与实践——以《贞观政要》为中心　广西大学学报（哲学社会科学版）　2007 年 2 月

147. 程向辉　《贞观政要》中唐太宗之过与用人思想研究　社会科学论坛　2008 年第 2 期

148. 吴凤霞　从《贞观政要》的广泛流传看史学批评的社会意义　四川师范大学学报（社会科学版）　2018 年第 4 期

后 记

博士毕业后，为拓宽自己的学术领域和胸襟眼界，也不舍复旦宽松的学术环境和优美的校园，我申请留在本校做博士后。承蒙苏东水教授不弃，使我忝列其门墙，并以多方的鼓励和宽容，对待我的研究和生活。对此我是铭记一生的。

由于跨学科的思维方式以及文化特点的不同，曾经给我的研究带来了一定的困扰，甚至觉得自己长期撰写文学研究论文的习惯，也会成为报告中的缺点。对此，我曾经甚感惶恐。现在呈现出来的工作报告以及在此基础上修改而成的书稿，虽经多方的努力，其中的缺失和不足，在所难免，恳请专家和读者批评指正。

感谢复旦，感谢各位先生的教诲和鼓励。闽南师范大学将此书列为学术著作出版专项经费资助项目，责任编辑石松先生为此书付出辛勤劳动，谢俊洁同学为我打印大部分文稿，黄欢欢、李春妮、刘雨鑫、蔡雅茹、林诗芳、刘敏等同学为书稿一而再再而三地核对原文，于此谨致谢忱！

蔡阿聪

二〇一九年十二月